1984 – WIR WURDEN GEWARNT

Georg Odergut

1984 – WIR WURDEN GEWARNT

Wieviel von Orwells Roman ist bereits Realität?

EDITION SONDERWEGE
MANUSCRIPTUM

Für Enno

INHALT

WIE 1984, SO AUCH HEUTE?

ANHANG

Wenn die erste Rede zensiert, der erste Gedanke verboten, die erste Freiheit verweigert wird, dann sind wir alle unwiderruflich gefesselt.

Erik Satie

Vorwort

> Schon vergessen? Dann noch einmal: Nicht an ihren Worten, an ihren Taten sollt ihr sie erkennen.
>
> Wolfgang J. Reus

Der Worte hört und liest man viele heutzutage. Da geht es um »gelebte Demokratie«, »freie Medien«, »Einstehen füreinander«, »ein Deutschland, in dem wir gut und gerne leben« und so weiter und so fort. Doch wenn wir einen unvoreingenommenen Blick auf das Land werfen und uns vielleicht sogar trauen, ein wenig hinter die Kulissen zu schauen, dann zeigt sich ein ganz anderes Bild. Trotz ständiger Beteuerungen – man ist fast versucht zu sagen, Beschwörungen – hat sich das Leben nicht zum Guten entwickelt. Im Gegenteil, die Lebensqualität hat sich verschlechtert, die Zahlen der Wirtschaft lassen auch künftig nichts Gutes erwarten, die Qualität in den Schulen sinkt, die Kriminalität nimmt zu, die Demokratie wird Schritt für Schritt ausgehöhlt. Und vor allem: Freiheiten werden mehr und mehr eingeschränkt. Einschränkungen und Verbote allerorten.

Vor fünfzig Jahren war das Leben in unserem Land weitaus freier. Man durfte noch rauchen, wo man wollte. Man durfte noch bis zu einem bestimmten Level Alkohol trinken und Auto fahren. Man durfte noch auf Autobahnen fast überall so schnell fahren, wie man wollte bzw. das Auto es hergab. Und man durfte noch Witze erzählen, wie man wollte, ohne von der Gesinnungspolizei der Political Correctness an den Pranger gestellt zu werden. Zelten in der Natur war ebenfalls noch erlaubt, genau wie Angeln ohne Angelschein. Ob die neuen Einschränkungen vielleicht sinnvoll sind, darüber mag man diskutieren. Freier geworden ist das Leben durch sie sicher nicht.

Die Regierung jedoch will uns das Gegenteil weismachen. Willfährige Medien helfen kräftig dabei mit – und doch kann jeder in seinem Alltag feststellen, daß wir eben nicht freier sind, jedenfalls solange man mit offenen Augen durchs Leben geht.

Doch sind die Augen unserer Mitmenschen überhaupt noch offen? Waren sie es je? Vielleicht braucht es dazu einen Augenöffner, eine ›rote Pille‹, wie sie durch die Kultfilm-Tetralogie *Matrix* berühmt wurde.

Eine solche rote Pille könnte der Romanklassiker *1984* von George Orwell sein.

Unser Buch hat es sich zur Aufgabe gemacht, Parallelen zwischen Orwells Dystopie und der heutigen Gesellschaft aufzuzeigen.

Diese Idee ist nicht mehr originell – im Gegenteil, sie drängt sich immer mehr auf. Die Zahl der Erwähnungen von *1984* im Zusammenhang mit Maßnahmen der Regierung nimmt zu, die der Artikel mit diesem Grundgedanken wächst von Tag zu Tag, die der Parallelen in immer mehr Büchern ebenfalls. Exemplarisch dafür mögen die Zeilen im Epilog von Pedro Baños' zeitweisem Bestseller *So beherrscht man die Welt. Die geheimen Geostrategien der Weltpolitik* dienen. Das Buch erschien im spanischen Original bereits 2017. Es ist eines der ›verbotenen Bücher‹ der heutigen Zeit, die wir im Kapitel »Bücher« behandeln. Baños schreibt:

> Wachsam machen sollte uns das Risiko, daß wir uns immer mehr der Gesellschaft nähern, die George Orwell in *1984* beschrieben hat. Darin ist die Manipulation von Informationen zur Norm geworden, die Menschen werden einer ständigen Überwachung unterzogen, die individuellen Freiheiten sind im Begriff zu verschwinden. In diesem Szenario haben die Leute Angst zu denken, obwohl ihnen gesagt wird, daß sie das ruhig dürften: Sie fürchten, ins Visier der unbarmherzigen »Gedankenpolizei« und der vielen Kollaborateure dieser intellektuellen Repression zu geraten, die sich auf ein Regime politischer Korrektheit stützt.

Viele scheinen dieser Tage wachsam zu sein oder die rote Pille bereits geschluckt zu haben: Aktuell ist Orwells Klassiker wieder eines der am meisten verkauften Bücher. Daß noch mehr Menschen die Bedeutung und Aktualität dieses Werkes erkennen, ist Ziel unseres Buches.

Würde unser Land noch so funktionieren, wie es die Väter des Grundgesetzes vorgesehen hatten, gäbe es diese Diskussion nicht. Doch etliche der eingebauten Vorsichtsmaßnahmen, von der Gewaltenteilung über das Parteiengesetz und die Mediengesetzgebung bis hin zur Verfassungsgerichtsbarkeit, sind leider mittlerweile auf vielen Ebenen umgangen worden, inhaltlich ausgehöhlt und bestehen oft nur noch auf dem Papier. Beispielhaft sei hier das Bundesverfassungsgericht genannt, an das die Richter schon seit vielen Jahrzehnten aufgrund ihrer politischen Ausrichtung berufen werden. Gleiches gilt für die Rundfunkräte, die die Unparteilichkeit der öffentlich-rechtlichen Medien überwachen sollen. Auch hier wird nach parteipolitischem Proporz besetzt und massiv Einfluß durch die Parteien genommen.

Die ersten Anfänge dieser schleichenden Auflösung zeigten sich bereits vor einigen Jahrzehnten. So schrieb Botho Strauß 1993 in seinem vielbeachteten und heiß diskutierten Essay »Anschwellender Bocksgesang« (der übrigens im *Spiegel* heute undenkbar wäre!) von einem »Regime der telekratischen Öffentlichkeit«. Dieses sei

> die unblutigste Gewaltherrschaft und zugleich der umfassendste Totalitarismus der Geschichte. Es braucht keine Köpfe rollen zu lassen, es macht sie überflüssig. Es kennt keine Untertanen und keine Feinde. Es kennt nur Mitwirkende, Systemkonforme. Folglich merkt niemand mehr, daß die Macht des Einverständnisses ihn mißbraucht, ausbeutet, bis zur Menschenunkenntlichkeit verstümmelt.

Doch wie kann so etwas funktionieren?

Nun, *1984* macht es vor. Eine totalitäre Gesellschaft muß nicht zwingend mit Massenverhaftungen, Hinrichtungen und anderen umfassenden Gewalterscheinungen einhergehen. Es gibt viel subtilere Mechanismen, die letztendlich den gleichen Effekt erzielen und eine völlige Entmündigung der Gesellschaft zur Folge haben.

Der kanadisch-US-amerikanische Ökonom, Romancier, Präsidentenberater, Diplomat und Sozialkritiker John Kenneth Galbraith unterschied drei Arten der Machtausübung:

1) repressive Macht, beruhend auf angedrohten oder tatsächlich vollzogenen Sanktionen; sie zielt auf ein gewünschtes äußeres Verhalten ab, ohne daß der Beherrschte innerlich mit seinem Verhalten übereinstimmen müßte
2) kompensatorische Macht, beruhend auf der Inaussichtstellung oder Verteilung von Belohnungen (Karrierechancen, finanzielle Zuwendungen, Belobigungen, Ämter, Posten, Sonderrechte, Aufnahme in elitäre Kreise etc.); diese setzen jedoch Wohlverhalten im Sinne des Machtausübenden voraus
3) konditionierte Macht, beruhend auf gezielter Erzeugung bzw. Lenkung von Gefühlen, Gedanken, Meinungen und Wünschen; sie greift auf das Innere des Menschen zu und bringt ihn dazu, den Willen des Machtausübenden für seinen eigenen zu halten.[1]

Wir stellen uns nun eine totalitäre Diktatur immer so vor, daß sie ausschließlich die Mittel der repressiven Macht einsetzt. Das muß jedoch nicht der Fall sein. Im Gegenteil, eine wirklich totalitäre, umfassende Diktatur wird bemüht sein, gerade die beiden anderen Formen der Machtausübung für sich zu nutzen. Eine solche Macht über das Denken ist viel vollkommener als eine, die sich allein auf Repressionen stützt.

Beide Formen der Machtausübung kann man aber an vielen Stellen unserer heutigen Gesellschaft beobachten. Unerwünschte Meinungen werden schnell

[1] John Kenneth Galbraith, *Anatomie der Macht*, München 1989.

als Verschwörungstheorien (neuerdings auch als Verschwörungsmythen) gebrandmarkt und ihre Vertreter sozial geächtet. Das führt nicht selten zum Verlust der wirtschaftlichen Existenz. Selbst prominente Personen trifft es dabei immer häufiger; Michael Wendler kann als Beispiel dafür dienen. Aber es sind auch Hunderte Professoren betroffen, wenn sie aus wissenschaftlichen Gründen nicht mit der Regierungslinie konform gehen, wie zum Beispiel Stefan Homburg von der Leibniz-Universität Hannover.

Auf der anderen Seite wird die Indoktrination der Bürger, insbesondere der Kinder, immer weiter verstärkt. In den Schulen nennt man das Demokratieerziehung (in der DDR sprach man von Staatsbürgerkunde) und Bildung für nachhaltige Entwicklung (BNE). Auf den Straßen und in den Medien wird der Konsument von einem stetigen Strom wohlmeinender Werbung überflutet, im Sinne von »Wir halten zusammen« (aus Anlaß der Flutkatastrophe), »Deutschland krempelt die Ärmel hoch« (für die Corona-Schutzimpfung) oder »Gemeinsam gegen den Klimawandel«.

Ergebnis: Im Deutschland des Jahres 2020 gingen Menschen auf die Straße und demonstrierten dafür, *mehr* Steuern zahlen zu dürfen![2] Ein paar Jahre zuvor wäre das undenkbar gewesen.

Bereits 1991 sagte die DDR-Bürgerrechtlerin Bärbel Bohley folgende fast schon prophetisch zu nennende Sätze:

2 Gemeint ist die CO_2-Steuer.

> Alle diese Untersuchungen, die gründliche Erforschung der Stasi-Strukturen, der Methoden, mit denen sie gearbeitet haben und immer noch arbeiten, all das wird in die falschen Hände geraten. Man wird diese Strukturen genauestens untersuchen – um sie dann zu übernehmen.
>
> Man wird sie ein wenig adaptieren, damit sie zu einer freien westlichen Gesellschaft passen. Man wird die Störer auch nicht unbedingt verhaften. Es gibt feinere Möglichkeiten, jemanden unschädlich zu machen. Aber die geheimen Verbote, das Beobachten, der Argwohn, die Angst, das Isolieren und Ausgrenzen, das Brandmarken und Mundtotmachen derer, die sich nicht anpassen – das wird wiederkommen, glaubt mir. Man wird Einrichtungen schaffen, die viel effektiver arbeiten, viel feiner als die Stasi. Auch das ständige Lügen wird wiederkommen, die Desinformation, der Nebel, in dem alles seine Kontur verliert.

Es scheint, daß Frau Bohley recht behalten sollte: Die Anzeichen dafür mehren sich.

Der Angriff auf die Freiheitsrechte kommt also von unerwarteter Seite, nämlich von jener der vermeintlich Guten. Aber auch das ist eine Parallele zum Roman von George Orwell. In diesem gibt es offiziell keinen bösen Diktator, sondern den Großen Bruder, der auf die Menschen aufpaßt und sich angeblich um ihr Wohlergehen kümmert.

Dazu paßt der berühmte Ausspruch, der dem italienischen linksintellektuellen Journalisten Ignazio Silone zugeschrieben wird: »Wenn der Faschismus wiederkehrt, wird er nicht sagen: ›Ich bin der Faschismus.‹ Nein, er wird sagen: ›Ich bin der Antifaschismus.‹« Nicht zufällig kursiert diese Aussage mittlerweile ständig im Internet, ist er doch – zumindest gefühlt – aktueller denn je.

Wir arbeiten seit 2019 an diesem Buch. Unsere Idee war es, ein Buch zu schreiben, das sich primär an junge Menschen richtet.

Warum? Weil junge Menschen die Zukunft noch vor sich und damit sehr viel mehr zu verlieren haben als wir, die wir in den Vierzigern oder Fünfzigern unserer Lebensspanne sind.

Unsere Idee war es zum einen, jungen Lesern dieses Jahrhundertwerk nahezubringen, als das wir *1984* betrachten. Warum Jahrhundertwerk? Weniger aufgrund der zweifellos vorhandenen literarischen Qualität, sondern vor allem aufgrund der hellsichtigen Warnung, die Orwell beabsichtigte.

Eine Warnung vor einem System mit nie dagewesener Machtfülle, die gepaart mit Bösartigkeit die zahllosen diktatorischen und tyrannischen Regime, die die Menschheit im Laufe der Jahrtausende gesehen hat, weit in den Schatten stellen würde. (Jahrtausende? Aber ja, schauen Sie mal ins Alte Testament!)

Unsere Idee war es zum anderen, auf die frappierenden Parallelen hinzuweisen, die es zwischen der erkennbaren Realität und den Beschreibungen im Buch mittlerweile zu geben scheint.

1984 war in früheren Zeiten über viele Jahrzehnte eine gängige Schullektüre, heute ist das Buch es jedoch zunehmend seltener, was angesichts seiner Aktualität zu beklagen ist. Ja einzelne Stimmen versteigen sich mittlerweile sogar dazu, bewußt darauf zu verzichten.[3]

Ein Schelm, wer Böses dabei denkt

Wir, die Autoren dieses Büchleins, setzen uns ein für Freiheit, Demokratie, Menschenrechte und Meinungsfreiheit – für den freien, selbstbestimmten und selbstverantwortlichen Menschen. Zu Freiheit gehört aber auch Verantwortung. Ein Staat, der seinen Bürgern jede Verantwortung abnimmt und sie gegen alle Risiken absichert, ist per se gefährlich, weil er mehr oder weniger total sein muß. Und er verhindert – verdrehterweise – bereits in der Schule, daß Kinder sich zu wirklich erwachsenen Menschen entwickeln.

Wir behaupten keinesfalls, daß unser Land bereits eine Diktatur sei; andernfalls könnte dieses Buch nicht erscheinen. Wir wollen jedoch ausdrücklich davor warnen. Viele Schritte auf diesem verhängnisvollen Weg dorthin sind bereits getan, die Gefahr ist real. Der geneigte Leser möge selbst beurteilen, wie weit wir schon sind.

Als Autorenteam haben wir uns jedenfalls entschlossen, das Buch unter dem etwas albernen Pseudonym Georg Odergut (quasi als deutsche Übersetzung des Namens George Orwell) zu veröffentlichen. So weit ist es mit unserem Vertrauen in die Gesellschaft unseres Landes schon gekommen.

3 Philippe Wampfler: ›To Stay Human‹. 1984 als Schullektüre im Zeitalter der Überwachung, Schule Social Media.

Um für uns ein schreckliches Ende wie bei Orwell abzuwenden, brauchen wir in jedem Fall schnellstens ein Umdenken, eine Umkehr. Jede der von uns beschriebenen Parallelen ist für sich genommen bedenklich. Zusammengenommen könnten sie das Faß zum Überlaufen bringen und den Weg zur Errichtung eines neuen Totalitarismus geebnet haben.

Es geht heute darum, weitere Schritte dieser Art bzw. die Einführung weiterer Parallelen zu verhindern. Im besten Falle sollten möglichst viele der beschriebenen Parallelitäten wieder rückgängig gemacht werden. Voraussetzung dafür aber wäre, zunächst ein Bewußtsein für diese Parallelen und Gefahren zu schaffen. Dazu wollen wir mit diesem Buch beitragen.

Zum Aufbau des Buches

Dieses Projekt war ursprünglich dazu gedacht, Schülern den Roman *1984* näherzubringen. Es beginnt deshalb mit einer kurzen Inhaltsangabe, gefolgt von einem knappen Abriß des Lebens und Wirkens seines Autors George Orwell.

Dem schließt sich der zentrale Teil unserer Ausführungen an: die Gegenüberstellung von Parallelen zwischen der in *1984* beschriebenen totalitären Gesellschaft und unserer heutigen Wirklichkeit.

Nun wird allerorten beklagt, die Menschen würden immer weniger lesen. Dies nahmen wir zum Anlaß, unsere Darstellung der Parallelen auf zwei unterschiedliche Weisen auszuführen: Für ungeduldige Leser bietet es sich an, die schnell zu lesenden Texte aus dem Abschnitt »Kurz und knapp« zu studieren. Wer es ausführlicher und mit Belegen und Quellenhinweisen mag, dem sei das darauffolgende Kapitel »Wie *1984*, so auch heute?« ans Herz gelegt.

Wir runden unsere Betrachtungen schließlich ab mit einem Hinweis auf das Buch *Wie zerstört man eine Demokratie* der US-amerikanischen linksintellektuellen Autorin Naomi Wolf.

Einen kleinen Anhang zum Themenkomplex bieten wir auch noch. Zum einen ist da eine Auflistung weiterer Werke aus dem Bereich ›Warnung vor totalitären Entwicklungen‹. Es handelt sich um Filme oder Bücher sowohl literarischer als auch populärwissenschaftlicher Art. Mit Ausnahme der Sachbücher und Dokumentationen sind es vor allem Werke, die, ähnlich wie *1984*, mit erzählerischen Mitteln vor den Gefahren einer totalitären Gesellschaft warnen. Viele Werke sind überwiegend dem Genre Science-fiction zuzuordnen und haben auch unterhaltenden Charakter. Ihr Kern ist jedoch immer eine nachdenkliche und kritische Sichtweise auf die Gesellschaft.

Assoziationen, Anregungen zum Nachdenken und – im besten Falle – ein Aha-Effekt, der zum Aufwachen aus dem trügerischen Gefühl der Sicherheit führt, sind von unserer Seite ausdrücklich erwünscht.

Am Ende stehen einige Zitate, die wir bei der Recherche gefunden haben, ohne daß sie dem einen oder anderen Kapitel zugeordnet werden könnten, die wir dem Leser jedoch nicht vorenthalten wollten.

Wir haben uns bemüht, unsere Ausführungen möglichst kurz zu fassen. Sollte sich ein Leser darüber ärgern und mehr wissen wollen – es wäre ganz in unserem Sinne. Wir haben dafür viele Querverweise und Lesetips einfließen lassen. Zu George Orwell und insbesondere zum Werk *1984* findet man im Buchhandel und im Internet ein weites Universum an Texten. Wenn dort weitergelesen wird, haben wir unser Ziel erreicht.

Steigen Sie ein, nehmen Sie die rote Pille und folgen Sie uns auf dem Weg … in die erschütternde Realität.

Deutschland, im Spätherbst 2020

Nachtrag

Während der Arbeit an diesem Buch mußten wir eine erschreckende Erfahrung machen: Die Realität holte unsere Gedanken nicht nur ein, sondern überholte sie, zuerst im Zusammenhang mit den Grundrechtseinschränkungen im Zuge der Corona-Maßnahmen und dann in der Folge der zunehmenden Internetzensur seit dem Machtwechsel in den USA. Menschen mit abweichenden Meinungen wird zunehmend die Möglichkeit genommen, ihre Argumente überhaupt darzulegen. Einer pluralistischen, freien Gesellschaft ist dies nicht würdig – und doch ist es heute Realität, und zwar nicht nur in China, nein, auch im ach so freien Westen.

Deutschland, im Frühjahr 2021

INHALTSANGABE ZU *1984* VON GEORGE ORWELL

Die Welt des Jahres 1984 besteht aus drei miteinander verfeindeten und in stets wechselnden Koalitionen gegeneinander Krieg führenden Superstaaten: Ozeanien (bestehend aus Britannien, Nord- und Südamerika, Australien und Südafrika), Eurasien und Ostasien. Der Roman spielt im zu Ozeanien gehörenden London, wo der Protagonist, Winston Smith, lebt. Ozeanien ist eine dystopische totalitäre Einparteiendiktatur unter Führung der Sozialistischen Partei Englands (Engsoz), deren Elite (Innere Partei), angeführt von dem leibhaftig nie in Erscheinung tretenden Diktator Großer Bruder, ihre Bürger (eingeteilt in die Klassen Äußere Partei und Proletarier) mittels eines ausgeklügelten Überwachungssystems unterdrückt.

Die Bevölkerung wird durch eine allgegenwärtige Gedankenpolizei kontrolliert sowie mittels in den Wohnungen und öffentlichen Gebäuden angebrachter Bildschirme, die unablässig Propaganda senden und zugleich als Überwachungskameras und Abhörgeräte dienen. Die Staatspropaganda vermeldet regelmäßig Erfolge aus dem Krieg, Steigerungen der Produktion und der Lebensmittelversorgung und schürt Haß auf den ebenfalls nie leibhaftig in Erscheinung tretenden »Staatsfeind« Emmanuel Goldstein, Führer einer angeblich existierenden, gegen die Staatspartei gerichteten Untergrundorganisation, der Bruderschaft.

Die Partei beeinflußt das Denken durch die allgegenwärtigen Parolen »Krieg ist Frieden«, »Freiheit ist Sklaverei«, »Unwissenheit ist Stärke«, »Der Große Bruder beobachtet dich!« und durch eine »gereinigte« Sprache (Neusprech), die verhindern soll, daß die

Menschen unerwünschtes Gedankengut formulieren und somit überhaupt denken können.

Unklar bleibt, ob der Große Bruder wirklich existiert und ob die Partei den Krieg und Goldsteins Untergrundbewegung nicht in Wirklichkeit als Vorwand für Überwachung, Ausnahmezustand und Unterdrückung inszeniert.

Winston Smith arbeitet im Ministerium für Wahrheit, einer Art Propagandaministerium. Seine Aufgabe ist es, alte Zeitungsberichte und somit das Geschichtsbild an die jeweils aktuelle, stets wechselnde Parteilinie anzupassen. Smith ist trotz seiner Zugehörigkeit zur Äußeren Partei ein Gegner des Systems und führt heimlich Tagebuch über seine verbotenen Gedanken und Gefühle. Die ebenfalls der Äußeren Partei angehörende Julia wird seine Geliebte und Mitwisserin. Über O'Brien, einen leitenden Mitarbeiter des Ministeriums, der selbst Mitglied der Inneren Partei ist und in dem er einen Gleichgesinnten zu erkennen meint, versucht Winston Smith Kontakt zu der oppositionellen Bruderschaft aufzunehmen. O'Brien, in Wirklichkeit ein fanatischer Anhänger der Inneren Partei, geht zum Schein darauf ein, läßt Winston und Julia schließlich verhaften, beide voneinander getrennt ins Ministerium für Liebe verbringen, foltern und einer Gehirnwäsche unterziehen. Schließlich gelingt es ihm, Smiths Willen zu brechen. Smith verrät seine Liebe zu Julia und liebt schließlich den Großen Bruder. Damit ist er am Ende »geheilt«.

Inhaltsangabe nach Kapiteln

Kapitel 1

Winston Smith arbeitet im Ministerium für Wahrheit in London. Seine Tätigkeit besteht darin, im Sinne der jeweils aktuellen Parteidoktrin unbequeme Daten und Fakten zu vernichten oder zu manipulieren und auf diese Weise das Geschichtsbild permanent zu verfälschen bzw. an die jeweils aktuelle Linie anzupassen. Geschichte wird dadurch zu einer Art Knetmasse, deren Erscheinung sich ständig ändert. Dies führt zu einem Gefühl der Ungewißheit und Desorientierung, weil es nichts gibt, worauf man sich verlassen kann.

Winston, der dem Regime innerlich ablehnend gegenübersteht, beginnt schließlich seine Gedanken und Gefühle in einem geheimen Tagebuch festzuhalten, das er bei Mr. Charrington, dem Inhaber eines kleinen Antiquitätengeschäfts im Proletarierviertel, entdeckt.

Eines Tages fällt ihm während eines Aufenthalts in der Kantine des Ministeriums eine bei der Jugendliga gegen Sexualität engagierte Frau namens Julia auf, von der er sich beobachtet fühlt und die er daher für eine Agentin der Gedankenpolizei hält.

Sein Interesse an der Vergangenheit treibt Winston immer wieder in das Proletarierviertel, wo er in einer Kneipe Kontakt zu einem alten Mann sucht, um ihn zu seinem Wissen über die Vergangenheit zu befragen. Wieder einmal führt ihn sein Weg auch in das kleine Antiquitätengeschäft des Mr. Charrington, wo er das Tagebuch gekauft hatte. Unter den Ausstellungsstücken fasziniert Winston eine Glaskugel, in die eine Koralle eingefaßt ist – ein Stück Vergangenheit. Er kauft sie. Charrington zeigt Winston auch ein möbliertes Zimmer im ersten Stock, in dem sich offenbar kein Teleschirm befindet. Winston verspürt den Wunsch, das Zimmer zu mieten, doch er verwirft diesen Gedanken sogleich wieder, da ihm bewußt wird, daß dieser Wunsch bereits den Tatbestand eines Gedankenverbrechens erfüllt.

Kapitel 2

Auf dem Weg nach Hause begegnet er wieder Julia. Dies bestärkt ihn in seinem Verdacht, daß sie bei der Gedankenpolizei arbeitet und es auf ihn abgesehen hat. Wenige Tage später begegnet sie ihm im Wahrheitsministerium ein drittes Mal. Sie stürzt, als sie an ihm vorbeigeht. Während Winston ihr aufhilft, steckt sie ihm heimlich ein Zettelchen zu. Da sich in unmittelbarer Nähe ein Teleschirm befindet, geht er zunächst wieder zu seinem Arbeitsplatz, bevor er es wagt, die Botschaft an ihn zu lesen: Es handelt sich um eine Liebeserklärung von Julia.

Nach mehreren vergeblichen Versuchen der Kontaktaufnahme gelingt es ihm schließlich, sich zu Julia zu setzen, als diese allein an einem Tisch in der Ministeriumskantine sitzt. Wegen der allgegenwärtigen Überwachung wechseln sie nur wenige Worte miteinander. Winston erfährt, daß Julia heimlich gegen die Partei rebelliert. In aller Heimlichkeit treffen sich Julia und Winston nun einige Male auf dem Land. Julia stimmt schließlich zu, das Zimmer über Mr. Charringtons Laden zu mieten, um mit Winston unbeobachtet zusammensein zu können. Auch dies stellt ein Schwerverbrechen dar: Sexualität unter Parteimitgliedern darf nur der Fortpflanzung dienen und soll schrittweise durch künstliche Befruchtung ersetzt werden.

Winston berichtet Julia von O'Brien, einem Mitglied der Inneren Partei, den er aufgrund seines leicht von der Norm abweichenden Verhaltens für einen Oppositionellen hält. Zusammen mit Julia besucht er ihn schließlich in seiner Wohnung. O'Brien besitzt als Mitglied der Inneren Partei das Vorrecht, seinen Teleschirm zeitweise abzuschalten. Auf diese Weise kann ein scheinbar unbeobachtetes Gespräch stattfinden.

Winston gesteht O'Brien seine oppositionelle Gesinnung. Dieser gibt sich als Mitglied der Bruderschaft aus und nimmt Winston in die Untergrundbewegung auf. Durch Vermittlung von O'Brien erhält Winston ein Exemplar des berüchtigten Buches *Die Theorie und Praxis des oligarchischen Kollektivismus,* als dessen Autor der Staatsfeind Emmanuel Goldstein angegeben ist. Während eines Beisammenseins mit Julia in Charringtons Zimmer kommt Winston dazu, das erste und dritte Kapitel zu lesen, er erfährt durch die Lektüre aber nichts, was ihm nicht schon bekannt gewesen wäre: »Das Wie verstehe ich, aber nicht das Warum.« Später wird er erfahren, daß O'Brien Mitverfasser des Buches ist.

Winston und Julia besprechen am selben Tag ihre gemeinsame Zukunft. Julia träumt von einem glücklichen Leben im Untergrund, während Winston um jeden Preis die Partei bekämpfen will. Dabei ist ihm bewußt, daß sein Ende unausweichlich in Gefangenschaft, Folter und Liquidation bestehen wird. Im selben Augenblick wird das Zimmer umstellt und aufgebrochen – es stellt sich heraus, daß sich unter einem Bild ein Teleschirm befand und die beiden die ganze Zeit über beobachtet wurden. Nun stehen sie Mr. Charrington gegenüber, der sich als Angehöriger der Gedankenpolizei entpuppt.

Kapitel 3

Nach seiner Verhaftung erwacht Winston in einem hell erleuchteten, weiß gekachelten, fensterlosen Raum, an dessen vier Wänden sich Teleschirme befinden. Er vermutet, daß man ihn ins Ministerium für Liebe verbracht hat. Entlang der Wände ist eine Bank angebracht, gerade breit genug zum Sitzen und einzig durch eine Toilette gegenüber der Tür unterbrochen. Ständig kommen neue Gefangene in Winstons Zelle und werden wieder abgeholt. Winston wird von Zeit zu Zeit verlegt. Er erfährt von einem mysteriösen Zimmer 101, vor dem alle Gefangenen Angst haben. Sein Zeitgefühl geht durch die unablässige künstliche Beleuchtung der Zelle verloren, die spärliche Gefangenenkost führt dazu, daß er zusehends abmagert.

Winston durchläuft routinemäßige Verhöre durch seinen Vernehmungsoffizier. Dieser ist niemand anderer als O'Brien, dem er sich einst in der Hoffnung anvertraut hatte, in ihm einen Gleichgesinnten zu finden. Unter Folter legt Winston zunächst die üblichen Geständnisse (Unterschlagung, Sabotage, Spionage, Mord) ab. Die Verhöre steigern sich zu einer systematischen Gehirnwäsche, mit der O'Brien Winstons Weltbild regelrecht zerlegt. Mittels Elektroschocks und Medikamenten bricht er Winstons Willen und zerstört vorübergehend sein Langzeitgedächtnis.

»Lernen, verstehen und akzeptieren« – dies sind, wie O'Brien Winston erklärt, die einzelnen Stufen der Umerziehung. O'Brien zwingt ihn, seinen mit Wunden übersäten, ausgemergelten Körper im Spiegel zu betrachten. Sein Körper steht in dieser Szene stellvertretend für die Menschheit, als deren Streiter sich Winston versteht. O'Brien erklärt ihm, daß die Menschheit in der Hand der Partei und Widerstand daher zwecklos sei. So soll Winston anhand dieses Beispiels lernen, verstehen und schließlich die gegebene Ordnung akzeptieren.

O'Brien erklärt ihm, daß der einzige Zweck der Partei die Macht an sich ist: »Wenn Sie sich ein Bild von der Zukunft ausmalen wollen, dann stellen Sie sich einen Stiefel vor, der in ein Menschenantlitz tritt – immer und immer wieder.« Im Gegensatz zur mittelalterlichen Inquisition (»Du sollst nicht«) und zum politischen Totalitarismus bekannter Prägung (»Du sollst«), die letztlich immer nur Märtyrer unter den Widerständlern hervorbringen, gilt im ozeanischen System: »Du hast zu sein« – »Jeder wird reingewaschen«, jeder wird »geheilt«.

Von nun an wird Winston wieder aufgepäppelt. Während seiner Rekonvaleszenz trainiert er, seinen eigenen Geist zu überlisten – seine Umerziehung scheint erfolgreich abgeschlossen zu sein. Als er jedoch eines Nachts im Traum nach Julia ruft, erkennt O'Brien, daß Winstons Abscheu vor dem Großen Bruder und seine Liebe zu Julia ungebrochen sind. Er läßt ihn in Zimmer 101 bringen, wo jeden Menschen seine ganz persönliche Hölle erwartet. Da O'Brien Winstons panische

Angst vor Ratten bekannt ist, läßt er einen Käfig mit zwei hungrigen Ratten direkt vor Winstons Gesicht schnallen und droht ihm, die Käfigtür zu öffnen, worauf dieser ihn anfleht, diese Folter nicht ihm, sondern Julia anzutun. Dieser Verrat an seiner Liebe zu Julia zerstört in ihm die Selbstachtung und bricht seinen Widerstand endgültig.

Winston wird entlassen, verbringt viel Zeit in einer heruntergekommenen Spelunke beim Schach. Ein letztes Mal trifft er Julia, deren Körper ebenfalls von Folter gezeichnet ist. Sie gesteht ihm, daß sie ihn verraten habe und es der Partei gelungen sei, ihre Gefühle für ihn zu zerstören. Winston erkennt, daß er ›geheilt‹ ist, als er an sich selbst feststellt, daß er in der Masse beim Betrachten der Kriegsberichte mitfiebert. In diesem Augenblick hat er eine Vision, einen Tagtraum von seiner Hinrichtung: In einem Schauprozeß bekennt er unter Tränen, demütig und dankbar seine Liebe zum Großen Bruder, der ihm geholfen hat, sich selbst zu besiegen. Die Gewehrkugel, die in sein Gehirn eindringt, empfindet er als lang ersehnte Erlösung. Sein Leben endet in einem Gefühl der Liebe zum Großen Bruder.

BIOGRAPHIE GEORGE ORWELLS

> Autobiographien sind nur glaubwürdig, wenn sie etwas Unschönes zugeben. Jemand, der über sein Leben nur Gutes zu sagen weiß, lügt in den meisten Fällen, weil jedes Leben von innen her gesehen nichts weiter als eine Kette von Niederlagen ist.
>
> George Orwell, »Zu Nutz und Frommen der Geistlichkeit«

George Orwell wurde als Eric Arthur Blair am 25. Juni 1903 in Motihari/Bengalen geboren. Er entstammte einer Familie der kolonialen Mittelschicht und ging in England zur Schule, unter anderem in Eton.

Möglicherweise der Tradition seiner Eltern folgend, diente er von 1922 bis 1927 bei der Indian Imperial Police. Er quittierte den Dienst, weil er die Widersprüche und die Verlogenheit des Kolonialsystems nicht mehr ertrug. Seine Erfahrungen finden sich in einigen Essays, etwa in »Einen Mann hängen« und »Einen Elefanten erschießen«, die sich in dem Band *George Orwell. Meistererzählungen* (Diogenes) finden.

Im Anschluß an seine Rückkehr nach Europa schlug er sich zunächst als Lehrer, Buchhandlungsgehilfe, Tellerwäscher und Vagabund durch. Während dieser Zeit entstanden erste Texte.

1937 nahm er am Spanischen Bürgerkrieg teil. Da er sich politisch als Sozialist und Anarchist verstand, schloß er sich der Miliz POUM (Partido Obrero de Unificación Marxista) an. Während eines Gefechts erlitt er einen Halsdurchschuß. Eine spätere Beschreibung des Geschehens verrät etwas über Orwells ironisch-sarkastische Art des Schreibens und Denkens, die auch vor ihm selbst nicht haltmachte: »Der Vorgang, von einer Kugel getroffen zu werden, ist interessant und verdient es, näher betrachtet zu werden.«

Eine Erfahrung während des Bürgerkrieges trug dazu bei, seine Skepsis gegen jede Art von Ideologie und Totalitarismus hervorzurufen: Obwohl die POUM gegen Franco und damit ›gegen den Faschismus‹ kämpfte, wurden die Miliz und ihre Anhänger von moskautreuen Kommunisten im Verlaufe des Krieges nicht weniger brutal verfolgt als von Francos Truppen.

Im Zweiten Weltkrieg durfte er entgegen seinem Wunsch nicht als Soldat an der Front dienen, da er durch eine Tuberkulose bereits gesundheitlich angeschlagen war. Deshalb arbeitete er bei der BBC als Journalist, Kriegsberichterstatter und Kommentator. Seine Erlebnisse bei der BBC, insbesondere im Zusammenhang mit der Entstehung und dem Gebrauch von Propaganda, beeinflußten später sein Buch *1984*.

KURZ UND KNAPP

Wenn Freiheit überhaupt irgend etwas bedeutet, dann das Recht, den Menschen das zu sagen, was sie nicht hören wollen.

Aus einem unveröffentlichten
Vorwort zu *Farm der Tiere*

Zensur – heute unvorstellbar?

1984

In George Orwells *1984* gibt es keine privaten Verlage. Einzig die Partei bzw. der Staat veröffentlichen Bücher, Zeitungen und Zeitschriften. Auch Radio und Fernsehen sind ausschließlich staatlich.

Daneben gibt es eine Gedankenpolizei, die das Verbrechen, von der offiziellen Linie abweichende Meinungen zu haben oder gar zu verbreiten, brutal ahndet.

Jegliche abweichenden Meinungen werden somit zensiert und unterbunden.

2020

Neben den staatlichen Medien existiert eine Vielzahl von Medienunternehmen, die in ihrer publizistischen Arbeit frei sind. Aber es gibt eine zunehmende Zahl von Ungereimtheiten.

»Hetzjagden auf Migranten in Chemnitz«: Die Bundesregierung hatte 2018 für diese Behauptung keine Beweise. Das ergab eine Anfrage im Bundestag.[4]

4 Antwort der Bundesregierung auf die Große Anfrage der Abgeordneten Martin Erwin Renner, Andreas Bleck, Tino Chrupalla, weiterer Abgeordneter und der Fraktion der AfD – Vermeintliche »Hetzjagden« in Chemnitz am 26. August 2018 (Drucksache 19/4313).

Trotzdem wurde der Chef des Verfassungsschutzes entlassen, weil er der Bundesregierung widersprochen hatte.

Der Fall Relotius: Zahlreiche Reportagen im Magazin *Der Spiegel* über die positiven Aspekte der Migrationspolitik waren komplett erfunden.

Regierungskritische Demonstrationen: Solche Demonstrationen werden bejubelt, wenn sie in Ländern wie Hongkong oder Weißrußland stattfinden. Anders ist das bei regierungskritischen Demonstranten in Deutschland (Merkel-muß-weg-Demos, Querdenken-Demos gegen die Corona-Maßnahmen usw.) oder gegen befreundete Regierungen (Gelbwesten-Proteste in Frankreich): Diese werden als rechtsextrem, gewaltbereit oder demokratiefeindlich diffamiert. Extreme und vorsätzliche Polizeigewalt wird verschwiegen.

Inflation: Eine Inflationsrate von 2 Prozent ist das erklärte Ziel der Europäischen Zentralbank. Dieser beabsichtigte Wertverlust des Euro wird von Regierung und Medien als stabil bezeichnet. Das ist eine Lüge.

Diese Wahrheitsverdrehungen kommen heute ohne direkten Zwang oder unmittelbare staatliche Eingriffe aus. Es genügt, Ziele zu formulieren und das Spitzenpersonal in Politik und Medien auszuwählen. Ab da läuft der Prozeß von selbst. Bei Zuwiderhandlungen (u. a. Dieter Nuhr, Xavier Naidoo) folgen Diffamierungen oder Ausgrenzungen. Erwünschte Berichterstattung belohnt die Regierung mit der Buchung teurer Anzeigen.

Mehr dazu im Kapitel »Ministerium für Wahrheit« ab Seite 73.

Geschichte – wird sie manipuliert?

1984

In George Orwells *1984* gibt es ein Ministerium für Wahrheit. Dort wird permanent die Geschichtsschreibung korrigiert und damit die Vergangenheit verändert. Es werden sowohl Bücher als auch Zeitungen zugunsten der Herrschenden umgeschrieben. Dadurch erscheint die jeweils aktuelle Situation immer als von der Regierung genau so geplant, wie sie sich jeweils darstellt. Demnach leben die Menschen permanent in der besten aller möglichen Welten – allen Unzulänglichkeiten zum Trotz. So erscheint auch das Handeln der Regierung immer fehlerfrei und optimal.

Neben der Vergangenheit kontrolliert die Regierung damit auch die Gegenwart und die Zukunft.

Die Bürger haben keinerlei Möglichkeit zu eigener objektiver Meinungsbildung oder für kritisches Hinterfragen von Nachrichten. Es gibt immer nur eine Wahrheit und eine legitime Meinung. Um diese uneingeschränkt durchzusetzen, werden schon die Kinder von der Partei indoktriniert und als Spione gegen ihre eigenen Eltern eingesetzt.

2020

Von einer systematischen, umfassenden Manipulation der Geschichtsschreibung kann keine Rede sein, aber es gibt doch manch auffällige Ungereimtheiten.

Die Zahl der Opfer wie auch die allgemeine Bewertung der britischen Luftangriffe auf Dresden unmittelbar vor dem Ende des Zweiten Weltkriegs ist solch ein

Fall. Offiziell wird heute von 25 000 Toten gesprochen. Allerdings berichtete das Schweizer Rote Kreuz damals von 200 000 Toten. Hier scheinen die historischen Fakten im Laufe der Zeit verändert worden zu sein.

Ähnlich verhält es sich mit der von dem Millionär Jan Philipp Reemtsma finanzierten Wehrmachtsausstellung, die von 1995 bis 2004 in vielen deutschen Städten zu sehen war. Es stellte sich heraus, daß es sich bei einigen der dort gezeigten Verbrechen der deutschen Wehrmacht in Wirklichkeit um Taten des sowjetischen Geheimdienstes handelte. Eine genaue Überprüfung der Ausstellung führte dazu, daß diese eingestellt wurde, weil die Zahl derartiger unzutreffender Zuweisungen zu hoch war.

Im Zuge der Black-Lives-Matter-Aktivitäten werden europäischer bzw. amerikanischer Kolonialismus und Sklaverei zunehmend problematisiert. Nahezu unbekannt ist aber, daß es Sklavenhandel und Kolonialismus jahrtausendelang in wohl sämtlichen Kulturen gegeben hat, insbesondere auch bei den Arabern (im Mittelmeerraum und in Afrika) sowie bei den Afrikanern, die Jagd auf andere Stämme machten, um diese als Sklaven nach Arabien oder Nordamerika zu verkaufen. Europa hat der Sklaverei als erstes eine Absage erteilt. Die Behauptung von der Singularität der europäischen Verfehlungen und einer alleinigen europäischen historischen Schuld in diesem Zusammenhang entspricht nicht den Tatsachen.

Anders als in Orwells *1984* gibt es im heutigen Deutschland die Möglichkeit unabhängiger Untersuchungen und gerichtlicher Überprüfungen, bei denen auch bereits Versuche einer Umschreibung oder zumindest Uminterpretation der Geschichte zutage gefördert worden sind. Es gilt aber weiter aufmerksam zu bleiben.

Mehr dazu im Kapitel »Manipulation der Geschichte« ab Seite 89

Sexualität – privat oder politisch?

1984

Die Partei weiß um die Kraft des Sexualtriebs und steuert diesen weitestgehend. Erotik wird unterbunden, Sexualität wird auf den – möglichst selten stattfindenden – Geschlechtsakt reduziert. Durch die Kontrolle des Sexualtriebs gewinnt der Staat die Kontrolle über die Menschen.

Die durch den Sexualentzug nicht ausgelebte Energie lenkt die Partei in Kriegsfieber und Führerverehrung um. So besteht ein Zusammenhang zwischen Keuschheit und politischer Orthodoxie.

Orwell läßt seine Protagonistin Julia erklären: »Beim Liebesspiel verbrauchst du Energie, und hinterher fühlst du dich glücklich, und alles andere ist dir egal. [...] Wenn man glücklich ist, warum sollte einen dann der Große Bruder [...] noch groß aufregen?«

Die Partei benutzt also die Kraft des unterdrückten Sexualtriebs als Motor für Aktivitäten in ihrem eigenen Sinne. »Dies ganze Herummarschieren, Jubeln und Fahnenschwenken ist nichts weiter als sexuelle Frustration«, erklärt Julia. Das freie Ausleben des Sexualtriebs dagegen würde die Stellung der Partei gefährden.

2020

Heute gibt es Übersexualisierung statt Unterdrückung der Sexualität.

Sexualkundeunterricht mit der Vermittlung von Sexualpraktiken findet bereits im Kindergarten statt. Im Showgeschäft und in der Werbung wird die Sexualität überbetont. Randphänomene wie LGBTQ werden zu einer neuen Normalität erhoben. Politik, nur so genannte, weil meist in Wahrheit staatlich finanzierte ›Nichtregierungsorganisationen‹ sowie staatsnahe Medien betreiben diesen Trend gemeinsam.

Ausgangspunkt waren die Achtundsechziger. Anfangs handelte es sich nur um ein Aufbegehren gegen manche tatsächlichen Mißstände, doch der Trend setzte sich fort und wuchs sich zu einem bis heute anhaltenden Generalangriff auf die bürgerliche Gesellschaft aus.

Es scheint geradezu entgegengesetzt zu Orwells Dystopie zu sein. Psychologen nennen dieses Vorgehen paradoxe Intervention. Auch diese führt zum gewünschten Ziel: der Zerstörung der klassischen Familie, der Bindung in Partnerschaften und der gesellschaftlichen Traditionen.

Auch auf diese Weise wird Sexualität weitgehend auf den Geschlechtsakt reduziert. Die Energie der Menschen wird in Arbeit und Medienkonsum gelenkt. Letzterer hat bei einer Vielzahl von Menschen zu enormer Staatsgläubigkeit und kritiklosem Vertrauen in die Regierung Merkel geführt. Diese Schrift möchte dazu beitragen, diesen Zustand schnellstmöglich zu beenden.

Mehr dazu im Kapitel »Politisierung von Sexualität und Familie« ab Seite 117.

Zerstörung der Familie

1984

Ähnlich kritisch wie die Sexualität ist für die Partei eine intakte Familie, die allerdings für das Gebären der Kinder benötigt wird. Es kann also nicht das Ziel sein, die Familie vollkommen abzuschaffen. Dafür nimmt die Partei aber großen Einfluß auf die Erziehung des Nachwuchses. Alle Kinder sind Mitglieder der Jugendorganisation der »Spitzel«.

Mit Liedern, Wanderungen und bei Umzügen mit Parolengebrüll werden die Kleinen auf spielerische Weise dazu gebracht, die Partei zu vergöttern. Ihr ganzes Ungestüm wird nach außen gegen Staatsfeinde, Verbrecher und Saboteure gerichtet – und auch zur Kontrolle und Denunziation ihrer eigenen Eltern eingesetzt.

2020

Seit Ende der siebziger Jahre sinkt die Geburtenrate. Parallel steigen die Zahl der Ehescheidungen und die der Alleinerziehenden (meist Mütter) an.

Meist ist eine Berufstätigkeit beider Eltern notwendig. Sie wird politisch gefördert und gefordert. Die Selbstverwirklichung der Frau gilt als Ideal. Die Rolle als Mutter wurde diskreditiert. Die Medien unterstützen diese Tendenz. In der Berichterstattung, in Filmen und Serien wird ein neues Bild der Familie propagiert. Bis in die achtziger Jahre hinein war das anders.

Die Folge ist die Fremdbetreuung der Kinder. Damit nimmt der Einfluß staatlicher Einrichtungen auf die Erziehung zu. Das ist Absicht. Der SPD-Politiker Olaf

Scholz erklärte die »Hoheit über die Kinderbetten« zum politischen Ziel.

Dieser Trend hat zu einer neuen Auseinandersetzung zwischen den Geschlechtern und zu einem Kampf der Generationen geführt.

Der WDR ließ 2019 einen Kinderchor Großmütter pauschal als »Umweltsäue« verunglimpfen. Auf ›Klimademonstrationen‹ protestieren Schüler gegen die Generationen ihrer Eltern und Großeltern.

Exakt wie in Orwells *1984* brüllen die Schüler dabei Parolen, die sich teilweise aggressiv gegen die Eltern- und Großelterngeneration richten. Sie machen sich damit zu Erfüllungsgehilfen politischer Allmachtsphantasien unter dem Vorwand des ›Klimaschutzes‹.

Mehr dazu im Kapitel »Politisierung von Sexualität und Familie« ab Seite 117.

Jugend – manipuliert und gesteuert

1984

Es gibt zwei Jugendorganisationen: die Spitzel und die Junioren-Anti-Sex-Liga. Beide wurden von der Partei gegründet und sind absolut linientreu.

Durch eine frühe und permanente Indoktrination durch die Partei übertreffen Kinder und Jugendliche damit ihre Eltern noch an Treue und Begeisterung für die Partei und den Großen Bruder. Sie kontrollieren und erziehen dadurch auch ihre Eltern. Und sie sind bereit, diese zu denunzieren.

2020

Die Antifa war bis vor wenigen Jahren regierungsfeindlich. Heute bekämpft sie die Gegner der Politik von Angela Merkel. Dazu haben Regierung und Medien gemeinsam die Feindbilder ›rechtsextrem‹ und ›Nazi‹ massiv aufgebaut. Nun kann jeder regierungskritische Protest damit etikettiert und somit zum Ziel der Antifa gemacht werden.

Die Partei Alternative für Deutschland und ihr sogenannter Flügel kamen dabei sehr gelegen. Anschließend konnte das so einstudierte Verhalten leicht auch gegen Proteste wie Fridays gegen Altersarmut sowie Merkel-muß-weg- oder Querdenken-Demonstrationen eingesetzt werden.

Alle totalitären Staaten organisieren ihre Jugend und setzen sie im Kampf gegen Kritiker ein. Früher waren das die kommunistischen Komsomolzen in Sowjetrußland, die Hitler-Jugend oder die Freie Deutsche Jugend (FDJ) der DDR. Heute sind es scheinbar unabhängige Protestbewegungen. Aber diese werden sämtlich mehr oder weniger staatlich finanziert bzw. organisatorisch unterstützt.

Die vielfach gewalttätige Antifa wird für den ›Kampf gegen rechts‹ staatlich gefördert. Die Fridays-for-Future-Demonstrationen wurden durch die enorme Aufmerksamkeit von Medien und Politik für Greta Thunberg befördert – bis hin zu Treffen mit Spitzenpolitikern auf nationaler und internationaler Ebene. Fridays for Future wird von den mit Finanzen und Infrastruktur professionell ausgestatteten Jugendbewegungen von SPD, Grünen und Linken gefördert. Laut ehemaligen Aktiven ist diese Bewegung von Politikern der Grünen und der Linken unterwandert.[5]

Alle diese sogenannten Protestbewegungen demonstrieren für (!) die Regierung, für mehr Einschränkungen der persönlichen Freiheiten und für eine höhere Besteuerung der Bürger. Damit stellen sie sich gegen Teile der Opposition sowie gegen konservative und freiheitlich-libertäre Strömungen.

Es werden faschistische Methoden angewandt. Gegner sollen gesellschaftlich ausgegrenzt werden. Dazu stellt man sie als ›Klimaleugner‹ auf eine Stufe mit Holocaustleugnern.

Über diese Kinder- und Jugendbewegungen nimmt der Staat starken Einfluß auf die Eltern.

Mehr dazu im Kapitel »Politisierung von Sexualität und Familie« ab Seite 117.

Krieg – wer will ihn, wer profitiert?

1984

Ein immerwährender Krieg wird von der Regierung bewußt eingesetzt, inszeniert, zum Teil vielleicht auch nur vorgetäuscht. So wird die Bevölkerung in einem dauerhaften Zustand von Anspannung und Angst gehalten. Außerdem wird dadurch die Position und Unangreifbarkeit der Partei gefestigt. Regelmäßig wechselnde Feinde

5 Thembi Wolf: Fridays for Stalin in Gelsenkirchen. Wie eine linksextreme Organisation die FFF-Proteste unterwandert, Bento.de, 20.11.2019; Fridays for Future: Sicherheitsbehörden warnen: Linksextreme wollen Klima-Demos unterwandern, Focus.de, 16.6.2019.

und Verbündete dienen dazu, die Authentizität dieses Szenarios zu untermauern.

Mit einem täglichen Zwei-Minuten-Haß und regelmäßig durchgeführten Haßwochen wird das Kriegsszenario zusätzlich gestärkt und, unterstützt durch die Bevölkerung, für die Partei genutzt.

Zudem dient der Krieg dazu, die Masse der Menschen in Armut zu halten, da die Produktion von Waffen und die Wiederherstellung zerstörter Zonen zu Lasten des allgemeinen Wohlstands erfolgen.

2020

Nach 9/11, den Anschlägen auf das World Trade Center in New York 2001, begannen die USA einen ›Krieg gegen den Terror‹. Auch die deutsche Bundeswehr ist als Nato-Partner an einigen dieser ›Missionen‹ beteiligt. Dabei stellt sich die Frage, wann eine Mission ein Krieg ist oder umgekehrt. Unterschiede sind meist kaum auszumachen.

Der Krieg gegen den Terror sowie die Kriege für die Demokratie wurden bzw. werden in Afghanistan, dem Irak, Libyen, dem Sudan und Syrien geführt. In den neunziger Jahren gab es die Einmischung in den Bürgerkrieg im ehemaligen Jugoslawien. ›Der Westen‹ unterstützte auch den ›Arabischen Frühling‹ und die ›Farbrevolutionen‹ (u. a. Georgien 2003, Libanon 2005, Myanmar 2007, Tunesien 2010, Ägypten 2011). Der Sturz der Regierung Janukowitsch 2014 in der Ukraine wurde nach einem ähnlichen Muster wie die Farbrevolutionen inszeniert.[6]

6 Christian Weisflog und Ivo Mijnssen: Chronologie der Maidan-Revolution, NZZ.ch, 20.2.2019.

Ob diese Kriege und ›Revolutionen‹ absichtlich durchgeführt und vielleicht sogar von einer übergeordneten zentralen Stelle geplant werden, ist Gegenstand von Verschwörungstheorien.

Neben diesen militärischen Kriegen gibt es derzeit Kriege im übertragenen Sinne, die dennoch sehr real sind. Das sind Kriege gegen Rassismus, gegen den Klimawandel sowie diverse Wirtschaftskriege, insbesondere gegen China und Rußland.

Der Zweck all dieser Kriege, egal ob militärisch oder metaphorisch, ist der gleiche: Es geht um die Abschöpfung von Ressourcen, die Schaffung von Absatzmärkten für die Rüstungsindustrie und die Aufrechterhaltung eines permanenten Ausnahmezustands. Denn ähnlich wie bei George Orwell scheint ein Ende der Kriege nicht absehbar.

Mehr dazu im Kapitel »Krieg – wer profitiert?« ab Seite 139.

Der Weg in die Planwirtschaft

1984

Das Ministerium für Überfülle steuert die Wirtschaft mit Dreijahresplänen. Ziel war es, »Unfreiheit und Ungleichheit fortbestehen zu lassen«. Es ging darum, »den Fortschritt anzuhalten und die Geschichte in einem ganz bestimmten Moment einzufrieren«.

Denn »für die Oligarchie gab es nur eine sichere Basis: den Kollektivismus. Wohlstand und Privilegien lassen sich am leichtesten verteidigen, wenn sie Gemeinschaftsbesitz sind.« Es erfolgte die Konzentration des Eigentums in noch weniger Händen, »mit dem Unterschied, daß die neuen Besitzer eine Gruppe statt eine Menge einzelner waren«. So gehörte dem Individuum quasi nichts. Die Partei »kontrollierte alles«.

Dabei haben die Einwohner nie »das Gefühl, eine von einer fernen Hauptstadt aus regierte Kolonialbevölkerung zu sein«, denn »die Administratoren eines Gebiets rekrutieren sich immer aus den Einwohnern dieses Gebiets«.

2020

Wir haben heute eine indirekte Planwirtschaft. Der Staat lenkt die Bürger über Steuern, Abgaben, Quoten sowie über zahlreiche Vorschriften und Regulierungen.

Neben unzähligen Vorschriften, die Unternehmen und Privatpersonen individuell betreffen, findet in vielen Bereichen eine kollektive staatliche Planung statt. Dies betrifft neben dem staatlichen Schul- und Hochschulwesen und der Kulturförderung (von der neben der ›Hochkultur‹ auch die Soziokultur abhängt) vor allem die umfangreiche Subventionspolitik und den Energiesektor. Bei Strom und Benzin beträgt der Steueranteil über 50 Prozent des Verkaufspreises. Als Folge haben wir in Deutschland die weltweit höchsten Energiepreise.

Dieser Prozeß führt zu immer mehr Konzentration bei den Großkonzernen. Diese sind beinahe Kollektiveigentum. Die Masse der Aktionäre hat real kaum Mitsprachemöglichkeiten. Die Konzerne werden von Managern mit großer Nähe zum Staat verwaltet.

Diese Politik ist weitgehend sozialistisch. Wegen der Bevorzugung der Großkonzerne ist die Bezeichnung ›Korporatismus‹ zutreffender. Wenn Politik und Medien diese Planwirtschaft dann als ›Kapitalismus‹ oder gar ›Turbokapitalismus‹ bezeichnen, ist das wie ein schlechter Witz.

Die politischen Entscheidungen nicht nur zur Wirtschaftspolitik fallen überwiegend bei der EU-Kommission. Sie werden dann – analog zu *1984* – im Bundestag und in den anderen nationalen Parlamenten nur noch umgesetzt.

Mehr dazu in den Kapiteln »Kapitalismus« (Seite 150), »Planwirtschaft« (Seite 156), »Wer profitiert in der Planwirtschaft?« (Seite 162) und »Sozialismus« (Seite 168).

Medien – vierte Gewalt oder vielmehr Hofberichterstatter?

1984

Pausenlos, vom Aufstehen bis zum Schlafengehen, werden die Menschen von den Teleschirmen überwacht, aber auch mit Nachrichten respektive Propaganda der Regierung versorgt. Wobei man hier angesichts der ununterbrochenen Sendungen eher von Indoktrination oder Quälerei sprechen muß. Vielleicht mehr als bei jedem anderen der hier behandelten Aspekte wird dieses Vorgehen in den Verfilmungen des Romans am deutlichsten.

2020

Wir haben zahllose Radio- und Fernsehsender, Zeitungen und Zeitschriften. Allerdings sind Radio und Fernsehen größtenteils staatlich. Auch private Sender benötigen staatliche Zulassungen. Die Aufsichtsräte der staatlichen Sender sind rein politisch besetzt.

Der größte Teil der Zeitungen und Zeitschriften wird von nur drei großen Verlagsgruppen – Springer, Burda und Bertelsmann – herausgegeben. Einige private Radiosender, zahlreiche Tageszeitungen und Zeitschriften sind über eine Holdinggesellschaft, die Deutsche Druck- und Verlagsgesellschaft (DDVG), ganz oder teilweise im Besitz der SPD.

Fast alle diese Medien profitieren von Werbeanzeigen der Regierung. Im Jahr 2019 wurden dafür 40 Millionen Euro ausgegeben. Von 2020 an sollen für vier Jahre weitere 220 Millionen Euro zur »Förderung der digitalen Transformation des Verlagswesens« verteilt werden. Da wundert es nicht, wenn der Tenor der Berichterstattung fast aller Medien identisch ist.

Die wirklich unabhängigen Medien finden sich überwiegend im Internet (u. a. Apolut.net, Publicomag.com, Rubikon.de). Es existieren einige unabhängige Wochenzeitungen (*Junge Freiheit*) und Zeitschriften (*Express-Zeitung, Cicero, Tichys Einblick, eigentümlich frei*).

Sie alle profitieren bislang nicht von Anzeigen oder Förderungen seitens der Regierung. Vielmehr leiden sie, weil zahlreiche Unternehmen hier trotz sehr guter Reichweiten auf Anzeigenschaltungen verzichten, da sie sonst Nachteile für ihr Image befürchten müßten.

Den staatlichen bzw. staatsnahen Mainstream-Medien ist es lange Zeit gelungen, die freie Konkurrenz als unseriös und minderwertig darzustellen. Trotzdem haben die freien Medien im Gegensatz zum Mainstream kontinuierlich steigende Verkaufs- und Klickzahlen. Es empfiehlt sich sehr, sich hier ein fundiertes eigenes Bild zu machen.

Mehr dazu im Kapitel »Staatlicher Rundfunk« ab Seite 181.

Haß – staatlich verordnet

1984

In der täglichen »Zwei-Minuten-Haß«-Sendung wird die Bevölkerung zu kollektiven Haßausbrüchen aufgehetzt. Diese richten sich gegen den innenpolitischen Gegner Emmanuel Goldstein. Über diesen und seine staatsgefährdenden Absichten wird permanent berichtet, wenngleich er selbst nie zu sehen ist, weil er anscheinend nicht gefaßt werden kann. Ob er überhaupt existiert?

Daneben wird die Bevölkerung auch zum Haß auf die Staaten und ihre sämtlichen Bewohner angestachelt, mit denen sich Ozeanien im Krieg befindet.

Mit diesen Haß-Sendungen erfolgt also eine Art Erziehung der Bevölkerung im Sinne des Machthabers.

2020

Mehr als gegen fremde Staaten wie Rußland oder China werden die Menschen heute zum Haß gegen Andersdenkende in der eigenen Bevölkerung angestachelt.

Black-Lives-Matter-Demonstranten rufen zum Haß gegen angebliche Rassisten auf. Fridays-for-Future-Demonstranten rufen zum Haß auf angebliche Klimaleugner auf. Die Antifa ruft zum Haß gegen angebliche Rechte und Nazis auf. Tatsächlich richtet sich der Haß der Antifa aber gegen alle Oppositionellen. Politisch eher links stehende Querdenken-Demonstranten und Bürgerlich-Konservative werden mit Rechtsextremisten gleichgesetzt. Durch Diffamierung werden so alle Gegner der Merkelschen Politik geradezu dämonisiert.

Viele denken, daß man den Faschismus bei seiner Wiederkehr an Hitlerschnurrbart und Hakenkreuzen erkennen werde. Weit gefehlt! Man erkennt den neuen Faschismus ausschließlich an seinen Taten. Die Antifa agiert klar faschistisch. Sie wird dabei von CDU, SPD, Grünen und Linken mit reichlich staatlichen Förderprogrammen unterstützt.

Besonders perfide ist dabei die Rolle angeblicher Satiriker (z. B. Jan Böhmermann im ZDF), zumal diese ihren Erfolg vor allem dem öffentlichen Rundfunk verdanken. Statt Kritik an der Regierung zu üben, wie es die Rolle der Satire sein sollte, wird hier fast ausschließlich die Opposition aufs Korn genommen. Das ist heutzutage das Gegenteil von kritischer Satire, wie sie ursprünglich einmal gemeint war.

All das wird noch übertroffen von Frank-Walter Steinmeier, einem Bundespräsidenten mit linksextremistischen Phasen in seiner Biographie. Zudem lobt Steinmeier auch heute noch Linksradikale, wie etwa einen Auftritt von gewaltverherrlichenden linksradikalen Musikern der Band Feine Sahne Fischfilet.

Mehr dazu im Kapitel »Wenn der Staat zum Haß auffordert« ab Seite 188.

Überwachungsstaat – geplant oder schon real?

1984

Die Menschen werden durch die allgegenwärtigen Teleschirme beinahe lückenlos überwacht, bis in die eigene Wohnung hinein. So sieht der Große Bruder respektive der Staat alles. Er hört alles. Er kontrolliert alles und jeden. Und er kann jeden jederzeit ansprechen und ihn zu bestimmten Handlungen auffordern. So ist es beispielsweise beim staatlich verordneten Frühsport, bei dem die Trainerin den Protagonisten Winston Smith über den Teleschirm bei der Ausführung der Übungen sieht und mit Ermahnungen seine Bewegungen korrigiert.

Es gibt in seiner Wohnung nur einen kleinen toten Winkel, den der Teleschirm nicht überblickt und in dem er nicht gesehen wird. Aber auch dort wird selbstverständlich jedes Wort und jedes Geräusch erfaßt.

2020

Bei den meisten bisher geschilderten Aspekten sind die Parallelen zum Roman zwar erkennbar. Aber die heutige Situation ist für die Bürger noch sehr viel freier. Das ist bei der Überwachung gerade umgekehrt.

Vorratsdatenspeicherung, elektronisch lesbarer biometrischer Personalausweis, Abhören von Telekommunikation und vieles mehr, was für Orwell und seine Zeitgenossen noch vollkommen undenkbar war, sind heute eine Selbstverständlichkeit. Besonders wichtig dafür sind die Smartphones. Google, WhatsApp, Facebook, Alexa und Siri sowie vermutlich auch die großen Hersteller wie Apple oder Samsung lesen und hören die gesamte Kommunikation und die Standortaufenthalte der Nutzer mit. Und das ohne jeglichen Widerspruch. Im Gegenteil, fast alle Bürger wirken freiwillig dabei mit.

Spätestens seit den Enthüllungen des ehemaligen amerikanischen Geheimdienstmitarbeiters Edward Snowden im Jahr 2013 ist bekannt, daß diese Informationen von Behörden im Bedarfsfall ausgewertet werden. Ein Skandal! Trotzdem war der öffentliche Aufschrei nach Bekanntwerden dieser Informationen minimal. Die Aufregung hat sich schnell komplett gelegt. Die Bespitzelung hält an. Und es ist noch viel mehr geplant.

Eine Abschaffung des Bargelds würde das gesamte Einkaufsverhalten transparent machen. Die totale Kontrolle würde mit der Implantation von RFID-Chips erreicht. Um das zu verhindern, ist eine möglichst häufige Zahlung mit Bargeld unabdingbar.

Mehr dazu im Kapitel »Überwachungsstaat« ab Seite 203.

Veränderung der Sprache – politisch gesteuert

1984

»Neusprech sollte […] alle anderen Denkweisen unmöglich machen. Es war geplant, daß […] ein ketzerischer Gedanke […] buchstäblich undenkbar sein sollte, insoweit wenigstens, als Denken an Worte gebunden ist.«

Dazu wird der Wortschatz kontinuierlich reduziert. Die Sprache verarmt extrem. Vieles kann nicht mehr ausgedrückt werden. Die Bedeutung von Wörtern und Begriffen wird verändert, teilweise sogar in ihr Gegenteil verkehrt. Zuständig dafür ist die Forschungsabteilung des Ministeriums für Wahrheit (Miniwahr). Dadurch sollen politisch unerwünschte Gedanken unmöglich gemacht werden. Denn man kann nur das denken, was sich auch in Worte fassen läßt.

Oppositionelle Auffassungen können nicht mehr begründet werden, weil dafür die Begriffe fehlen. Beispielsweise existiert das Wort ›frei‹ im Neusprech nur noch im Sinne von ›ohne‹. Man kann also formulieren (und denken): ›dieser Hund ist frei von Flöhen‹, aber nicht mehr ›politisch frei‹ oder ›gedanklich frei‹.

Auch die literarischen Werke werden im Sinne des Neusprech umgeschrieben. Die Literatur der Vergangenheit wird dadurch entweder vernichtet oder in ihrer Bedeutung vollkommen verwandelt.

2020

In einem Leitfaden der Universität Graz wurde bereits offen davon gesprochen, daß bestimmte Begriffe »aus unserem Denken und Handeln verbannt« werden sollen.

Überdeutlich ist die zunehmende Bedeutung des ›politisch korrekten‹ Sprechens. Unerwünschte Begriffe werden als ›Unwort des Jahres‹ gebrandmarkt. Manche Wörter können praktisch nicht mehr verwendet werden. Beispiele sind ›Zigeuner‹, ›Zigeunerschnitzel‹, ›Mohr‹, ›Neger‹ oder ›Negerkuß‹. Problematisch ist auch die Verwendung des Wortes ›Volk‹. Diese wird vielfach als ›völkisch‹ gebrandmarkt.

Andere neue Wörter oder Zusammenhänge sollen hingegen unbedingt gedacht werden. Dazu gehört die gendergerechte Sprache. Dieser Prozeß vollzieht sich schleichend und ist dadurch relativ unauffällig.

Langsam wurde das generische Maskulinum nahezu abgeschafft. Aus dem Wort ›Studenten‹ beispielsweise wurde zunächst ›Studenten und Studentinnen‹. Mittlerweile sagt man statt dessen ›Studierende‹. Möchte da etwa jemand das Denken in zwei biologischen Geschlechtern abschaffen?

Die Gewöhnungsphase ist mittlerweile abgeschlossen. Laut einem Leitfaden für »Mitarbeitende der Berliner Verwaltung zum diversitysensiblen Sprachgebrauch« aus dem Herbst 2020 soll statt ›Ausländer‹ nun ›Einwohnende ohne deutsche Staatsbürgerschaft‹ oder statt ›Schwarzfahrer‹ künftig ›Menschen ohne gültigen Fahrschein‹ gesagt werden.

Es wurde begonnen, bestimmte Ausdrücke (bspw. ›Negerkönig‹) und Sachverhalte (Kinder verkleiden sich als Chinesen) aus der Literatur zu entfernen, indem die ursprünglichen Texte verändert werden.

Linke Aktivisten erfinden zur Stigmatisierung Andersdenkender immer neue Ismen. Neben ›Rassismus‹ gibt es beispielsweise auch ›Maskulinismus‹ oder ›Ableismus‹. Diese scheinbare Verwissenschaftlichung simuliert Wahrheitsgehalt, verengt die Meinungsfenster des Sagbaren und forciert die Kriminalisierung kritischer Meinungen und Menschen.

Schließlich wird unsere Sprache heute mit Begriffen wie ›Gute-KiTa-Gesetz‹ geradezu lächerlich gemacht und infantilisiert. Alternative Textvarianten ›in leichter Sprache‹ von Behörden oder staatlichen Medien sind vielfach bereits üblich.

Mehr dazu im Kapitel »Neusprech« ab Seite 208.

Unpersonen

1984

Im Roman gibt es sogenannte Unpersonen. Das sind politische Gegner, deren Existenz geleugnet wird. Es hat diese Personen dann offiziell nie gegeben. »Die Leute verschwanden ganz einfach. [...] Der Name wurde aus den Registern gestrichen, alle Tätigkeitsspuren wurden gelöscht, die ehemalige individuelle Existenz geleugnet und dann vergessen. Man wurde getilgt, annulliert, vaporisiert, so lautete die offizielle Sprachregelung dafür.«

Die Regierung erklärt damit jegliche Opposition gleichzeitig für illegal wie auch für nahezu nicht existent. Damit sichern sich die Herrscher ihre Macht. Mit der ständig berichteten vermeintlichen staatsfeindlichen Gefahr werden extreme Überwachungsmaßnahmen gerechtfertigt. Diese führen dazu, daß ausnahmslos alle Bürger in ständiger Angst vor Denunziation leben.

2020

Bestimmte Personen und Positionen werden bewußt beschwiegen, indem über sie in den Medien einfach nicht berichtet wird (›Schweigespirale‹). Dieses Vorgehen ist besonders wirksam. Statt einen politischen Gegner negativ darzustellen, erwähnt man ihn gar nicht. Die Begründung lautet dann, man wolle ihm ›kein Forum bieten‹.

Das Ergebnis ist dann beinahe auch eine Unperson. Mit solchen sollte man nichts zu tun haben. Mit ihnen sollte man nicht zusammen gesehen werden oder auf Facebook befreundet sein. Das wäre sonst sozusagen ein ›Kontaktverbrechen‹.

Ein Beispiel: Ein Bürger nimmt an einer großen regierungskritischen Demonstration teil, bei der von einzelnen unbekannten Teilnehmern eine Reichskriegsflagge gezeigt wird. Die gesamte Medienberichterstattung konzentriert sich dann auf diese Flagge. Damit wird von den Medien bei dem Bürger eine Sympathie mit ihr konstruiert, obwohl diese nicht gegeben ist und dieser Bürger noch nicht einmal wußte oder bemerkt hat, daß bei der Demonstration eine solche Flagge zu sehen war.

Darüber hinaus werden Personen, die staatlicherseits unerwünschte Meinungen vertreten, durch Begriffe wie ›Verschwörungstheoretiker‹, ›Klimaleugner‹, ›Corona-Leugner‹ gebrandmarkt. Auch auf diese Weise sollen diesen Personen und den von ihnen vertretenen Standpunkten Glaubwürdigkeit und Seriosität abgesprochen werden.

Nicht mehr ganz verschwiegen werden kann inzwischen anscheinend die Partei Alternative für Deutschland. Doch bei ihr wird fast nie über ihre Positionen oder ihre Redebeiträge in den Parlamenten berichtet. Wenn es aber innerparteiliche Streitereien oder Verfehlungen einzelner Mitglieder gibt, werden diese dafür um so intensiver geschildert.

Mehr dazu im Kapitel »Unperson« ab Seite 217.

Verbotene Bücher – heute wieder?

1984

Es wird nur veröffentlicht, was von staatlicher Stelle produziert und folglich akzeptiert wurde.

Ältere Bücher, Zeitschriften und Zeitungen werden vom Ministerium für Wahrheit laufend auf ihre politische Korrektheit hin geprüft und gegebenenfalls umgeschrieben (siehe »Ministerium für Wahrheit« ab Seite 73). »Es war höchst unwahrscheinlich, daß irgendwo in Ozeanien ein Exemplar eines vor 1960 geschriebenen Buches existierte.«

Damit haben Bücherverbrennungen nur noch symbolischen Charakter.

Und schließlich ist da noch »*das* Buch«. Dieses hat der Oppositionelle und Staatsfeind Nummer eins, Emmanuel Goldstein, geschrieben. Jeder kennt es nur vom Hörensagen oder aus der abfälligen Berichterstattung. Das Buch selbst ist nirgends zu bekommen.

2020

Heute gibt es eine geradezu unüberschaubare Vielfalt an Büchern und Verlagen. Aber auch bei uns wird politisch Unerwünschtes unterdrückt.

Rolf Peter Sieferles Buch *Finis Germania* löste 2017 einen Skandal aus, weil es trotz ›rechtslastiger Verschwörungstheorien‹ in der Bestenliste »Sachbücher des Monats« von NDR und *Süddeutscher Zeitung* stand. Das Bewertungssystem der Jury für diese Sachbuchliste wurde daraufhin kurzerhand geändert. *Der Spiegel* entfernte das Buch aus seiner Bestsellerliste.

Sämtliche Bücher des Katzenkrimi-Autors Akif Pirinçci wurden von seinem Verlag gestrichen. Pirinçci soll sich für die Wiedereinführung von Konzentrationslagern ausgesprochen haben, was aber nicht zutrifft. Denn er hatte genau das den derzeit regierenden Politikern unterstellt.

Seine Aussage wurde von den Medien in ihr Gegenteil verdreht und auch später nicht korrigiert. Allein die Verwendung des kritischen Begriffs ›Konzentrationslager‹ war offensichtlich eine willkommene Gelegenheit, um diesen unbequemen Autor massiv zu schädigen.

Wir teilen bei weitem nicht alle Inhalte der von einer derartigen Blockade betroffenen Autoren und Bücher. Vielmehr halten wir die Beschneidung von Presse-, Meinungs- und Kunstfreiheit auf diese Weise generell für sehr bedenklich – völlig unabhängig vom Inhalt der betroffenen Werke. Weitere Beispiele sind Thilo Sarrazins *Der Staat an seinen Grenzen,* Pedro Baños' *So beherrscht man die Welt* und Ulrich Kutscheras *Klimawandel im Notstandsland.* Diese Liste ließe sich noch sehr lange fortführen – leider.

Parteien – öko-soziale Einheitspartei statt demokratischer Vielfalt?

1984

In dem von George Orwell beschriebenen dystopischen Staat existiert nur eine Partei, die Sozialistische Partei Englands (Engsoz), wobei ›Engsoz‹ eine Abkürzung ist, die aus den Anfangssilben der Wörter ›englisch‹ und ›Sozialismus‹ zusammengebastelt ist. Ozeanien ist ein Einparteienstaat.

Einparteienstaaten werden klassischerweise definiert als Staaten, in denen nur eine einzige totalitäre Partei existiert oder in denen nur eine Partei die Prinzipien der Politik bestimmt, während zum Schein noch andere Parteien (sogenannte Blockparteien) existieren, die aber in keinem ernsthaften Konkurrenzverhältnis zur staatstragenden Partei stehen. So war es mit den Kleinparteien neben der SED in der damaligen DDR.

2020

Schon 2014 sprach die *FAZ* von einem Weg Deutschlands in den Einparteienstaat: »CDU/CSU und SPD verschmelzen allmählich zu einer großen Volkspartei. Sie zanken nur noch an der Oberfläche, um das Wahlvolk zu blenden.«

Ein De-facto-Einparteienstaat kann also der Form halber aus mehreren Parteien bestehen. Diese vertreten bei den entscheidenden Fragen alle jeweils die staatstragende Ideologie. Vergleicht man die Politik von CDU/CSU, SPD, FDP, Grünen und Die Linke, stellt man fest, daß genau das längst der Fall ist. Alle wollen ein »immer engeres Zusammenwachsen« der Mitgliedstaaten zu einer immer engeren Europäischen Union. Alle eint die von Kanzlerin Merkel verfolgte Politik der offenen Grenzen. Alle waren sich einig in der Abschaffung erst der Kernenergie, dann auch noch der Kohlekraftwerke. Niemand widerspricht bei der Genderpolitik. Alle sind der Meinung, daß statt Förderschulen Inklusionspolitik betrieben werden soll.

Diese Einheitlichkeit lassen sich die genannten Parteien mit über 600 Millionen Euro Steuergeld pro Jahr für ihre parteinahen Stiftungen noch zusätzlich finanzieren. Die AfD wurde als einzige Partei von dieser Förderung bisher komplett ausgeschlossen. Dazu wurden die Kriterien geändert, nach denen die Förderung gewährt wird.

Vertreter aller oben genannten Parteien bezeichnen sich in ihrer Einigkeit gern als ›die demokratischen Parteien‹. Damit haben sie einen neuen Begriff gefunden für das, was die Nationale Front der DDR war. Diese diente der Steuerung und Disziplinierung der Massen durch die SED. Ihr gehörten neben der SED die Ost-CDU, die Liberal-Demokratische Partei Deutschlands, die Demokratische Bauernpartei Deutschlands, die National-Demokratische Partei Deutschlands sowie unter anderem die Gewerkschaften, der Kulturbund, der Deutsche Turn- und Sportbund und das Komitee der Antifaschistischen Widerstandskämpfer an.

Wie funktionieren Parteien?

1984

Im dystopischen Ozeanien bildet die Innere Partei die Partei-Elite, die die Ideologie vorgibt.

Innerparteiliche Demokratie in Form von inhaltlichen Diskussionen oder Abstimmungen über Kandidaten gibt es nicht.

2020

Die innerparteiliche Demokratie scheint heute weitgehend eine Täuschung zu sein.

Funktionäre von Unionsparteien, Grünen, SPD, FDP und Linkspartei treffen die wesentlichen inhaltlichen und personellen Entscheidungen hinter verschlossenen Türen. Die zuständigen Parteitage bestätigen die Entscheidungen in der Regel.

Im Verbund mit den wohlwollend darüber berichtenden staatlichen und staatsnahen Medien ist das Ergebnis ein politisch-medial-zivilgesellschaftlicher Komplex.

Dieser schwört im Verbund mit mächtigen, nur dem Namen nach unabhängigen Nichtregierungsorganisationen (NGO) die Bevölkerung auf die ›richtige‹ Meinung zu den entscheidenden Themen ein, ohne daß darüber eine echte demokratische gesellschaftliche Meinungsbildung stattfinden würde.

Die Mitglieder der Basis der Parteien können sich kaum Gehör verschaffen oder gar wichtige Entscheidungen zu ihren Gunsten beeinflussen. Es scheint sich um ein systemimmanentes Problem zu handeln.

Das Ergebnis ist eine Umkehrung der beabsichtigten parlamentarischen Kontrolle. Statt daß die Regierung durch das Parlament kontrolliert wird, kontrolliert die Regierung die Abgeordneten – zumindest die der Koalitionsparteien und damit die Mehrheit der Abgeordneten.

Wenn aber ein Parteitag doch einmal eine der Führung mißfallende Entscheidung fällt – so wie bei der CDU, die 2016 überraschend für die Abschaffung der doppelten Staatsbürgerschaft votiert hatte –, wird dieser Beschluß von der Bundeskanzlerin einfach ignoriert! Innerparteiliche Demokratie sieht anders aus.

Zumindest in dieser Hinsicht hat das amerikanische System Vorteile. In den USA werden sowohl das Parlament als auch der Präsident (Regierungschef, vergleichbar dem deutschen Bundeskanzler) in separaten Wahlen vom Volk gewählt.

Innere Feinde – ein Produkt der Regierung?

1984

Ozeanien hat neben seinem jeweiligen äußeren Feind (dem Land, mit dem es sich gerade im Krieg befindet) einen »inneren Feind«. Das ist die Bruderschaft mit ihrem Führer Emmanuel Goldstein. Diesem wird vorgeworfen, die hehren Ideale der herrschenden Engsoz-Partei verraten zu haben, unsinnige, gefährliche Ideen zu verbreiten und mit dem äußeren Feind zu paktieren.

2020

Ein Blick in die Berichterstattung der etablierten Medien zeigt, daß ständig ›innere Feinde‹ markiert werden. Diese heißen heute ›Populisten‹, ›Klimaleugner‹, ›Verschwörungstheoretiker‹, ›Reichsbürger‹, ›Putin-Versteher‹ und so weiter.

Oft soll die Öffentlichkeit darauf eingeschworen werden, daß ›für diese Leute in unserem Land kein Platz‹ sei. Losungen wie »#WirSindMehr«, »Ganz Hamburg haßt die AfD«, »Münster sagt nein zu …« suggerieren, daß die Bevölkerung mit einer Stimme spricht.

Vertreter abweichender Positionen sollen aus der Gemeinschaft ausgeschlossen und damit ›geächtet‹ werden. Gleichzeitig sollen Unentschlossene, Unsichere, Zweifelnde und Suchende von der schieren Größe der angeblichen Mehrheit eingeschüchtert werden. Hier wird die psychologische Erkenntnis genutzt, daß der einzelne Mensch dazu neigt, auf der Seite der Mehrheit stehen zu wollen, damit sein Verhalten als ›sozial erwünscht‹ von der Mehrheit positiv bewertet wird.

Bis vor wenigen Jahren wurde einzig der Partei NPD diese Rolle als innerer Feind zugedacht. Als sich ihre angebliche Gefahr und Bekämpfung so weit gesteigert hatten, daß die Partei verboten werden sollte, stellte sich heraus, daß etwa die Hälfte ihrer Bundesspitze aus V-Leuten des Verfassungsschutzes bestand. Der innere Feind war also von der Regierung selbst erschaffen oder zumindest am Leben erhalten worden. Dies erleichterte den Überblick über die Gegner und ermöglichte ihre Kontrolle.

Als sich dann echte oppositionelle Gruppen und eine echte, weil genügend große Oppositionspartei bildeten, konnten diese leichter politisch bekämpft werden, indem sie ebenfalls als ›rechts‹ bezeichnet wurden. So brauchten die bereits aufgebauten Strukturen und Finanzwege des ›Kampfes gegen rechts‹ nur etwas erweitert und in eine neue Richtung gelenkt zu werden, um gegen verfassungstreue Oppositionsbewegungen vorzugehen.

Mehr dazu im Kapitel »Unperson« ab Seite 217.

Doppeldenk

1984

Doppeldenk ist der Kern des Engsoz, denn das Hauptgeschäft der Partei besteht in bewußter Täuschung, bei der sie die Unerschütterlichkeit absoluter Redlichkeit bewahrt. Bewußte Lügen zu erzählen, an die man ehrlich glaubt; jede unbequem gewordene Tatsache zu vergessen, um sich bei Bedarf wieder daran zu erinnern; die Existenz einer objektiven Realität zu leugnen und die ganze Zeit über die von einem geleugnete Realität einzukalkulieren – all das ist unabdingbar.

2020

Doppeldenk bedeutet, eine Sache zu glauben und gleichzeitig auch ihr Gegenteil. Es ist eine Art Schizophrenie oder kognitiver Dissonanz. Auch das wird im heutigen Deutschland intensiv praktiziert. Im folgenden einige Beispiele.

Anfangs wurden diejenigen, die 2020 vor einer heftigen Gesundheitsgefahr durch Covid-19 warnten und drastische Maßnahmen, etwa Grenzschließungen, forderten, als ›Verschwörungstheoretiker‹ bezeichnet. Nur wenige Monate später wurde derselbe Begriff auf diejenigen angewandt, die Shutdown-Maßnahmen wie die zeitweiligen Grenzschließungen (!) für übertrieben hielten, vor wirtschaftlichen Schäden warnten und für bürgerliche Freiheitsrechte demonstrierten. Die Gesichtsmaske ist geradezu ein Symbol für diesen ständigen Wandel. Erst waren sie schädlich, dann überflüssig, dann nützlich – und schließlich wurde das Tragen dieser Masken Pflicht.

Demonstrationen gegen die Corona-Maßnahmen werden wegen der Nichteinhaltung ebendieser Maßnahmen bei den Demonstrationen kritisiert und teilweise verboten. Gleichzeitig werden Demonstrationen beispielsweise gegen die Regierung in Weißrußland oder von Sympathisanten der Black-Lives-Matter-Bewegung ausdrücklich begrüßt.

Der Messenger-Dienst Telegram wird vom öffentlich-rechtlichen Rundfunk in positiver Absicht erwähnt, wenn Oppositionelle gegen unliebsame Regierungen im Ausland (z. B. in Weißrußland) ihn nutzen, negativ hingegen, wenn er von inländischen Regierungskritikern verwendet wird.

WIE 1984, SO AUCH HEUTE?
Bemerkenswerte Parallelen im Detail

Ministerium für Wahrheit

> Es gibt immer ausgezeichnete, edle Gründe, die Wahrheit zu verbergen, und diese Gründe werden von Verfechtern der verschiedensten Sachen fast in denselben Worten vorgebracht.
>
> George Orwell, »Wahrheit«

1984

Das Ministerium für Wahrheit – Miniwahr in Neusprech – unterschied sich verblüffend von allem, was man sonst sah. Es war ein riesiges, pyramidales Gebilde aus schimmernd-weißem Beton, das, Terrasse auf Terrasse, dreihundert Meter hoch in die Luft stieg. Von Winstons Standort aus konnte man eben noch die von der weißen Front in eleganter Schrift farblich abgesetzten drei Parolen der Partei lesen:

KRIEG IST FRIEDEN
FREIHEIT IST SKLAVEREI
UNWISSENHEIT IST STÄRKE.

Der Protagonist des Romans, Winston Smith, arbeitet im Ministerium für Wahrheit, das in Neusprech als Miniwahr bezeichnet wird. Dem Miniwahr obliegt die totale Kontrolle von Vergangenheit und Gegenwart.

Das Regime hatte erkannt, daß ihm die Kontrolle über die Vergangenheit gleichzeitig auch die Kontrolle und somit die Herrschaft über Gegenwart und Zukunft ermöglicht. Wenn den Menschen jede Möglichkeit genommen wird, sich aus originären zeitgenössischen Quellen über die Verhältnisse und Ereignisse der Vergangenheit zu informieren, können sie auch keine Vergleiche ziehen. Sie sind dadurch auch der Chance beraubt, die gegenwärtige Situation kritisch zu betrachten.

Im Ministerium für Wahrheit wird das gesamte Wissen der Zeit gespeichert. Dazu gehören auch Zeitungsartikel und andere Mediendateien. Winston Smiths Aufgabe ist es, Artikel aus der Vergangenheit, deren Inhalt in der aktuellen Situation für die Machthaber störend wäre, umzuschreiben.

> So ließ sich z. B. der *Times* vom 17. März entnehmen, daß der Große Bruder in seiner Rede vom Vortag prophezeit hatte, es werde an der Südindien-Front ruhig bleiben, in Nordafrika aber in Kürze eine eurasische Offensive erfolgen. Nun hatte jedoch das eurasische Oberkommando seine Offensive in Südindien gestartet und Afrika unbehelligt gelassen. Deswegen mußte ein Absatz in der Rede des Großen Bruders so umgeschrieben werden, daß er das tatsächliche Geschehen voraussagte.

Wenn das Ministerium für Überfülle in der *Times* vom 19. Dezember eine Steigerung der Produktion verschiedener Konsumgüter angekündigt hatte, diese aber ausblieb, wäre es als Lügenbehörde oder zumindest als Hort von Versagern entlarvt. Also muß der Artikel umgeschrieben werden, so daß scheinbar genau die Gütermengen geplant und angekündigt worden waren, die dann tatsächlich produziert wurden. Oder besser noch: Es wurde oft dahingehend korrigiert, daß geringere Mengen als die tatsächliche Produktion angekündigt worden waren, so daß es sogar zu einer Planübererfüllung kam. Dieses Phänomen ist aus der DDR wohlbekannt.

Nach der Bearbeitung durch Winston oder seine Kollegen gibt es den alten Artikel nicht mehr. Der geänderte, neue Artikel – immer noch unter dem ursprünglichen alten Datum – bildet damit die ›neue‹ Wahrheit. Mangels anderslautender Aufzeichnungen ist diese geänderte Version damit auch die einzige Wahrheit. Die nachträgliche Manipulation läßt sich nicht mehr entdecken oder nachweisen.

Selbstverständlich kontrolliert das Miniwahr auch sämtliche Berichterstattungen der Gegenwart: Radio, Fernsehen, Zeitungen, Zeitschriften, Bücher – einfach jegliche Form von Veröffentlichungen. Kurz gesagt, was nicht durch die Filter von Miniwahr gegangen ist, existiert schlichtweg nicht.

Ozeanien kann eine vernichtende Niederlage im Krieg mit Ostasien erlitten haben. Wenn dieses Ereignis dem Regime aktuell nicht gerade nützlich erscheint – etwa um höhere Rüstungsausgaben zu Lasten des Konsums der ohnehin darbenden Bevölkerung zu rechtfertigen , wird diese Niederlage nicht berichtet, und somit hat es sie schlicht nie gegeben.

Soweit es noch ältere Menschen gab, die Erinnerungen an die Zeit vor dem aktuellen Regime hatten, ließ man sie teilweise verschwinden. So geschah es mit Julias Großvater.

2020

Etwas wie ein Ministerium für Wahrheit gibt es im besten Deutschland aller Zeiten nicht! Oder doch? Ein Blick in die Ressortliste der Bundesregierung beruhigt: kein Ministerium für Wahrheit zu finden. Also alles in Ordnung?

Vielleicht. Vielleicht aber auch nicht. Es könnte ja auch sein, daß die Mächtigen von heute schlau genug sind, die Existenz eines Miniwahr geschickt zu verschleiern. Vielleicht sind die Aufgaben eines Miniwahr ja in der heutigen Realität auf mehrere andere Organisationen, Ministerien oder Medien verteilt.

Ungefähr seit dem Wahlsieg von Donald Trump 2016 war plötzlich allerorten von ›Fake News‹ die Rede. Gemeint sind damit angebliche oder tatsächliche Falschnachrichten, die Trump und seine Mitarbeiter oder Unterstützer verbreitet haben und die maßgeblich dazu beigetragen haben sollen, die Wahl zu gewinnen. Vorher war der Begriff zumindest in Deutschland nahezu unbekannt. Er kam in unserer Sprache nicht vor. In der deutschsprachigen Wikipedia wurde der Artikel über Fake News erstmals im März 2017 publiziert, also recht kurz nach der Wahl von Trump.[7]

Vorher waren Fake News offenbar kein Problem, jedenfalls keines, das einen eigenen Artikel in der Wikipedia gerechtfertigt hätte.

Doch Fake News hat es schon immer gegeben. Früher nannte man das bei uns einmal ›Zeitungsente‹. Stellte sich heraus, daß eine Zeitung sich bei einer Nachricht geirrt hatte – oder gar absichtlich gelogen hatte, was aber

[7] Fake News – Versionsgeschichte, Wikipedia.de.

angeblich so gut wie nie vorkam –, dann brachte sie in einer späteren Ausgabe eine Berichtigung. Eventuell entschuldigte sie sich auch bei den Lesern. Der ursprüngliche fehlerhafte Bericht wurde als ›Ente‹ bezeichnet.

Das bekannteste Beispiel aus der bundesrepublikanischen Vergangenheit waren die angeblichen Hitler-Tagebücher. 1983 behauptete die Zeitschrift *Stern*, bislang unbekannte Tagebücher von Adolf Hitler gefunden zu haben. Es war *die* Sensation. Es hieß, Teile der Geschichte müßten neu bewertet werden.

Die Story stellte sich schon kurze Zeit später als blanke Lüge heraus. Ein windiger Fälscher hatte die Bücher produziert und sie einem Journalisten aufgeschwatzt. Die Glaubwürdigkeit des *Stern* war danach mehr als nur angekratzt – das Ganze war ein Desaster.[8]

Und heute?

Als Fake News werden fast ausschließlich Nachrichten bezeichnet, die von der Opposition verbreitet werden – wobei hier mit Opposition ausschließlich die außerparlamentarische Öffentlichkeit, vorwiegend die ›alternativen Medien‹ im Internet gemeint sind sowie im Parlament die AfD. Zu dieser Opposition gehören auch regierungskritische Demonstrationen wie die Querdenken-Bewegung im Jahr 2020 oder eben Donald Trump. Als Quereinsteiger in die Politik konnte er vor seiner Wahl auch zur außerparlamentarischen Opposition gezählt werden. Und nach seiner Wahl befand er sich im Amt in Opposition zum Mainstream der Massenmedien und

8 Malte Herwig: Hitler-Tagebücher: Der Super-GAU, Stern.de, 8.2.2019.

der Politik über fast alle Parteigrenzen hinweg, in den USA genauso wie in Europa (siehe auch den Abschnitt »Einheitspartei« im Kapitel »Kurz und knapp«).

Dabei ist erwiesen, daß Regierung und Medien selbst Nachrichten manipulieren, Wichtiges weglassen (›Lückenpresse‹), über bestimmte Ereignisse möglichst gar nicht berichten oder Nachrichten sogar fälschen.

Vielleicht könnte man den ehemaligen Bundesarbeitsminister Norbert Blüm als einen der Erfinder der modernen Falschmeldungen bezeichnen. Schon in den achtziger Jahren zeichneten sich die heute immer offensichtlicher und drängender werdenden erheblichen Probleme des staatlichen Rentensystems ab. Die Rente wurde in Politik und Medien auch damals bereits intensiv diskutiert. Norbert Blüm aber wiederholte dabei immer wieder: »Die Rente ist sicher.« Wie wir heute wissen und wie es auch in allen politischen Lagern anerkannt wird, ist sie ganz und gar nicht sicher. Und vor allem meinte Norbert Blüm damals wohl nicht eine Grundrente auf dem Niveau des Existenzminimums für eine Vielzahl von Arbeitnehmern, die jahrzehntelang Beiträge gezahlt haben.

Weitere Beispiele:

Die *ARD* zeigte 2015 in der »Tagesschau« einen Bericht über eine Lichterkette für Flüchtlinge in Berlin. Die Teilnehmer hatten eine Menschenkette durch die ganze Stadt bilden wollen, um ihre Solidarität mit Flüchtlingen zu bekunden. Leider war die Zahl der Teilnehmer deutlich geringer als von den Veranstaltern erhofft. Es reichte bei weitem nicht für die beabsichtigte Kette quer durch die ganze Stadt. Daher wurde der Bericht für die Nachrichten mit Bildern einer ganz anderen Demonstration unterlegt. Es handelte sich dabei um eine Demonstration gegen den Golfkrieg der Amerikaner aus dem Jahr 2003. Das fiel unter anderem deshalb auf, weil keinerlei aktuelle Automodelle zu sehen waren. Die ARD mußte die Fälschung zugeben.[9]

Ein anderes Beispiel zumindest für die Art und Weise, wie wir Bürger heutzutage manipuliert werden, war das Bild der Politiker, die nach Terroranschlägen im Januar 2015 in Paris scheinbar an der Spitze eines großen, kilometerlangen Demonstrationszuges marschierten. Tatsache war jedoch: Das Bild wurde in einer abgesperrten Seitenstraße aufgenommen, die Politiker waren mitnichten an der Spitze des in zahlreichen Zeitungs- und Fernsehberichten zu sehenden langen Zuges.[10]

1984

Was man also brauchte, war ein reines Phantasieprodukt. Plötzlich entstand in seinem [Winstons] Kopf, fix und fertig sozusagen, das Bild eines gewissen Genossen Ogilvy, der kürzlich unter heroischen Umständen im Kampf gefallen war. Es gab Gelegenheiten, da widmete der Große Bruder seinen Tagesbefehl dem Gedenken eines einfachen Mitglieds aus dem Fußvolk der Partei, dessen Leben und Sterben er als ein nachahmenswertes Beispiel hinstellte. Heute sollte er des Genossen

9 ›Tagesschau‹: ARD manipulierte Bericht über Lichterkette für Flüchtlinge, JungeFreiheit.de, 21.10.2015.

10 Gerhard Matzig: Bild von Kundgebung in Paris: Ein gestelltes Foto darf Geschichte schreiben, Süddeutsche.de, 13.1.2015.

> Ogilvy gedenken. Zwar gab es den Genossen Ogilvy nicht, aber wenige Druckzeilen und ein paar Fotomontagen würden ihn schon bald ins Dasein rufen. [...]
>
> Es kam ihm komisch vor, daß man tote Menschen erschaffen konnte, aber nicht lebende. Genosse Ogilvy, der nie in der Gegenwart existiert hatte, existierte jetzt in der Vergangenheit, und wenn irgendwann einmal der Fälschungsvorgang vergessen war, würde er ebenso authentisch und nachweislich existieren wie Karl der Große oder Julius Cäsar.

So wird im Roman die Vergangenheit ständig der aktuellen politischen Lage angepaßt. Dies erfolgt aus der Erkenntnis heraus, daß das Geschichtsbild die Einordnung des aktuellen politischen Geschehens beeinflussen kann.

2020

Eine aktuelle Parallele zur Arbeit von Winston Smith und seinem Genossen Ogilvy ist die manipulierende Berichterstattung bis hin zu frei erfundenen Geschichten, die als Tatsachenartikel verkauft wurden, durch den Journalisten Claas Relotius. Relotius schrieb für das Magazin *Der Spiegel* und andere Presseorgane zahlreiche Artikel, für die er über Jahre gefeiert und mehrfach mit Preisen ausgezeichnet wurde. Seine lebendig erzählten Geschichten paßten ganz wunderbar in die von der Regierung und den Mainstream-Medien gewünschte Richtung. So berichtete Relotius über Flüchtlingskinder aus Syrien, die angeblich von Angela Merkel (in der Rolle als »Mutter aller Flüchtlinge«) geträumt hatten. Eine andere Geschichte handelte von den Bewohnern einer Stadt in den USA, die bei der Präsidentschaftswahl 2016 in besonders hoher Zahl Donald Trump gewählt hatten. Hier präsentierte Relotius für den *Spiegel* eine amerikanische Kleinstadt bevölkert von tumben Hinterwäldlern und Waffennarren. Genau so, wie sich der gewöhnliche *Spiegel*-Leser die Trump-Wähler anscheinend vorstellt.

Das Problem in beiden Fällen: Relotius hatte seine Figuren bzw. deren Charakteristika zu einem großen Teil frei erfunden.[11] Genosse Ogilvy läßt grüßen.

2021

Unmittelbar vor der Abgabe des Manuskripts zu diesem Buch, sozusagen ganz frisch eingetroffen, sind die aktuellen Vorgänge um die Kanzlerkandidatin der Grünen (Stand 6. Juni 2021), Annalena Baerbock. Ein bestimmter Teilaspekt mutet dabei an wie Orwell in Reinkultur.

Worum geht es? Am 19. April gaben die Grünen bekannt, daß sie mit ihrer Co-Vorsitzenden Annalena Baerbock als Spitzenkandidatin für das Amt der Bundeskanzlerin in den Wahlkampf 2021 ziehen werde.

Unmittelbar danach schossen die Grünen in den Umfragen nach oben und überholten in einigen Umfragen sogar die CDU als stärkste Partei. Der Einzug von Frau Baerbock ins Kanzleramt rückte in greifbare Nähe.

In der Folge gab es Einladungen zu verschiedenen Sendeformaten im Fernsehen, bei denen Frau Baerbock

[11] Thomas Hass und Steffen Klusmann: In eigener Sache: Hier ist der Abschlußbericht der Aufklärungskommission zum Fall Relotius, Spiegel.de, 24.5.2019.

nicht immer souverän im Umgang mit Fakten wirkte. Das zog zum Teil Spott nach sich, allerdings überwiegend in Kreisen, die sie sowieso nicht wählen würden.

Etwas gefährlicher wurde es dann allerdings, als Zweifel an bestimmten Details ihrer Biographie aufkamen. So bezeichnet sie sich selbst als Völkerrechtlerin, was nach landläufiger Auffassung ein abgeschlossenes juristisches Studium (inklusive Erstem und Zweitem Staatsexamen) sowie ein ergänzendes Studium des Völkerrechts voraussetzt. In der Regel darf auch eine gewisse Berufserfahrung in diesem Bereich unterstellt werden.

Mit alldem kann Frau Baerbock jedoch nicht aufwarten. Sie hat in Deutschland überhaupt kein Studium abgeschlossen (ihr Vordiplom war, anders als der heute übliche Bachelor als erster Grad, kein Abschluß). Einige Zeit nach dem Vordiplom belegte sie einen Kurs an der London School of Economics, einer ziemlich teuren Privathochschule, und schloß dort nach einem Jahr mit einem Master of Law ab. Über den Wert dieses Abschlusses mag man streiten, allemal interessant sind die Aktivitäten der den Grünen in der Regel nahestehenden Mainstream-Medien und insbesondere der Online-Enzyklopädie Wikipedia nach Bekanntwerden der Zweifel an ihrer Studienkarriere. Zumal von Tag zu Tag neue Ungereimtheiten zutage traten, angefangen bei ihrer Kindheit auf einem Bauernhof, die zu einer Kindheit in einem umgebauten ehemaligen Bauernhof schrumpfte, bis hin zu ihren beruflichen Stationen.[12]

12 Schweigende Kanzlerkandidatin: Baerbocks Studium in London: Ihr Abschluß-Aufsatz bleibt geheim, TichysEinblick.de, 28.5.2021; Michael Vosatka: Master ohne Bachelor: Verwirrung über Baerbocks Lebenslauf, DerStandard.de, 11.5.2021.

Zur Verdeutlichung des Bezugs zu *1984* hier nun ein Exkurs:

1984

times 3.12.83 bericht gb tagesbefehl doppelplusungut nennt unpersonen total umschreiben obenvor präarchiv

Mit einem leisen Gefühl der Befriedigung legte Winston die vierte Weisung beiseite. Das war eine knifflige und verantwortungsvolle Aufgabe, die man am besten zuletzt erledigte. Die drei anderen waren Routineangelegenheiten, auch wenn die zweite wahrscheinlich mit einem langwierigen Durchforsten von Zahlenkolonnen verbunden sein würde.

Winston schaltete den Teleschirm auf »Alte Nummern« und orderte die entsprechenden Ausgaben der *Times*, die bereits nach wenigen Augenblicken aus der Rohrpost glitten. Die Weisungen, die er erhalten hatte, bezogen sich auf Artikel oder Nachrichtenmeldungen, die aus diesem oder jenem Grund geändert oder, wie die offizielle Wendung lautete, richtiggestellt werden sollten. So ließ sich z. B. der *Times* vom 17. März entnehmen, daß der Große Bruder in seiner Rede vom Vortag prophezeit hatte, es werde an der Südindien-Front ruhig bleiben, in Nordafrika aber in Kürze eine eurasische Offensive erfolgen. Nun hatte jedoch das eurasische Oberkommando seine Offensive in Südindien gestartet und Afrika unbehelligt gelassen. Deswegen mußte ein Absatz in der Rede des Großen Bruders so umgeschrieben werden, daß er das tatsächliche Geschehen voraussagte. **Die *Times* vom 19. Dezember hatte die**

offiziellen Prognosen für die Produktion verschiedener Konsumgüter im vierten Quartal von 1983 publiziert, das gleichzeitig auch das sechste Quartal des IX. Dreijahresplans war. Die heutige Ausgabe brachte eine Aufstellung der tatsächlichen Produktion, aus der hervorging, daß die Prognosen für alle Sparten kraß danebenlagen. Winstons Job bestand darin, die ursprünglichen Zahlen so richtigzustellen, daß sie mit den späteren übereinstimmten. Die dritte Weisung bezog sich auf einen schlichten Irrtum, der in ein paar Minuten in Ordnung gebracht werden konnte. Noch im Februar hatte das Ministerium für Überfülle eine Versicherung abgegeben (ein »kategorisches Versprechen«, wie es im offiziellen Wortlaut hieß), daß es im Jahr 1984 zu keiner Kürzung der Schokoladenration kommen werde. In Wahrheit sollte die Schokoladenration, nach Winstons Informationen, am Ende dieser Woche von dreißig auf zwanzig Gramm herabgesetzt werden. Man brauchte nur die ursprüngliche Versicherung durch den Hinweis zu ersetzen, daß es wahrscheinlich nötig sein würde, irgendwann im April die Ration zu kürzen.

Sobald Winston eine der Weisungen bearbeitet hatte, heftete er seine sprechgeschriebenen Korrekturen an die jeweilige Ausgabe der *Times* und schob sie in die Rohrpost. Dann zerknüllte er mit einer beinahe unbewußten Bewegung die ursprüngliche Weisung samt allen eigenen Notizen und warf sie in das Gedächtnis-Loch.

Was in dem unsichtbaren Labyrinth geschah, zu dem die Rohrpostleitungen führten, war ihm zwar

nicht im Detail, aber doch in groben Zügen bekannt. Sobald alle in einer bestimmten Nummer der *Times* nötig gewordenen Korrekturen zusammengetragen und nochmals geprüft worden waren, würde diese Nummer neu gedruckt, die ursprüngliche Ausgabe vernichtet und statt ihrer das korrigierte Exemplar im Archiv eingestellt werden. Dieser dauernde Umwandlungsprozeß erstreckte sich nicht nur auf Zeitungen, sondern auch auf Bücher, Illustrierte, Broschüren, Plakate, Flugblätter, Filme, Tonspuren, Cartoons, Fotos – auf jede Art von Literatur oder Dokumentation, die eventuell von politischer oder ideologischer Bedeutung sein konnte. Tagtäglich und fast minütlich wurde die Vergangenheit aktualisiert. So ließ sich die Richtigkeit jeder von der Partei gemachten Prognose dokumentieren; natürlich durfte auch keine Nachrichtenmeldung oder Meinungsäußerung schriftlich fixiert bleiben, die mit den Augenblicksinteressen in Konflikt geriet. Die ganze Historie war ein Palimpsest, das genauso oft abgeschabt und neu beschriftet wurde, wie es nötig war. Nach vollbrachter Tat wäre es in keinem der Fälle möglich gewesen, eine Fälschung nachzuweisen. Die größte Sektion der Dokumentations-Abteilung, viel größer als die, in der Winston arbeitete, bestand nur aus Leuten, deren Aufgabe es war, alle Ausgaben von Büchern, Zeitungen und anderen Dokumenten aufzuspüren und zusammenzutragen, die ungültig geworden waren und vernichtet werden sollten. Eine Nummer der *Times*, die infolge veränderter politischer Konstellationen oder infolge von vom Großen Bruder irrtümlich abgegebenen Prophezeiungen vielleicht schon ein dutzendmal umgeschrieben worden war, stand trotzdem noch unter dem ursprünglichen Datum im Archiv, und nirgendwo existierte eine ihr widersprechende Ausgabe. Auch Bücher wurden wieder eingezogen, laufend umgeschrieben und ohne den geringsten Hinweis auf vorgenommene Änderungen neu herausgegeben. Selbst die schriftlichen Instruktionen, die Winston erhielt und die er stets sofort vernichtete, nachdem er sie ausgeführt hatte, besagten mit keiner Silbe, daß eine Fälschung vorgenommen werden sollte: es ging immer nur um Versehen, Irrtümer, Druckfehler oder falsche Zitate, die es der Genauigkeit halber in Ordnung zu bringen galt.

Und eigentlich, dachte er, als er die Zahlen des Ministeriums für Überfülle zurechtrückte, war es ja auch keine Fälschung. Es wurde bloß ein Unsinn durch einen anderen ersetzt. Der Großteil des Materials, das man bearbeitete, stand in keinerlei Zusammenhang mit der Wirklichkeit, nicht einmal in der Art von Zusammenhang, den eine platte Lüge stiftete. Statistiken waren in ihrer Originalfassung ebenso ein Phantasieprodukt wie in ihrer berichtigten Version. Meistens wurde erwartet, daß man sie sich einfach ausdachte. Das Ministerium für Überfülle hatte in seinen Prognosen beispielsweise die Stiefelproduktion für das Quartal auf einhundertfünfundvierzig Millionen Paar geschätzt. Die tatsächliche Produktion wurde mit zweiundsechzig Millionen angegeben. Beim Umschreiben der Prognose setzte Winston die Zahl jedoch auf siebenundfünfzig Millionen herunter, um so die Voraussetzung für die übliche Behauptung zu schaffen, die Quote sei übererfüllt worden. Zweiundsechzig Millionen kamen jedenfalls der Wahrheit nicht näher als siebenundfünfzig oder einhundertfünfundvierzig Millionen. Höchstwahrscheinlich waren überhaupt keine Stiefel produziert worden. Noch wahrscheinlicher war es, daß niemand wußte, wie viele produziert worden waren, geschweige denn, daß sich jemand dafür interessierte. Man wußte nur, daß pro Quartal auf dem Papier eine astronomische Anzahl von Stiefeln produziert wurde, während vielleicht rund die Hälfte der Bevölkerung Ozeaniens barfuß ging. Und so verhielt es sich mit jeder dokumentierten Tatsache, mochte sie nun bedeutend oder unbedeutend sein. Alles verschwamm in einer Schattenwelt, in der zuletzt sogar die Jahreszahl ungewiß geworden war.

2021

Kommen wir zurück ins Jahr 2021 und zu Frau Baerbock. Das staunende Publikum kann beobachten, wie ihre Biographie nahezu täglich ›aktualisiert‹ wird, insbesondere in der ihr offenbar äußert wohlgesonnenen Wikipedia.

Zwischen dem 17. April und dem 5. Juni 2021 wurden Hunderte (!) Änderungen am Wikipedia-Artikel über Frau Baerbock vorgenommen![13]

Dies ist nun wahrlich ein bemerkenswerter Vorgang, denn er belegt, daß für die Online-Enzyklopädie offenbar eine ganze Reihe von Personen tätig ist, deren Arbeit der von Winston Smith frappierend ähnelt: die ständige, fortlaufende Anpassung an die jeweils aktuelle ›Wahrheit‹.

13 Annalena Baerbock – Versionsgeschichte, Wikipedia.de.

„Annalena Baerbock" – Versionsgeschichte

Hilfe

Logbücher dieser Seite anzeigen (Bearbeitungsfilter-Logbuch ansehen)

Versionsgeschichte eingrenzen

Alte Versionen des Artikels:

- (Aktuell) = Unterschied zur aktuellen Version, (Vorherige) = Unterschied zur vorherigen Version
- Uhrzeit und Datum = Artikel zu dieser Zeit, Benutzername bzw. IP-Adresse des Bearbeiters, K = Kleine Änderung
- (123 Bytes) = Größe der Version; (+543)/(-792) = Änderung der Seitengröße in Bytes gegenüber der vorherigen Version
- Um Unterschiede zwischen zwei bestimmten Versionen zu sehen, die Radiobuttons markieren und auf „Gewählte Versionen vergleichen" klicken

(neueste | älteste) Zeige (jüngere 50 | ältere 50) (20 | 50 | 100 | 250 | 500)

Gewählte Versionen vergleichen

- (Aktuell | Vorherige) 23:30, 27. Jun. 2021 Fossa (Diskussion | Beiträge) . . (48.935 Bytes) (–6) . . *(→Leben: "alt" ist ein Werturteil. "saniert" bedeutet ja schon, daß es kein Neubau war.)* [automatisch gesichtet]
- (Aktuell | Vorherige) 22:43, 27. Jun. 2021 Cirdan (Diskussion | Beiträge) . . (48.941 Bytes) (+12) . . *(Änderung 213352156 von ZemanZorg rückgängig gemacht; Da stimme ich dir zu, das ist aber leider nicht korrekt: Es gibt nur drei Notenstufen, diese sind sehr breit (vgl. den verlinkten Abschnitt Master#Noten) und entsprechen daher nicht dem, was man im deutschen Sprachraum unter einer Bestnote versteht ("1,0"/"volle Punktzahl").)* (Markierung: Rückgängigmachung) [automatisch gesichtet]
- (Aktuell | Vorherige) 22:39, 27. Jun. 2021 ZemanZorg (Diskussion | Beiträge) . . (48.929 Bytes) (–12) . . *(hört sich besser an)* (Markierung: Zurückgesetzt) [automatisch gesichtet]
- (Aktuell | Vorherige) 22:30, 27. Jun. 2021 Cirdan (Diskussion | Beiträge) . . (48.941 Bytes) (+42) . . *(Änderung 213351936 von Fossa rückgängig gemacht; Bitte die Allgemeinverständlichkeit beachten und diesen lange diskutierten Satz so belassen, danke.)* (Markierung: Rückgängigmachung) [automatisch gesichtet]
- (Aktuell | Vorherige) 22:25, 27. Jun. 2021 Fossa (Diskussion | Beiträge) . . (48.899 Bytes) (–42) . . *(-Framing as in Daniel Kahneman. Die "höchste Note" hört sich toll an, die meisten bekommen bloß die höchste Note.)* (Markierungen: Rückgängigmachung, Zurückgesetzt) [automatisch gesichtet]
- (Aktuell | Vorherige) 22:23, 27. Jun. 2021 Fossa (Diskussion | Beiträge) **K** . . (48.941 Bytes) (+42) . . *(Änderung 213351888 von Fossa rückgängig gemacht;)* (Markierungen: Rückgängigmachung, Zurückgesetzt) [automatisch gesichtet]
- (Aktuell | Vorherige) 22:22, 27. Jun. 2021 Fossa (Diskussion | Beiträge) . . (48.899 Bytes) (–42) . . *(→Leben: -Framing as in Daniel Kahnemann. Die "höchste Note" hört sich toll an, die meisten bekommen bloß die höchste Note.)* (Markierung: Zurückgesetzt) [automatisch gesichtet]
- (Aktuell | Vorherige) 22:03, 27. Jun. 2021 Cirdan (Diskussion | Beiträge) . . (48.941 Bytes) (+249) . . *(→Pandemiepolitik: wie umseitig vorgeschlagen)* [automatisch gesichtet]
- (Aktuell | Vorherige) 20:25, 27. Jun. 2021 Fossa (Diskussion | Beiträge) . . (48.692 Bytes) (–20) . . *(→Kinderbelange in der Coronapandemie: Siehe. Disk.)* [automatisch gesichtet]
- (Aktuell | Vorherige) 10:51, 27. Jun. 2021 He3nry (Diskussion | Beiträge) . . (48.712 Bytes) (+14) . . *(→Leben: Umsetzung der na[illegible] "stabilen" Version)* [autom[illegible]

Manipulation der Geschichte?

> Man braucht nur die unheimlichen Möglichkeiten von Rundfunk, staatlich verwalteter Erziehung und so weiter zu denken, um den Spruch »Die Wahrheit wird sich durchsetzen« als frommen Wunsch zu erkennen – und nicht als Axiom.
>
> George Orwell, »Macht«

1984

»Wer die Vergangenheit kontrolliert, kontrolliert die Zukunft. Wer die Gegenwart kontrolliert, kontrolliert die Vergangenheit.«

In Orwells Roman wird die Vergangenheit ständig der aktuellen politischen Lage angepaßt. Dies erfolgt aus der Erkenntnis heraus, daß das Geschichtsbild die Einordnung des aktuellen politischen Geschehens beeinflussen kann. Auch im heutigen Deutschland legt das politische Establishment großen Wert auf die Vermittlung eines ganz bestimmten Bildes der deutschen und europäischen Geschichte.

2020

Wer die Geschichte kontrolliert, kontrolliert damit neben der Vergangenheit zugleich auch die Zukunft. So scheint es zu sein, beziehungsweise dies ist offensichtlich die Auffassung, die von den Mächtigen nicht nur im Roman *1984* sondern auch in der heutigen Realität vertreten wird. Dagegen könnte man einwenden: Heißt Vergangenheit nicht deshalb Vergangenheit, weil sie vergangen ist? Warum wird dann so viel Wert darauf gelegt, wie in der Bevölkerung über bestimmte historische Kapitel gedacht wird? Und warum trifft dies nur auf ganz bestimmte Kapitel zu?

Nationalsozialismus

In der Bundesrepublik Deutschland zeigt das beispielsweise der § 86 des Strafgesetzbuchs, der die »Verherrlichung« und auch die »Verharmlosung« der Zeit des Nationalsozialismus unter Strafe stellt. In der Türkei wiederum war es lange Zeit streng verboten – und auch heute wird es immer noch erschwert –, den Völkermord an den Armeniern überhaupt zu erwähnen bzw. das »jungtürkische« Vorgehen gegen die Armenier im Ersten Weltkrieg als Genozid zu bezeichnen (§ 301 des türkischen Strafgesetzbuchs).

Demgegenüber scheint es heute aber offenbar völlig egal zu sein, wie man zum Beispiel über Alexander den Großen oder über Napoleon denkt. Und in Rußland existiert kein Gesetz, das eine »Verherrlichung« oder »Verharmlosung« Stalins oder auch die Erwähnung seiner Verbrechen verbietet. Ein Russe, der meint, sich an Stalin erbauen zu müssen, darf das. Ein Russe, der Stalin ganz furchtbar findet, kann dies ebenfalls aussprechen, ohne mit dem Gesetz in Konflikt zu kommen. Schließlich ist Stalin tot und wird nie wiederkommen.

Man sollte meinen, daß dies für Adolf Hitler in gleicher Weise gelten müßte. Auch er ist tot und wird nie wiederkommen. Aber der Gesetzgeber war in Deutschland offensichtlich anderer Meinung.

Hinzu kommt noch eine gesetzlich nicht geregelte, aber durch inoffizielle Sprachkonventionen der etablierten Medien eingeführte Färbung der Berichterstattung zu historischen Themen. So legen etwa viele Medien Wert darauf, den Angriff deutscher Truppen auf Polen am 1. September 1939 stets einen Überfall zu nennen und nicht etwa neutral einen Angriff. Denn inzwischen ist seit Jahren bekannt, daß die polnische Armee 1939 ihrerseits längst Vorbereitungen für einen erwarteten Krieg getroffen hatte, ja teilweise sogar schon in ihren Stellungen lag. Am heutigen deutschen Narrativ hat diese Information nichts geändert.

Ähnlich verhält es sich mit dem Angriff deutscher Truppen auf die Sowjetunion im Juni 1941. Den Vogel schoß hier allerdings *Der Spiegel* ab, als er von einem »deutschen Überfall auf Frankreich« im September 1939 schrieb, obwohl seinerzeit Frankreich eine Kriegserklärung gegen Deutschland ausgesprochen hatte. Eine Berichtigung dieser tatsächlichen Geschichtsverfälschung durch den *Spiegel* ist bis heute nicht erfolgt – nach wie vor findet man unter dem Suchbegriff »deutscher Überfall auf Frankreich« *Spiegel*-Inhalte, unter anderem ein »Spiegel TV«-Video auf YouTube.

Zentrales Thema heutiger Geschichtskontrolle in Deutschland ist der Nationalsozialismus. Es wird seitens des Establishments großer Wert darauf gelegt, diesen als eine ›rechte‹ Ideologie einzuordnen. Der in den letzten Jahrzehnten seit der Gründung der Bundesrepublik vorherrschende gesellschaftspolitische Trend war der einer Entwicklung immer weiter nach politisch ›links‹.

Jeder sich diesem Trend entgegensetzenden Kraft wird unterstellt, daß ihre Politik letztlich in ein ›Zurück zum Dritten Reich‹ münde und genau das auch beabsichtige.

Gedenkveranstaltungen zu NS-Verbrechen werden daher meist mit Warnungen vor einem heutigen Rechtsruck verknüpft. Der Aufstieg der Partei Alternative für Deutschland wird mit dem der NSDAP verglichen. Es wird dabei sowohl absichtlich außer acht gelassen, daß der Begriff ›rechts‹ eigentlich ›konservativ‹ bedeutet, als auch die Tatsache, daß der Aufstieg der NSDAP in einer völlig anderen zeitlichen, sozialen und gesellschaftlichen Situation erfolgte. Die Weltanschauung der demokratischen Rechten ist somit der Konservatismus.

War nun der Nationalsozialismus ein radikaler, auf die Spitze getriebener Konservatismus, also eine die traditionellen Werte bewahrende Bewegung? Nein, das war er nicht. Vielmehr war der Nationalsozialismus ein ideologischer Gemischtwarenladen bestehend aus Versatzstücken unterschiedlichster ideengeschichtlicher, nicht zuletzt auch linker Herkunft. Bereits der Name ›National-Sozialismus‹ macht das deutlich. Von interessierter Seite werden daher allzu gern die Begriffe ›Nazis‹, ›Faschisten‹ oder das vom englischen ›Nazism‹ abgeleitete Wort ›Nazismus‹ verwendet, wodurch die sozialistische Komponente des Begriffs ausgeblendet wird. Interessant ist in diesem Zusammenhang die Abkürzung ›Nazi‹, wo doch ›NaSo‹ als Kürzel für den Begriff National-Sozialismus bzw. National-Sozialist viel naheliegender wäre. Mit der Abkürzung ›Nazi‹ wird die sozialistische Komponente des Nationalsozialismus verschleiert. Die Frage ist, ob dies unbewußt oder bewußt so gewählt wurde.

Für das politische Establishment bedeutet ein Geschichtsbild, das den Nationalsozialismus einseitig als konservative, rechte Ideologie zeichnet, eine scharfe Waffe. Sie ermöglicht es, gegen alle rechten, konservativen Strömungen die ›Nazi-Keule‹ zu schwingen und den Bürgern die Angst einzujagen, eine Abkehr vom linken Mainstream führe in eine Art ›Nationalsozialismus 2.0‹.

Bombenangriff auf Dresden 1945

Ein Beispiel für die Bedeutung, die geschichtliche Ereignisse und ihre Interpretation bis in die Gegenwart haben, ist der Luftangriff auf Dresden im Februar 1945. Hier erstaunt die immer geringer werdende Zahl der Opfer, die der Luftangriff der Alliierten auf Dresden im Februar 1945 gekostet haben soll. War anfangs noch von 200 000 Toten die Rede (davon ging u. a. das damalige Rote Kreuz in der Schweiz aus) oder von 135 000 (so *Der Spiegel* 1963 unter der Überschrift »Sodom in Sachsen«), so wurde diese Zahl im Laufe der Jahre immer mehr reduziert. Heute ist offiziell von »bis zu 25 000 Toten« die Rede.

Die Zahl der Opfer war von Anfang an ein Politikum und änderte sich je nach politischer Anschauung oder Großwetterlage. In der DDR und dem Dresden der Nachkriegszeit wurde jahrzehntelang von etwa 35 000 Opfern ausgegangen.

In der deutschen Wirklichkeit des neuen Jahrtausends geht es den ›Qualitätsmedien‹, den etablierten Parteien und den Organisationen der ›Zivilgesellschaft‹ darum, die Zahl der Opfer so gering wie möglich zu halten und ferner das Narrativ zu verbreiten, daß Dresden keine ›unschuldige‹ Stadt gewesen sei. Womit sich sogleich die

Frage stellt: Wer ist in Zeiten des Krieges schon ›unschuldig‹? Oder andersherum: Wer ist ›schuldig‹, wenn man in einer brutalen Diktatur lebt? Und schließlich: War Winston Churchill, der besagten Angriff auf die wehrlose Stadt Dresden befahl, unschuldig?

Der Grund für das Interesse an einer möglichst geringen Opferzahl ist, daß ›Rechte‹ das Gedenken an das Geschehen aus Sicht des Mainstreams mißbrauchen, um deutsche Verbrechen während der Zeit des Nationalsozialismus zu relativieren. Es gab in den vergangenen Jahren Gedenkveranstaltungen unterschiedlichster Veranstalter. Demonstrationen von Neonazis mit NS-verherrlichenden Symbolen oder Parolen sind dabei in der Tat indiskutabel. Aber ist es richtig, diesem Problem mit einem fragwürdigen Herunterrechnen der Opferzahlen zu begegnen? Und ist es hilfreich? In beiden Fällen lautet die Antwort eindeutig: Nein! Kein noch so hehrer Zweck rechtfertigt den Einsatz illegaler Mittel oder Lügen durch die Regierung. Im Gegenteil, durch die Verwendung solcher Mittel macht sich jede Regierung nur selbst unglaubwürdig und angreifbar. Und die Neonazi-Demonstranten sehen sich durch mutmaßliche Geschichtsfälschungen vermutlich in ihrer Haltung und in der aus ihrer Sicht bestehenden Notwendigkeit ihrer Aktionen noch bestärkt. Auch aus dieser Perspektive ist eine solche Geschichtsmanipulation für die Regierung also kontraproduktiv.

Der Kriegsopfer und zumal der zivilen Opfer aus völkerrechtswidrigen Angriffen zu gedenken ist immer angemessen. Das gilt auch für deutsche Opfer. Ein solches Gedenken an die Opfer eines Kriegsverbrechens der Alliierten – das der Angriff auf Dresden auch nach damaligen Kriterien eindeutig war – ist auch in voller Anerkennung und Verurteilung der nationalsozialistischen Untaten möglich.

Aber Deutsche als Opfer statt als Täter darf es aus Sicht der deutschen Regierung im Jahre 2020 anscheinend nicht geben, ja am besten soll es diese Opfer sogar nie gegeben haben. Daher ist sich die herrschende Klasse (manche sprechen von ›Elite‹) im heutigen Deutschland nicht zu schade, mittels fragwürdiger Geschichtsklitterung die Opfer nachträglich zu verhöhnen, indem man behauptet, es habe sie nie gegeben. Dies erinnert durchaus an Orwell. Denn in *1984* gibt es »Unpersonen«, die nicht nur getötet werden, sondern von denen anschließend auch sämtliche Spuren bis hin zu Zeitungsberichten, die ihren Namen nannten, vernichtet werden. Es hat sie dann in der Wirklichkeit des Regimes nie gegeben.

Wie stellt sich die Frage ›Was passierte im Februar 1945 in Dresden?‹ also dar?

In Dresden hielten sich im Februar 1945 bis zu eine Million Menschen auf: neben den 700 000 Einwohnern etwa 300 000 Flüchtlinge, die vor der heranrückenden sowjetischen Armee in Richtung Westen geflohen waren. Die Innenstadt wurde mit mehreren aufeinanderfolgenden Angriffswellen vollständig zerstört. Dies betraf ein Gebiet von etwa zwanzig Quadratkilometern. Bei diesem Angriff entstand ein ›Feuersturm‹.

Angesichts dieses Infernos kommen Historiker 75 Jahre nach dem Ereignis nun zu dem Schluß, es habe unter fast einer Million Menschen, die diesem Bombenhagel ausgesetzt waren, nur 25 000 Tote gegeben?

Vielleicht haben sie ja sogar recht. Die vorgelegte Studie belegt zumindest, daß die Historikerkommission es sich nicht leichtgemacht hat. Gleichwohl wirft die Studie Fragen auf, und diese haben nicht nur mit dem politischen und gesellschaftlichen Umfeld zu tun, in dem die Studie in Auftrag gegeben wurde.

Eine, wenn nicht die entscheidende Frage war, ob in dem Inferno Menschen vollständig verbrannt sind, so daß von ihnen keine Überreste mehr gefunden werden konnten oder daß sie zumindest bei den Aufräumarbeiten nicht erfaßt wurden. Die Studie enthält daher ein eigenes Kapitel zu der Frage der Temperaturen, die bei den Bränden auftraten. Sie kommt zu dem Ergebnis, daß die Temperaturen ganz überwiegend nicht ausreichten, um Menschen vollständig – also inklusive der Knochen – zu verbrennen.

Nun gibt es eine Waffe, die ein Höllenfeuer mit Temperaturen von 1300 Grad entfacht. Das sind Phosphorbomben. Diese Waffe war schon damals geächtet. Ihr Einsatz zumindest gegen Zivilisten war mithin ein Kriegsverbrechen. Es gibt Augenzeugen, die den Einsatz und die Wirkung von Phosphor in Dresden bezeugen.

Interessanterweise finden sich keine Aussagen zu dieser Frage in den Berichten der Historikerkommission, weder in dem im Internet verfügbaren Abschlußbericht[14] noch

[14] Matthias Neutzner (Hg.): Abschlußbericht der Historikerkommission zu den Luftangriffen auf Dresden zwischen dem 13. und 15. Februar 1945, Landeshauptstadt Dresden 2010.

in dem nur als gedrucktes Buch verfügbaren Gutachten *Die Zerstörung Dresdens 13. bis 15. Februar 1945.*[15]

Es gibt allerdings einen Dokumentarfilm zum Thema »Dresden 1945« aus der Reihe »ZDF-History«. In diesem – und offenbar nur in ihm – wird diese Frage behandelt. Thomas Widera, der Autor des Kapitels »Expertengutachten zu Brandtemperaturen«, verneint den Einsatz von Phosphorbomben gegen Dresden. Als Begründung wird unter anderem angegeben, »daß man keine Ladelisten mit dieser Waffe aus britischen Archiven erhalten« habe. Ins Deutsche übersetzt bedeutet diese Aussage, daß man bei den Briten nachgefragt hat: Haben Sie Kriegsverbrechen begangen? Die überraschende Antwort darauf lautete: Dafür gibt es keine Belege.

Überhaupt sei die Waffe nur gegen Anfang des Krieges eingesetzt worden, später nicht mehr. Diese Annahme darf aber als so gut wie widerlegt angesehen werden, wurde doch beispielsweise in einem Wald bei Augsburg vor kurzem ein Blindgänger einer englischen Phosphor-Fliegerbombe gefunden. Der erste größere Luftangriff auf Augsburg fand aber erst am 17. April 1942 statt.

Interessant ist die Frage, warum dieser wesentliche Punkt in den publizierten Veröffentlichungen der Kommission nirgends zu finden ist. Ist dieser Punkt zu heikel und das Beweismaterial, das *gegen* den Einsatz von Phosphor spricht, zu dünn, als daß man es für jeden nachlesbar dokumentieren wollte?

15 Rolf-Dieter Müller, Nicole Schönherr und Thomas Widera (Hg.): Die Zerstörung Dresdens 13. bis 15. Februar 1945. Gutachten und Ergebnisse der Dresdner Historikerkommission zur Ermittlung der Opferzahlen, Göttingen 2010.

Etwas seltsam erscheint auch die Annahme der Kommission, daß bei den Aufräumarbeiten und der Beseitigung der Tausenden von Leichen – es droht in einem solchen Fall immer Seuchengefahr! – in der völlig zerstörten Stadt nahezu alle Toten ordnungsgemäß registriert wurden. Die Gebäude der zuständigen Behörden dürften ebenfalls überwiegend zerstört worden sein, und mit Sicherheit waren auch viele Beamte unter den Opfern. Aber man hatte Zeit und Mittel, die Opfer zu katalogisieren, als ob es ein Verkehrsunfall gewesen wäre?[16]

Die Ereignisse von Chemnitz – rechte Hetzjagden?

Am 26. August 2018 wurde der deutsche Staatsbürger Daniel H. am Rande des Stadtfestes in Chemnitz von einem Asylbewerber erstochen. Ein weiterer Deutscher wurde dabei schwer verletzt.

Dies zog mehrere Tage lang Demonstrationen von Bürgern aus Chemnitz und von außerhalb gegen Migrantengewalt sowie Gedenkmärsche für das Opfer nach sich. Die Stimmung in der Stadt war zudem be-

16 Für eine sehr ausführliche Untersuchung zum Thema und zu der Frage, wie die Kommission zu der Zahl von 25 000 Opfern gekommen ist, siehe Karin Zimmermann: Auftrag ausgeführt! Die Bombardierung von Dresden. Eine Analyse der Untersuchungsmethoden der Historikerkommission zur Ermittlung der Opfer, KPKrause.de. – Weitere Quellen zur Frage der Anzahl der Opfer von Dresden sind Klaus Peter Krause: Wieviele Bombenopfer in Dresden waren es wirklich?, KPKrause.de, 14.2.2015; Dresden: Sodom in Sachsen, *Der Spiegel* 25/1963; Bombenkrieg: Hammer gegen Reptil, *Der Spiegel* 49/1950; Materialien zur Kommission. Abschlußbericht der Historikerkommission, Dresden.de; [Doku] ZDF-History: Die Wahrheit über Dresden (HD), YouTube, Zachary Williams; Oliver Christa: Biker entdeckt Weltkriegsbombe im Augsburger Stadtwald, BR.de, 25.10.2017; Phosphorbombe, Wikipedia.de; Luftangriffe auf Augsburg, Wikipedia.de.

sonders aufgeheizt, weil dies nicht der erste gewalttätige Vorfall unter Beteiligung von Flüchtlingen war: Schon im Jahr zuvor mußte das Stadtfest wegen drohender Eskalation und Gewalt abgebrochen werden.

Es ist daher wahrscheinlich, daß es im Zuge der Demonstrationen, an denen zeitweilig auch Rechtsextremisten teilnahmen, zu Pöbeleien, Beleidigungen und möglicherweise auch verbalen Bedrohungen gegen Menschen kam, die erkennbar nicht Deutsche waren.

Schon kurz danach tauchte im Internet ein Video auf, das von einem Facebook-Account mit dem Namen ›Antifa Zeckenbiss‹ online gestellt worden war. Es zeigt eine kurze Sequenz, in der einige Personen zu sehen sind, die sich heftig beschimpfen. In einiger Entfernung sind zwei mutmaßliche Migranten zu sehen, die davonlaufen, nachdem eine Person sich einige Schritte in ihre Richtung bewegt hat.

Dieses Video wurde auch in der »Tagesschau« gezeigt. Eine Einordnung bezüglich des Urhebers des Videos oder desjenigen, der es ins Netz gestellt hatte, unterblieb. Die »Tagesschau« hat hier also unreflektiert ein Video von einer linksextremistischen Gruppe übernommen.

Aufgrund dieses Videos kam es zu zahlreichen Verlautbarungen aus der Berliner Politik. Unter anderem von Regierungssprecher Steffen Seibert wurde behauptet, es sei in Chemnitz zu »Hetzjagden« gegen Migranten gekommen. Dieser Begriff wurde und wird bis heute immer aufs neue wiederholt. Auf Nachfrage hieß es aus Kreisen der Bundesregierung, man habe »Videos« (Plural!), die dies belegen.

Nicht allzu lange danach erklärten der Chef des Bundesamtes für Verfassungsschutz, Hans-Georg Maaßen, die Chemnitzer Polizei, die örtliche Presse und der Ministerpräsident des Landes Sachsen, daß es keine Belege für eine Hetzjagd gebe!

Diese Richtigstellung beachteten die Politiker in Berlin jedoch überhaupt nicht. Unverdrossen wurde die unbelegte Behauptung von den »Hetzjagden« aufrechterhalten. Weitere Beweise außer dem genannten fragwürdigen Video, das definitiv keine Hetzjagd zeigt und schon gar nicht mehrere Hetzjagden, konnte die Bundesregierung nicht vorlegen.

In der Folge mußte Maaßen seinen Posten räumen, weil er offenbar nicht bereit war, die Behauptungen der Kanzlerin und ihres Sprechers (sowie vieler weiterer Politiker des linken Spektrums) aufgrund der gegenteiligen Erkenntnisse seiner Behörde zu bestätigen.

Herr Maaßen wurde also entlassen, weil er an der Wahrheit festhielt. »Unwissenheit ist Stärke« hat George Orwell in seinem Roman als formelhafte Beschreibung für ähnliche Situationen gewählt.

Es waren fast ausschließlich ›alternative Medien‹, die die Wahrheit über den Mord und die anschließenden Demonstrationen in Chemnitz aufdeckten. Von den selbsternannten ›Qualitätsmedien‹ wurde dagegen eine ständige Wiederholung der Regierungspropaganda präsentiert, ohne intensivere eigene Recherchen zu den Ungereimtheiten anzustellen – bis heute!

Dem Magazin *Tichys Einblick* dagegen gelang es, die Urheberin des von ›Antifa Zeckenbiss‹ veröffentlichten Videos ausfindig zu machen. Diese berichtete die

Vorgeschichte des Videos und bestätigte, daß es weder vor noch nach der von ihr gefilmten Sequenz zu Hetzjagden gekommen sei.

Eine Oppositionspartei zwang später im Bundestag die Regierung nebst dem Regierungssprecher zuzugeben, daß man nur ein Video gesehen habe und nicht mehrere – ebenjenes von ›Antifa Zeckenbiss‹ –, das zudem illegal (weil von dem zwischenzeitlich gehackten Account der Urheberin entwendet) veröffentlicht worden war.

Dies läßt die Frage aufkommen, ob die Antifa inzwischen ganz offiziell Teile der Aufgaben eines Orwellschen Ministeriums für Wahrheit übernommen hat.

Sehr bemerkenswert war im Zusammenhang mit den Geschehnissen von Chemnitz auch eine Bemerkung des sächsischen Ministerpräsidenten Michael Kretschmer. »Es beginnt bereits mit dem Wort«, mahnte er. Beim Bürgergespräch in Chemnitz sei deutlich geworden, wie viele Gerüchte, Falschinformationen und Verschwörungstheorien kursierten, die jeglicher Grundlage entbehrten. »Auch hier ist es an uns zu widersprechen.« Ebenso müsse dem Begriff ›Lügenpresse‹ entgegengetreten werden. »Auch das ist ein Angriff auf unser Wahrheitssystem [!], das dürfen wir nicht dulden.«[17]

[17] Siehe auch: Erneut mehr als 1000 Teilnehmer bei Demos in Chemnitz, LVZ.de, 2.9.2018; War Chemnitz und die Hetzjagd eine Notlüge?, TichysEinblick.de, 5.6.2019; Alexander Wendt: Was geschah in Chemnitz wirklich?, AchGut.com, 2.9.2018, Holger Douglas: Tichys Einblick fand die Herkunft des Chemnitz-Videos heraus, TichysEinblick.de, 16.11.2018.

Amoklauf von München

Ein weiteres interessantes Beispiel von ›Geschichtsfälschung‹ ist der Amoklauf von München im Juli 2016. Der 18jährige Schüler Ali David Sonboli erschoß bei einem Amoklauf in München neun Menschen und tötete sich laut den Erkenntnissen der Ermittlungsbehörden später selbst. Im Zuge der Ermittlungen wurde festgestellt, daß er sich offenbar von Mitschülern gemobbt fühlte. Schon längere Zeit vor der Tat hatte er sich mit dem Thema Amokläufe beschäftigt. So hieß es 2017 bei der ARD:

> Der Amokschütze von München wurde jahrelang von seinen Mitschülern gemobbt und körperlich mißhandelt. Dies gaben die Ermittler zum Abschluß ihrer Untersuchungen bekannt. So habe David S. seinen Haß entwickelt. Die Tat bereitete er lange vor.
>
> Die Staatsanwaltschaft München und das Bayerische Landeskriminalamt haben ihren abschließenden Ermittlungsbericht zum Amoklauf von München vorgestellt. Der Schütze David S. sei »über Jahre hinweg« von seinen Mitschülern gemobbt worden, erklärten die Ermittler. Oberstaatsanwalt Hans Kornprobst sprach auch von körperlichen Mißhandlungen. Insbesondere habe er einen Haß auf Angehörige südosteuropäischer Bevölkerungsgruppen entwickelt – viele seiner Opfer stammten aus diesem Kreis.
>
> Dem Bericht nach war der Amoklauf nicht politisch motiviert. S. habe zwar eine Bevölkerungsgruppe treffen wollen, die seinem Feindbild entsprochen habe. Es hätten sich aber keine Hinweise ergeben, daß er

> die Opfer gezielt ausgewählt habe, sagte Kornprobst. S. habe als Einzeltäter gehandelt. Dritte seien weder in die Tatpläne eingeweiht noch an der Ausführung beteiligt gewesen. Bereits zuvor war bekannt gewesen, daß S. jahrelang wiederholt in Behandlung wegen psychischer Auffälligkeiten war.

Der Münchener Polizeipräsident Hubertus Andrä stellte denn auch fest, daß es sich um einen klassischen Amoklauf gehandelt habe. Ferner wurde darauf hingewiesen, daß es weder einen islamistischen Hintergrund gebe noch einen Bezug zum Thema Flüchtlinge. Beide Hinweise sind interessant, denn mit dem Verneinen eines islamistischen Hintergrundes sollte entsprechenden Spekulationen entgegengetreten werden: Ali David Sonboli hatte iranische Wurzeln, und so war es nicht völlig abwegig, wenn Bürger einen islamistischen Hintergrund vermuteten.

Der fehlende Bezug zum Thema Flüchtlinge war damals (2016) auch deshalb von großer Bedeutung, weil die Jahre 2015 und 2016 jene der ›Flüchtlingskrise‹ mit all den Problemen, Konflikten und Diskussionen waren, die diese mit sich brachte.

Dann folgte im Oktober 2019 plötzlich eine Kehrtwende. Aus dem Amoklauf des iranischstämmigen Ali David Sonboli wurde ein rechtsextremer, rassistischer Anschlag eines »David S.«.

Man sei zu einer »Neubewertung« der Tat gekommen, hieß es plötzlich. Von neuen Fakten war dabei nicht die Rede – nein, man sei lediglich zu einer »Neubewertung« der bekannten Tatsachen gekommen.

Könnte es sein, daß ›die Politik‹ unbedingt ›rechtsextremen‹ und ›rassistischen‹ Terror benötigt, um damit den ›Kampf gegen rechts‹ rechtfertigen und ideologisch unterfüttern zu können?[18]

Wehrmachtsausstellung

Ein offensichtlicher Versuch von Geschichtsmanipulation in Deutschland war die Wehrmachtsausstellung.

> Von April 1995 bis Oktober 1999 wurde in deutschen und österreichischen Städten die Wanderausstellung »Vernichtungskrieg. Verbrechen der Wehrmacht 1941 bis 1944« gezeigt, die das Hamburger Institut für Sozialforschung organisiert und finanziert hatte. Im November 1999 erklärte Jan Philipp Reemtsma, Leiter und Finanzier des Instituts, ein Moratorium für die Ausstellung, um sie auf etwaige sachliche Fehler zu überprüfen, die laut geworden waren.[19]

Kernaussage der Ausstellung war, daß die Wehrmacht im Zweiten Weltkrieg als Teil der nationalsozialistischen Rassenideologie an zahlreichen Verbrechen beteiligt war. Bis dahin ging man außer in linken Kreisen noch weitgehend davon aus, daß die Verbrechen während des Krieges ganz überwiegend von SA, Gestapo

18 Ermittler: Gewalttat war »klassischer Amoklauf«, Weser-Kurier.de, 23.7.2016; Neue Details zum Amokläufer in München: Er war zuvor bei Tugce, OVB-online.de, 21.7.2017; OEZ-Attentat in München: Ermittler sehen doch rechtsradikale Tat, Tagesschau.de, 25.10.2019; Eine rechtsextreme Gesinnung wird erfunden: Geschichte einer Geschichtsfälschung, ScienceFiles.org, 25.10.2019.

19 Bogdan Musial: Der Bildersturm. Aufstieg und Fall der ersten Wehrmachtsausstellung, Bundeszentrale für politische Bildung, 1.9.2011.

und SS in den besetzten Gebieten begangen wurden. Mit der Ausstellung wurde dieses Narrativ »als falsch entlarvt«. Die Wehrmacht sei vielmehr Teil des Vernichtungsapparates gewesen, sie sei daher als Ganzes ebenfalls als verbrecherisch anzusehen. Die Folge war, daß sich Hunderttausende damals noch lebende Veteranen des Zweiten Weltkrieges plötzlich als Verbrecher gebrandmarkt sahen, mindestens aber als Teil einer Verbrecherorganisation. Dies löste Proteste aus, die zum Teil hitzig und sogar gewalttätig wurden.

Im Jahre 1999 kamen jedoch Zweifel auf, ob wirklich alle Bilder und Aussagen der Ausstellung historisch korrekt waren und einer Überprüfung standhielten. Es stellte sich heraus, daß etliche Bilder von Massakern, die die Ausstellung der Wehrmacht anlastete, in Wirklichkeit Verbrechen des sowjetischen Geheimdienstes NKWD zeigten. Irrtum oder Fälschung? Der Stifter und Spiritus rector der Ausstellung, der Multimillionär Jan Philipp Reemtsma, ordnete eine Überprüfung der Ausstellung durch Fachleute an. Er ging davon aus, daß man einige Bilder würde entfernen müssen oder daß die Bildunterschriften anzupassen wären. Das Ergebnis der Überprüfung war jedoch derart verheerend, daß er die Ausstellung schließlich aufgab und sie ganz schließen ließ. Die Mängel waren so zahlreich, daß sich der Charakter der Ausstellung – die über vier Jahre mit diesen zahlreichen Fehlern so gezeigt worden war – grundlegend geändert hätte.

Die Geschehnisse rund um die Ausstellung können als Musterbeispiel für eine politische Ausschlachtung von Geschichte für heutige Zwecke angesehen werden.

Für die Bundeszentrale für politische Bildung schrieb Bogdan Musial 2011:

> Im Frühjahr 1997 wurde die Haltung gegenüber der Ausstellung von den linken Parteien (SPD, Grüne, PDS) zum Prüfstein demokratischer Reife erhoben. So erklärte der sozialdemokratische Landtagspräsident Schleswig-Holsteins, Heinz-Werner Arens, im November 1998, die Ausstellung werde eine ›Bewährungsprobe für unsere Demokratiefähigkeit‹ sein. Mit der Zeit wurde die Schau zu einem Instrument in der politischen Auseinandersetzung, die nach einem bestimmten Schema funktionierte: Die Linken (SPD, Grüne, PDS und verschiedene Bürgerinitiativen) holten die Ausstellung in einen Ort, möglichst vor einer anstehenden Wahl. Die Proteste ihrer politischen Gegner, der Konservativen, waren damit vorprogrammiert. Jan Philipp Reemtsma sprach in einem Interview von einer Liste von Städten, »die sie [die Ausstellung] alle haben möchten und die Briefe schrieben, wir brauchen die Ausstellung für unsere politische Auseinandersetzung«. Diese Instrumentalisierung fiel sogar den ausländischen Journalisten auf. So schrieb am 11. Oktober 1999 die *Financial Times*: »Observers could not help noticing that the exhibition's arrival was often close to a local election, thus warning the electorate off any rightist sympathies.«[20]

20 Musial: Der Bildersturm.

Kolonialismus, Rassismus und Sklaverei

2020 erlebten Amerika und Europa eine Welle von Denkmalstürzen und -schändungen. Anlaß war der Tod des US-Amerikaners George Floyd bei einer Festnahme durch die Polizei. Auch wenn ein Nachweis nicht erfolgte, wurde es als ausgemachte Tatsache hingestellt, daß Floyds Tod eine Folge rassistisch motivierter Polizeigewalt gegen Afroamerikaner gewesen sei. Unter dem Motto »Black lives matter« (»Schwarze Leben zählen«, kurz BLM) kam es zu Demonstrationen und Unruhen, die von den USA nach Europa herüberschwappten und in deren Umfeld die Denkmäler historischer Persönlichkeiten zerstört oder geschändet wurden, die angeblich von Sklavenhandel oder Kolonialismus profitiert hatten. Das dahinterstehende ›postkolonialistische‹ Geschichtsnarrativ ist allerdings eine Konstruktion. Diese besagt, Europa verdanke seinen Reichtum der Ausbeutung seiner ehemaligen Kolonien und daher müsse der Reichtum Europas in diese Gebiete quasi zurücktransferiert werden, um die ›historische Schuld‹ Europas zu begleichen. Der wichtigste Vertreter dieses Narrativs war Frantz Fanon.[21]

Hier wird ein Geschichtsbild entworfen, das den Hergang der Geschichte bewußt manipuliert, um bestimmten aktuellen politischen Forderungen Nachdruck zu verleihen bzw. bestimmte politische Ziele zu unterstützen. Das Geschichtsnarrativ, ›Europa‹ (›die alten weißen Männer‹) trage die Schuld am Elend Afrikas und den schlechten Lebensbedingungen von Afroamerikanern, da Europäer Kolonien unterhalten und in den Sklaven-

21 Vor allem in: Die Verdammten dieser Erde, Frankfurt am Main 1966.

handel involviert gewesen seien, unterschlägt gleich mehrere Fakten:

- Sklavenhandel und Sklavenhaltung durch Europäer bzw. europäischstämmige Amerikaner wäre ohne die bereits lange zuvor bestehenden Phänomene des Sklavenhandels und der Sklavenjagd bei den afrikanischen Völkern und Stämmen selbst nicht möglich gewesen. Es ist anzunehmen, daß viele der knapp 300 000 in die späteren USA verkauften Sklaven zunächst selbst Sklavenjäger oder deren Nachfahren waren.
- Alle Hochkulturen haben Sklaverei und Kolonialismus betrieben (z. B. auch die Araber in Europa und Afrika).
- Die Abschaffung der Sklaverei gehörte teils zu den Zielen, teils zu den unbeabsichtigten Folgen der europäischen Kolonialpolitik.
- Nicht zuletzt ist das Gedankengut des Abolitionismus (der Bewegung zur Abschaffung der Sklaverei) Ergebnis abendländischer Geistesgeschichte, also europäischer Aufklärung. Ohne die ›alten weißen Männer‹ Europas und Amerikas hätte es keinen Abolitionismus gegeben!

Die Tatsache, daß die postkoloniale Ideologie nur Europa und die Vereinigten Staaten in Haftung nimmt, erklärt der Historiker Egon Flaig[22] hauptsächlich als

22 Egon Flaig: Weltgeschichte der Sklaverei, München 2011.

> Konsequenz der Umorientierung der Linken nach dem Zweiten Weltkrieg. Die Linke war enttäuscht, daß das Proletariat in den kapitalistischen Metropolen seine revolutionäre Aufgabe nicht erfüllte. Sie fand ihr neues revolutionäres Subjekt in der sogenannten Dritten Welt und partiell in den marginalisierten Gruppen in den Metropolen.[23]

In diesem Kontext sind auch die in den vergangenen Jahren begonnene Welle von Straßenumbenennungen und der Sturm auf Denkmäler im Zuge der Black-Lives-Matter-Bewegung im Jahr 2020 kritisch zu betrachten. Damit soll das Andenken historischer Persönlichkeiten, deren Handeln mit den heute postulierten politischen und moralischen Maßstäben nicht übereinstimmt, aus dem öffentlichen Raum getilgt werden. Diese Persönlichkeiten werden nicht mehr, wie es einem Denken in historischen Maßstäben entspräche, vor dem Hintergrund des Zeitgeistes zu deren Lebenszeit gesehen, sondern an den Kriterien des heutigen Zeitgeistes gemessen.

Geschichtsmanipulation – ganz ohne Wahrheitsministerium

Die Aufgaben, die bei George Orwell das Wahrheitsministerium innehatte, sind heute auf mehrere Schultern verteilt. Das läßt den Gesamtzusammenhang und die Parallele zu *1984* weniger offensichtlich erscheinen. Aus Sicht

23 Siehe auch Alexander Wendt: Egon Flaig: »Wir erleben eine Kulturrevolution«, TichysEinblick.de, 26.8.2020.

der Regierenden ist das wichtig, denn man möchte die Menschen ja möglichst nicht merken lassen, daß und wie sehr sie manipuliert werden.

Die manipulative Berichterstattung der ›Qualitätsmedien‹ wurde auf den vorigen Seiten anhand einiger Beispiele belegt. Es gibt unzählige weitere, die alle aufzuzählen hier den Rahmen sprengen würde. Ein kleiner Tip: Wenn eine bekannte Zeitung, die ARD oder das ZDF über einen »umstrittenen« Vorgang berichten, dann ist es immer ratsam, den Wahrheitsgehalt selbständig zu überprüfen.

Das macht die Beschäftigung mit den politischen Geschehnissen für den Bürger, wenn er denn wirklich an der Wahrheit interessiert ist, zu einer durchaus zeitintensiven Angelegenheit. Denn es gibt in den ›alternativen Medien‹ zu fast jeder bedeutenderen Nachricht eine gegenteilige Meinung. Außerdem ist das Spektrum – inklusive der differenzierten politischen Ausrichtung – innerhalb der alternativen Medien groß. So gibt es innerhalb dieser Szene selbstverständlich auch unterschiedliche, einander teilweise widersprechende Ansichten. Eine umfassende und ausgewogene Meinungsbildung geht daher oft mit einer aufwendigen Recherchearbeit einher. Damit muß jeder Bürger letztlich selbst entscheiden, was seiner Meinung nach der Wahrheit am nächsten kommt.

Der Mainstream behauptet von sich, gut recherchierte Nachrichten zu verbreiten. Man halte sich an die Fakten, heißt es. Unterschwellig schwingt bei diesem Narrativ stets mit, daß alle anderen Medien ›im Internet‹ mindestens von geringerer Qualität und

Glaubwürdigkeit sind und tendenziell ›Fake News‹ oder ›Verschwörungstheorien‹ verbreiten.

Um die eigene Glaubwürdigkeit zu erhöhen, leistet man sich außerdem selbsternannte ›Faktenchecker‹. Zu diesen gehört etwa Correctiv, »das erste gemeinnützige Recherchezentrum im deutschsprachigen Raum. Wir machen Journalismus für die Gesellschaft und mit der Gesellschaft.« Nach eigener Darstellung arbeitet Correctiv gemeinnützig und stellt Faktenchecks unter anderem für die etablierten Medien bereit.

Zu diesen ›Fakten‹ gehörte dann schon mal, daß man bei der Präsidentenwahl in den USA 2016 den Wahlsieg Hillary Clintons verkündete. Ein Blick auf die Internetseite des Weißen Hauses läßt jedoch Zweifel an den Correctiv-Fakten aufkommen. Der im Jahr 2016 gewählte Präsident hieß gar nicht Clinton …

Mehr Beispiele hat *Die Achse des Guten* zusammengetragen.[24]

Ein weiterer Faktenchecker ist das amerikanische Unternehmen NewsGuard. Dieses vergibt Gütesiegel – grüne Häkchen – für Internetseiten. Mit Häkchen bedeutet geprüft und in Ordnung!

Die Glaubwürdigkeit und Unvoreingenommenheit von NewsGuard soll wohl auch dadurch sichergestellt werden, daß im Advisory Board der Firma ein ehemaliger Nato-Generalsekretär, ein ehemaliger CIA-Direktor, ein ehemaliger NSA-Chef und die ehemalige Redenschreiberin von Condoleezza Rice sitzen.[25] Wie

24 Ansgar Neuhof: »Correctiv«: Die 10 Top-Leistungen der Schrifttumskammer, Achse des Guten, 18.4.2017.

25 C't – Magazin für Computertechnik 14/2019, S. 48.

neutral und regierungskritisch NewsGuard in seiner Arbeit ist, möge vor diesem Hintergrund jeder Leser für sich selbst entscheiden.

1984

Mit Stiefelgetrampel und einem neuerlichen Tusch auf dem Kamm stürmten die Kinder ins Wohnzimmer. Mrs. Parsons brachte die Rohrzange. Winston ließ das Wasser ablaufen und entfernte angewidert den Haarpfropfen, der das Rohr verstopft hatte. Er wusch sich unter dem kalten Leitungswasser notdürftig die Hände und kehrte in das andere Zimmer zurück.

»Flossen hoch!« schrie eine wilde Stimme.

Ein hübscher, abgebrüht aussehender Neunjähriger war hinter dem Tisch hervorgeschnellt und bedrohte ihn mit einer Spielzeugpistole, während seine etwa zwei Jahre jüngere Schwester mit einem Stück Holz dieselbe Geste machte. Beide trugen die Uniform der »Spitzel«: blaue Shorts, graue Hemden und rote Halstücher. Winston hob die Hände über den Kopf, doch er fühlte sich unbehaglich dabei, denn der Junge gebärdete sich derart boshaft, daß es längst kein Spiel mehr war.

»Du bist'n Verräter!« gellte der Junge. »Du bist'n Gedankenverbrecher! Du bist'n eurasischer Spion! Ich werd' dich abknallen, ich werd' dich vaporisieren, ich schick dich ins Salzbergwerk!«

2020

Das Wirken der heutigen Mitarbeiter eines Wahrheitsministeriums beschränkt sich nicht auf Geschichtsschreibung oder politische Berichterstattung. Die Lektüre von *1984* lehrt, daß man schon bei den ganz Kleinen anfangen muß, wenn ideologisch gefestigte Untertanen dabei herauskommen sollen. Diese Erkenntnis hat bisher noch jedes totalitäre System in die Praxis umgesetzt.

Die Eliminierung bestimmter Begriffe und die Etablierung anderer Begriffe bzw. Bedeutungen analog zu Orwells Neusprech (mehr dazu im Kapitel »Neusprech«) fangen daher schon bei den Kleinsten an.

Sie halten das in unserem heutigen, dem bunten und besten Deutschland, das es je gab, für ausgeschlossen? Wie bewerten Sie dann, daß heute alte Kinderbücher umgeschrieben werden, wenn diese Begriffe und Formulierungen enthalten, die zwar früher völlig normal waren, heute aber unerwünscht sind?

›Neger‹ ist so ein Wort. So wurden früher dunkelhäutige Menschen aus Afrika genannt. Der Begriff ›Neger‹ darf heute de facto nicht mehr verwendet werde, weil seine Benutzung als rassistisch gilt. Statt dessen wurde dann ›Schwarzer‹ oder ›Farbiger‹ gesagt. Aber selbst diese Bezeichnungen sind inzwischen tabu. Heute heißt es politisch korrekt ›People of Color‹. Die Hysterie der Gutmeinenden bei der Ausmerzung des Wortes ›Neger‹ geht so weit, daß sogar Menschen, die so heißen, angefeindet werden.[26]

Bemerkenswert ist in diesem Zusammenhang, wie Muhammad Ali 1971 in einem Interview mit der britischen BBC – unter erheblichem Widerspruch seitens des weißen Moderators – seinen Stolz auf seine

26 Robert Cvrkal: Der Fall ›Neger‹ oder Warum uns Political Correctness zerstört, Fisch + Fleisch, 7.1.2017.

schwarze Rassenzugehörigkeit bekundete. Der frühere Boxweltmeister afroamerikanischer Abstammung betonte, daß es für ihn eine Selbstverständlichkeit sei, daß Menschen jeglicher Rasse gern bevorzugt untereinander Kontakt haben, also mit ihresgleichen Freundschaften und insbesondere Partnerschaften eingehen. Er selbst möge also naturgemäß schwarze Frauen viel lieber. Er finde diese schöner und attraktiver als alle anderen. Und er liebe seine – selbstverständlich ebenfalls schwarze – Frau über alles.[27]

Aber zurück zu den Kinderbüchern. Der Eifer bei der Vaporisierung heute unerwünschter Begriffe führt inzwischen dazu, daß Klassiker der Kinderbuchliteratur der fünfziger oder sechziger Jahre umgeschrieben werden. Die Damen und Herren etwa des Thienemann-Verlags beweisen, daß die Arbeit von Winston Smith von den Regierenden heute als real notwendig erachtet wird und dadurch aktueller denn je ist.

Zur Klarstellung: Wenn sich ein Autor von Kinderbüchern im Jahre 2020 an die aktuellen Gepflogenheiten und den jetzt üblichen Sprachgebrauch hält, so ist dies das eine. Mindestens fragwürdig wird es aber, wenn Klassiker der Literatur umgeschrieben werden, weil den ideologischen Fanatikern darin verwendete frühere Begrifflichkeiten heute nicht mehr passen.[28]

Im ›Dritten Reich‹ (bei den Nazis!) wurden Kinder und Jugendliche im Bund Deutscher Mädel (BDM) und in der Hitler-Jugend (HJ) geformt. Körperlich und ideo-

27 Muhammad Ali – Racial Integration, YouTube, guyjohn59.

28 Ottfried Preußlers »Kleine Hexe«: Verlag streicht »Neger« und »Zigeuner« aus Kinderbuch, Focus.de, 3.12.2014.

logisch. In der DDR war dann die Freie Deutsche Jugend (FDJ) dafür zuständig. Heute wie damals wird die Jugend in allen sozialistischen und diktatorischen Regimen möglichst früh und möglichst vollständig in entsprechenden Jugendorganisationen mit der Staatspropaganda indoktriniert. In der FDJ lernte zum Beispiel eine gewisse Angela Merkel weltanschauliche Standfestigkeit. Das nannte sich dort ›Klassenstandpunkt‹. Wir wollen hier aber zugestehen, daß es in der DDR schwierig war, sich dem Zugriff der FDJ zu entziehen. Wer da nicht mitmachte, war verdächtig.

Und heute?

Heute geht die Nomenklatura (wer diesen Begriff nicht kennt, sollte ihn ruhig mal nachschlagen – oder ›googeln‹) weniger offensichtlich vor. Heute gibt es etwa die ›Jugendbewegung‹ Fridays for Future, in der junge Menschen ›für das Klima‹ freitags die Schule schwänzen. Das macht Spaß und man kann sich sogar gut dabei fühlen.

Es macht die jungen Teilnehmer anscheinend kein bißchen mißtrauisch, daß ihre ›Bewegung‹ von Politikern, Journalisten, Lehrern und Medien gefeiert wird. Ebensowenig, daß die Informationen, auf deren Grundlage sie ›gegen die Regierung‹ demonstrieren, direkt oder indirekt von der Regierung selbst stammen. Nämlich von staatlichen Forschungsinstituten, deren Ergebnisse von Politikern in die Lehrpläne staatlicher Schulen aufgenommen wurden und die nahezu kritiklos von staatlichen Medien verbreitet werden. Wenn früher junge Menschen rebellisch waren (oder glaubten es zu sein), dann stießen sie auf die Ablehnung ihrer Eltern,

Lehrer und vieler Politiker. Heute ist das anders, und es scheint niemandem aufzufallen.

Daß diese ›Jugendbewegung‹ ganz und gar nicht spontan von jungen Menschen gegründet wurde, sondern von erwachsenen ›Aktivisten‹ mit einer nicht immer ganz offenen Agenda gepusht wird, dürften viele gar nicht wissen. Denn das sollen sie ja auch nicht.[29]

Ein besonders erschreckendes Beispiel der heute üblichen Indoktrination der Jugend ist ein auf YouTube veröffentlichtes, inzwischen aber nicht mehr verfügbares Video von der »Unteilbar«-Demo im August 2019 in Sachsen. Darin skandieren Kinder und Jugendliche, angeführt von einem sich wie ein Einpeitscher gerierenden Dirigenten, in einer Art Sprechgesang eine Stellungnahme »gegen rechts«.

Wer fühlt sich von solchen Bildern nicht an die Hitler-Jugend, die FDJ oder den täglichen »Zwei-Minuten-Haß« in *1984* erinnert?

29 Jürgen Fritz: Fridays for Future: Wer in Wahrheit dahinter steckt, Jürgen Fritz Blog, 18.4.2019.

Politisierung von Sexualität und Familie

> Je mehr sich politische und wirtschaftliche Freiheit verringern, desto mehr pflegt die sexuelle Freiheit sich kompensatorisch auszuweiten.
>
> Aldous Huxley, *Schöne neue Welt*

1984

In *1984* spielt der Sexualtrieb des Menschen für die herrschende Partei eine wesentliche Rolle. Es war daher das Bestreben der Partei, sich die Sexualität der Menschen dienstbar zu machen bzw. sie zu kontrollieren.

> Bei Julia drehte sich im Endeffekt alles um ihre eigene Sexualität. Sobald es sich nur im Entferntesten darum handelte, entwickelte sie großen Scharfsinn. Im Gegensatz zu Winston hatte sie den verborgenen Sinn des sexuellen Puritanismus der Partei erkannt. Es ging nicht nur darum, daß sich der Sexualtrieb eine eigene Welt schuf, die der Kontrolle der Partei entzogen blieb und deshalb, wenn möglich, zerstört werden mußte. Entscheidender war, daß der Sexualentzug Hysterie auslöste. Das war für die Partei ein erstrebenswertes Ziel, denn diese Hysterie konnte in Kriegsfieber und Führerverehrung umgewandelt werden. Julia drückte das folgendermaßen aus:
>
> »Beim Liebesspiel verbrauchst du Energie, und hinterher fühlst du dich glücklich, und alles andere ist dir egal. Das können sie nicht dulden. Sie wollen, daß man ständig vor Energie platzt. Dies ganze Herummarschieren,

Jubeln und Fahnenschwenken ist nichts weiter als sexuelle Frustration. Wenn man glücklich ist, warum sollten einen dann der Große Bruder und die Dreijahrespläne und der Zwei-Minuten-Haß und ihr ganzer anderer verdammter Dreck noch groß aufregen?«

Völlig richtig, dachte Winston. Es bestand ein direkter Zusammenhang zwischen Keuschheit und politischer Orthodoxie. Die Partei brauchte die Angst, den Haß und die wahnsinnige Leichtgläubigkeit ihrer Mitglieder, denn wie sonst ließen sich diese Gefühle in der richtigen Spannung halten als dadurch, daß man einen mächtigen Trieb unterdrückte und ihn dann als Motor benutzte? Der Sexualtrieb gefährdete die Partei. Also hatte die Partei ihn sich dienstbar gemacht. Beim Instinkt der Elternliebe hatte sie einen ähnlichen Trick angewandt. Die Familie ließ sich in der Tat nun einmal nicht abschaffen, und man ermunterte die Leute sogar dazu, ihre Kinder auf fast altmodische Weise zu verhätscheln. Die Kinder andererseits wurden systematisch gegen ihre Eltern aufgehetzt und angestiftet, diese zu bespitzeln und ihre Abweichungen von der Parteilinie zu melden. Die Familie war quasi zum verlängerten Arm der Gedankenpolizei geworden, eine Einrichtung, bei der man Tag und Nacht von Informanten umgeben war, die genauestens über jedermann Bescheid wußten.

O'Brien zu Winston:

»Sehen Sie jetzt, was für eine Art von Welt wir erschaffen? Sie ist das genaue Gegenteil der törichten, hedonistischen Utopien, die den alten Reformern vorschwebten.

Eine Welt der Furcht, des Verrats und der Folter, eine Welt des Tretens und Getretenwerdens, eine Welt, die mit fortschreitender Höherentwicklung nicht weniger gnadenlos, sondern immer noch gnadenloser werden wird. Fortschritt in unserer Welt wird ein Fortschritt hin zu mehr Schmerzen sein. Die alten Zivilisationen behaupteten, auf Liebe und Gerechtigkeit gegründet zu sein. Unsere ist auf Haß gegründet. In unserer Welt wird es keine Gefühle geben außer Angst, Wut, Triumph und Selbsterniedrigung. Alles andere werden wir zerstören – alles. Wir rotten bereits die Denkweisen aus, die noch aus der Zeit vor der Revolution überlebt haben. Wir haben die Bande zwischen Kind und Eltern, zwischen Mensch und Mensch, zwischen Mann und Frau durchtrennt. Keiner traut mehr einer Ehefrau, einem Kind oder einem Freund. Doch in Zukunft wird es keine Ehefrauen oder Freunde mehr geben. Die Kinder werden ihren Müttern gleich bei der Geburt weggenommen werden, so wie man einer Henne die Eier wegnimmt. Der Sexualtrieb wird ausgerottet. Die Zeugung wird zu einer alljährlichen Formalität werden, wie die Erneuerung einer Lebensmittelkarte.«

»Und warum, glauben Sie, bringen wir die Leute hierher [in das Ministerium für Liebe]?« – »Damit sie gestehen.« – »Nein, das ist nicht der Grund. Überlegen Sie noch mal.« – »Um sie zu bestrafen.« – »Nein!« rief O'Brien. Seine Stimme klang jetzt völlig anders, er machte ein strenges Gesicht und wirkte aufgebracht.

»Nein! Nicht nur, um Ihr Geständnis zu erpressen, oder bloß, um Sie zu bestrafen. Soll ich Ihnen sagen, warum wir Sie hierher gebracht haben? Um Sie zu heilen! Um Sie geistig gesund zu machen! Wollen Sie sich bitte merken, Winston, daß uns keiner, den wir hierher bringen, je wieder verläßt, ohne geheilt worden zu sein. Wir interessieren uns nicht für diese albernen Delikte, die Sie begangen haben. Die Partei interessiert sich nicht für die offene Tat: uns kommt es ausschließlich auf den Gedanken an. Wir vernichten unsere Feinde nicht bloß, wir verändern sie. Verstehen Sie, was ich damit meine?«

2020

Auch in der Wirklichkeit in Deutschland und Europa im 21. Jahrhundert ist die Sexualität der Menschen nicht mehr reine Privatsache. Sie hat eine politische Relevanz und wird mutmaßlich von Teilen der politischen Klasse für ihre Zwecke genutzt.

Die *politische Bedeutung* der Sexualität wurde insbesondere von den sogenannten Achtundsechzigern betont und eingesetzt.

Achtundsechziger: das waren junge Menschen, überwiegend Studenten, die 1968 (daher der Name, denn gemeint sind damit nicht Menschen mit dem Geburtsjahr 1968) gegen vermeintliche und tatsächliche Mißstände aufbegehrten. Sie haben zunächst überwiegend friedlich, schnell aber immer militanter demonstriert, bis einige schließlich in den Terrorismus abglitten.

Die Achtundsechziger sahen eine ›frei‹ und ›offen‹ ausgelebte Sexualität auch als Angriff gegen die bürgerliche

Gesellschaft, gegen die ›Spießer‹, gegen das als repressiv empfundene politische und gesellschaftliche System. Aus dieser Zeit und diesen Kreisen stammt der damals verbreitete Spruch »Wer zweimal mit derselben pennt, gehört schon zum Establishment«. Die Achtundsechziger glaubten, daß es die Absicht des damaligen ›Systems‹ war, eine ›freie‹ Sexualität zu unterdrücken. Daraus leiteten sie eine Reihe gesellschaftlicher Fehlentwicklungen ab, die sie korrigieren wollten.

Und tatsächlich war zum Beispiel Homosexualität bis in die siebziger Jahre hinein eine Straftat. Eine Bezeichnung für homosexuelle Männer war damals ›175er‹, in Anlehnung an den Strafrechtsparagraphen 175. Endgültig gestrichen wurde dieser erst 1994. Das ist gut so – spät, aber immerhin.

Allerdings war es nicht nur das Ziel, Unterdrückung oder irgendwelche Ungerechtigkeiten für Homosexuelle oder Frauen zu beseitigen. Vielmehr ging es der Bewegung darum, die verhaßte bürgerliche Gesellschaft als solche zu beschädigen und damit zu überwinden.

Die Bedeutung der Sexualität und ihr Einsatz für politische Zwecke sind allerdings nicht allein in der Gedankenwelt von Studenten entstanden. Die ideologische Verwendung hatte Vordenker, und diese wirken bis heute.

Die Anführer der Studentenbewegung waren ganz maßgeblich von den Protagonisten der sogenannten Frankfurter Schule beeinflußt.

Als Frankfurter Schule wird eine Gruppe von Philosophen und Wissenschaftlern verschiedener

> Disziplinen bezeichnet, die an die Theorien von Hegel, Marx und Freud anknüpfte und deren Zentrum das 1924 in Frankfurt am Main eröffnete Institut für Sozialforschung war. Sie werden auch als Vertreter der dort begründeten Kritischen Theorie begriffen. Die Bezeichnung ›Kritische Theorie‹ geht auf den Titel des programmatischen Aufsatzes »Traditionelle und kritische Theorie« von Max Horkheimer aus dem Jahre 1937 zurück. Als Hauptwerk der Schule gilt das von Horkheimer und Theodor W. Adorno 1944 bis 1947 gemeinsam verfaßte Buch *Dialektik der Aufklärung,* dessen Essaycharakter sie mit dem zurückhaltenden Untertitel *Philosophische Fragmente* bezeichneten (Wikipedia).
>
> Namhafte Exponenten der 68er-Bewegung besetzen heute Führungspositionen und Institutionen und lenken mit ihren Entscheidungen das gesellschaftliche und politische Leben. Themen, die damals von der »Kritischen Theorie« vorgedacht wurden, bestimmen heute weitgehend das Denken in Gesellschaft, Wirtschaft und Politik.[30]

Eines der Schlüsselwerke von Horkheimer war »Autorität und Familie« aus dem Jahr 1936. Nach Auffassung Horkheimers ist die Geschichte der Menschheit eine Geschichte der Herrschaft von Menschen über Menschen. In diesen Kontext gehört die kleinste Einheit einer Gesellschaft, die Familie. In der Familie sei das

30 J. Hoefele und M. Nestor: Die Ideologen der Frankfurter Schule, Zeit-Fragen (1999), 1–18, S. 1.

Patriarchat durch die Rolle des Vaters als Herrscher über die anderen Familienmitglieder – Ehefrau und Kinder – bestimmend. Der Mann verdiente in der klassischen Familie das Geld und übte damit Macht aus.

Aber Horkheimer betrachtete nicht nur die wirtschaftlichen Abhängigkeitsverhältnisse in der Familie, sondern auch die sozialen und sexuellen: »Und weiter: ›Die Monogamie in der bürgerlichen Männergesellschaft setzt die Entwertung des Genusses aus reiner Sinnlichkeit voraus.‹ So erzwinge die Familie« – und hier knüpft Horkheimer an Erich Fromms triebpsychologische Studien der zwanziger und dreißiger Jahre an – »die Unterdrückung der Sexualität, die es von der patriarchalischen Struktur und Moral der bürgerlichen Kleinfamilie zu befreien gelte.«[31] Es gelte daher, so Horkheimer, das Patriarchat zu überwinden und die Sexualität von den Fesseln durch Ehe und Familie zu befreien.

Entscheidend ist hierbei, daß es den Akteuren der Frankfurter Schule eben nicht ›nur‹ um die Befreiung der Frau oder des Menschen von sexueller oder wirtschaftlicher Unterdrückung (innerhalb der Familie) ging. Vielmehr wurde diese als ein wichtiger Baustein in der Veränderung der Gesellschaft als Ganzes angesehen. Und diese Veränderung sollte (und soll) ganz klar in Richtung Marxismus gehen. Hier also findet sich das Bindeglied zwischen den Ideen einer ›befreiten‹ Sexualität und dem Marxismus.

Die Ideen der Frankfurter Schule wurden über die Jahre verbreitet und weiterentwickelt. Besonders frag-

31 Ebd.

würdig in diesem Zusammenhang waren bzw. sind Bestrebungen, sexuelle Kontakte zwischen Erwachsenen und Kindern zu ›entkriminalisieren‹. So kam es, daß in der Gründungsphase der Partei der Grünen etliche Pädophile auf den Zug der sexuellen Befreiung aufsprangen und entsprechende Forderungen (nach einer ›Entkriminalisierung der Pädosexualität‹) vorübergehend sogar Eingang in die Beschlüsse oder Programme einiger Landesverbände der Grünen fanden.

Diese Sumpfblüten entstanden im links-alternativen Milieu der Achtundsechziger, der Hausbesetzer- und Antifa-Szene in (West-)Berlin, in Frankfurt am Main und anderswo. Es ist das Milieu, aus dem in Berlin später die Grün-Alternative Liste (GAL) entstanden ist, die Vorläuferpartei der heutigen Grünen. Auch die Humanistische Union (HU), vorgeblich eine Bürgerrechtsorganisation, in der zahlreiche Politiker verschiedener Parteien aktiv waren und sind, unterstützte jahrelang die Ideen der Pädophilen. Dort engagierten sich Politiker der FDP (Werner Maihofer, Sabine Leutheusser-Schnarrenberger), der SPD (Herta Däubler-Gmelin, Heidemarie Wieczorek-Zeul) sowie der Grünen (Claudia Roth, Renate Künast). Frau Künast empörte sich noch vor kurzem über einen auf sie gemünzten Post in einem der »asozialen Netzwerke«. Dieser bezog sich auf eine Parlamentsrede, in der sie auf einen Zwischenruf, die Grünen würden Sex mit Kindern rechtfertigen, mit »nur, wenn es gewaltfrei ist« antwortete.

Da sie in dem besagten Post auf harsche und unflätige Weise kritisiert wurde, reichte sie Klage bei Gericht ein.

Diese wurde abgewiesen, da die besagte Äußerung des Users von der Meinungsfreiheit gedeckt sei. Dies sorgte für große Empörung in linken und ›liberalen‹ Kreisen.

Gar nicht empört war man dagegen über die zugrundeliegende Tatsache, daß Frau Künast sich also Sex mit Kindern vorstellen kann, wenn dieser »gewaltfrei« ablaufe. Das ist interessant, wo doch sonst Linke überall ›strukturelle Gewalt‹ wittern und über die Unterdrückung referieren, die sich aus den Machtverhältnissen ergebe. Frau Künast geht also davon aus, daß eine sexuelle Beziehung zwischen einem Kind und einem Erwachsenen nicht unter Ausnutzung unterschiedlicher Macht- und Abhängigkeitspositionen stattfindet?[32]

Doch gelang es der Partei, sich nach einiger Zeit von den allzu offenen Vertretern dieser Richtung zu trennen und die entsprechenden Passagen aus ihrem Programm wieder zu entfernen. Allerdings sind einige wichtige Personen mit fragwürdigen Aussagen zur Pädophilie bis heute bei den Grünen in prominenten Positionen aktiv, so zum Beispiel Daniel Cohn-Bendit (Mitglied des EU-Parlaments) und Volker Beck (ehemaliges Mitglied des Bundestages). Diese haben sich mittlerweile von einigen ihrer früheren Aussagen distanziert, teilweise wurden diese bestritten (Beck). Sie erklären diese heute mit dem damaligen Zeitgeist.

Weitere Vordenker dieser Richtung waren der Sexualforscher und Soziologe Wilhelm Reich sowie der Sexualwissenschaftler Helmut Kentler. Kentler vermittelte Jungen, für die eine Pflegefamilie gesucht wur-

32 Vgl. Iris Hax und Sven Reiß: Programmatik und Wirken pädosexueller Netzwerke in Berlin. Vorstudie, Berlin 2021.

de, gezielt zu pädophilen Pflegevätern. Ein ungeheuerlicher Skandal, der wohl nur vor dem Hintergrund der damals (?) herrschenden Ideologie der ›sexuellen Befreiung‹ möglich war.

Die Frage, die sich heute stellt, ist, ob die Idee, gesellschaftliche Veränderungen über die Sexualität anzustoßen oder herbeizuführen, immer noch eine Rolle spielt.

Und damit kommen wir zur heutigen Programmatik der großen Parteien, in der sich Schlagworte wie ›Feminismus‹, ›Gender-Mainstreaming‹, ›LGBTQ‹ etc. finden. Politisch links stehenden Parteien sind diese Themengebiete nämlich eine Herzensangelegenheit. Und man sollte sich fragen, warum das so ist.

Vordergründig geht es (immer noch) um die Befreiung der Frau und darüber hinaus um die Anerkennung sexueller Vielfalt. Warum die unterschiedlichsten Ausprägungen menschlicher Sexualität keine Privatsache sind (solange niemand geschädigt wird) und der ›Anerkennung‹ bedürfen, wird nicht weiter erklärt. Vielmehr wird die Notwendigkeit der ›Anerkennung‹ oder sogar der ›Akzeptanz‹ (was viel weiter geht als ›Toleranz‹; dabei wäre Toleranz doch vollkommen ausreichend) einfach unterstellt oder mit der angeblichen Unterdrückung von zum Beispiel transsexuellen Menschen begründet.

Diese angebliche Unterdrückung sieht in der Realität so aus, daß Transsexuelle auf Kosten der Krankenversicherungen – finanziert also von der Mehrheit der Nicht-Transsexuellen – umfassende Leistungsansprüche genießen. Angefangen von psychotherapeutischen Angeboten über eine viele tausend Euro kostende operative Geschlechtsumwandlung bis zu einer danach erforderlichen lebenslangen Hormonbehandlung werden alle Kosten übernommen. Im übrigen genießen Homo-, Trans- oder Intersexuelle heute sehr weit gehende Schutzrechte im Rahmen des Allgemeinen Gleichbehandlungsgesetzes. Wer es wirklich wagen würde, diese Menschen zu diskriminieren, müßte heute mit empfindlichen Sanktionen rechnen.

Es ist zu begrüßen, daß diesen Menschen bei Bedarf geholfen wird und ihnen ein Leben in der von ihnen gewählten Geschlechterrolle ermöglicht wird. Aber wo genau findet sich da die angebliche gesellschaftliche Diskriminierung?

Nach Auffassung der Linken reicht es offenbar nicht aus, daß den Betroffenen geholfen wird, in der gewünschten Rolle zu leben. Sie sind vielmehr der Meinung, daß die gesamte Gesellschaft diese Entscheidung auch besonders gut zu finden habe. Alle sollen sich gefälligst darüber freuen. Wer sich nicht mitfreut, gilt dann als ›transphob‹. Er – oder sie – leidet also angeblich an einer geistigen Störung. Schon die Aussage ›Das Thema ist mir egal, das betrifft mich nicht‹ steht unter diesem Verdacht.

So ist es nur folgerichtig, daß von einem Aktivisten in einem Artikel der *Bild*-Zeitung Unternehmen aufgefordert werden, Mitarbeiter, die sich nicht für sexuelle Vielfalt begeistern wollen, zu entlassen. Sie sollen also gesellschaftlich vernichtet werden.

Hier zeigt sich besonders deutlich der totalitäre Anspruch mancher Linker, die sogar das Denken der Menschen in eine gewünschte Richtung steuern wollen. Das ist ein weiterer Beleg dafür, daß es eben nicht nur um die Beseitigung von Benachteiligungen geht, sondern vielmehr um einen Umbau der Gesellschaft. Das Ziel der Zerstörung des Modells der klassischen Familie aus Vater, Mutter und Kind bzw. Kindern zeigt sich unter anderem bei dem bereits erwähnten Wilhelm Reich.

> Die sexuelle Revolution in der Sowjetunion setzte mit der Auflösung der Familie ein. Sie zerfiel radikal in allen Kreisen der Bevölkerung, hier früher, dort später. Dieser Prozeß war schmerzhaft und chaotisch; er verursachte Schrecken und Verwirrung. Ein vollgültiger objektiver Beweis für die Richtigkeit der sexualökonomischen Theorie über Wesen und Funktion der Zwangsfamilie war gegeben: **Die patriarchale Familie ist die strukturelle und ideologische Reproduktionsstätte aller gesellschaftlichen Ordnungen, die auf dem Autoritätsprinzip beruhen.** Mit der Abschaffung dieses Prinzips mußte automatisch auch die Familiensituation erschüttert werden.
>
> Der Zerfall der Zwangsfamilie ist der Ausdruck dafür, daß die sexuellen Bedürfnisse der Menschen die Fesseln sprengen, die ihnen mit der wirtschaftlichen und autoritären familiären Bindung auferlegt wurden. Es vollzieht sich die Trennung von Wirtschaft und Sexualität. Stand vorher im Patriarchat das Sexualbedürfnis im Dienste und daher unter dem Zwange wirtschaftlicher Interessen einer Minderheit; stand im urkommunistischen Matriarchat die Wirtschaft im Dienste der Bedürfnisbefriedigung der Gesamtgesellschaft (auch der sexuellen), so zielt die echte soziale Revolution eindeutig darauf, die Wirtschaft wieder in den Dienst der Bedürfnisbefriedigung aller produktiv Arbeitenden

zu stellen. Diese Umkehrung des Verhältnisses von Bedürfnis und Wirtschaft ist einer der Kernpunkte der sozialen Revolution. Nur aus diesem allgemeinen Prozeß ist der Zerfall der Zwangsfamilie zu begreifen. Er würde sich rasch und gründlich, auch reibungslos vollziehen, käme nichts anderes in Frage als die Last, die die familiäre ökonomische Bindung für die Familienmitglieder bedeutet, und die Stärke der durch sie gefesselten sexuellen Bedürfnisse. Das Problem ist also nicht so sehr das, weshalb die Familie zerfällt; die Gründe dafür liegen klar zutage. Viel schwieriger ist die Frage zu beantworten, weshalb dieser Zerfall psychisch so schmerzhaft ist wie keine andere Umwälzung. Die Enteignung der Produktionsmittel bereitet nur ihrem früheren Besitzer Schmerzen, jedoch nicht der Masse, dem Träger der Revolution. Doch die Aufhebung der Familie betrifft gerade diejenigen, die die wirtschaftliche Umwälzung vollziehen sollen: die Arbeiter, Angestellten, Bauern.

Gerade hier enthüllt sich die konservative Funktion der Familienbindung am allerdeutlichsten. Durch die ungeheuer intensiven Familiengefühle wirkt sich eine Bremsung gerade auf den Träger der Revolution selbst aus. Seine Bindung an Frau und Kinder, seine Liebe zum Heim, wenn er es hat, auch wenn es noch so notdürftig ist, sein Hang zur gebundenen Marschroute usw. behindert ihn mehr oder minder, **wenn er den Hauptakt der Revolution, den Umbau des Menschen, durchführen soll.**[33]

33 Wilhelm Reich: Die sexuelle Revolution, Frankfurt am Main 1972, S. 164, Hervorhebungen durch die Verfasser.

Betrachtet man den Furor, mit dem heute politische Aktivisten aus den linken Parteien sowie den LGBTQ-Lobbygruppen ihre Sicht auf diese Fragen durchdrücken, dann liegt der Schluß nahe, daß die Achtundsechziger und ihre geistigen Erben das Ziel der Zerstörung von Familie und Gesellschaft nach wie vor verfolgen – selbst wenn sie es nicht offen beim Namen nennen.

Besonders bedenklich erscheint in diesem Kontext der aktuell von Justiz- und Innenministerium geplante Gesetzentwurf, der Kindern (!) ab dem Alter von 14 Jahren eine Geschlechtsumwandlung und hormonelle Behandlung mit Pubertätsblockern auch gegen den Willen der Eltern (!) ermöglichen soll. Kinder in diesem Alter dürfen nicht umsonst noch nicht wählen und sind im Strafrecht nur eingeschränkt mündig. Aber eine irreversible Behandlung mit noch unbekannten Langzeitfolgen soll in der Phase, in der die geistige Reifung erfolgt, möglich sein?

In Großbritannien wurde eine derartige Regelung gerade durch ein höchstrichterliches Urteil gekippt. Geklagt hatte eine junge Frau, die sich als Kind einer solchen Behandlung unterzog, weil sie sich als Junge identifiziert hatte. Nach jahrelangem Leidensweg revidierte sie ihre Entscheidung und lebt jetzt wieder, ihrem biologischen Geschlecht entsprechend, als Frau. Mit ihrer erfolgreichen Klage wollte sie anderen Kindern einen solchen Leidensweg ersparen.[34]

34 Birgit Kelle: Geschlecht frei wählbar? Neues Gender-Gesetz hätte dramatische Folgen für Frauen und Kinder, Focus.de, 6.2.2021; Julie Bindel: Keira Bell's Landmark Victory Against Hormone Blockers for Children, Spectator. co.uk, 1.12.2020.

Die Ideen der linken Parteien gehen inzwischen so weit, daß sie im Zusammenhang mit der Änderung des Transsexuellengesetzes, das von einem Selbstbestimmungsgesetz abgelöst werden soll, auch ein Verbot des sogenannten Deadnaming anstreben. Damit ist die Erwähnung des früheren Namens einer Person gemeint, die in einer neuen Geschlechtsidentität lebt. Dieses Verbot soll strafbewehrt sein.[35]

Ganz aktuell sorgte Anfang des Jahres 2022 der Fall des Bundestagsabgeordneten Markus Ganserer für Aufsehen. Herr Ganserer entschied sich vor wenigen Jahren, als Frau zu leben. Er zog Frauenkleider an und nannte sich fortan Tessa. Das wäre in der Tat nicht weiter bemerkenswert, sondern seine Privatsache, wenn er – oder eben ›sie‹ – nicht für die Partei Die Grünen als Frau für ein Bundestagsmandat kandidiert hätte. ›Sie‹ wurde aufgrund der Frauenquote auf einen aussichtsreichen Listenplatz gehievt und gelangte dadurch auch tatsächlich in den Bundestag. Nun ist es so, daß Tessa sich bis dahin keiner geschlechtsumwandelnden Operation unterzogen hatte und nach eigener Aussage auch nicht die Absicht hat, dies zu tun. Tessa hat also nach wie vor einen Penis. Tessa hat bisher auch keine Änderung ›ihres‹ Personenstandes angestrebt. ›Sie‹ ist also auch rechtlich ein Mann.[36]

Wenn es nach den linken Parteien geht – also SPD, Grüne, Linke, FDP; CDU weiß man noch nicht genau –, dann soll es verboten werden (!), den früheren Namen

35 Deadnaming, Wikipedia.de.

36 Denise: Und immer wieder die Frage nach dem Geschlecht: Wir fordern Selbstbestimmung!, equity* Göttingen, 14.2.2022.

oder das frühere Geschlecht des biologischen Mannes Tessa Ganserer auch nur zu erwähnen.[37]

Dieser Punkt ist wesentlich. Hier finden die fragwürdigen – manche sagen auch, irren – Vorstellungen linker Gesellschaftsklempner und der LSBTIAQ*-Szene (man beachte, wie dieses Akronym immer länger wird …) zu Fragen der Sexualität mit Doppeldenk, Neusprech und Ministerium für Wahrheit zusammen. Wenn dieses Gesetzesvorhaben Realität wird – und es spricht wenig dafür, daß dies nicht geschieht –, dann wird es Menschen in diesem Land künftig bei Strafe verboten sein, eine objektive Realität zu benennen! Dies ist Orwell in Reinkultur, die Vollendung eines Alptraums. Werden wir künftig gesetzlich zur Schizophrenie gezwungen?

So werden aus vier Fingern fünf.

(Anmerkung: Dieser Absatz wurde unmittelbar vor Druckbeginn im Februar 2022 noch kurzfristig in den Text aufgenommen, weil uns dieser Punkt als wesentlich erscheint bei der Frage, wie weit Deutschland auf dem Weg zu *1984* bereits vorangekommen ist.)

Welche Erklärung bietet sich an, wenn schon in Kindergärten und Schulen die ›Akzeptanz sexueller Vielfalt‹ fächerübergreifend (!) vermittelt wird? Wenn schon Kinder darüber informiert werden, was ein Darkroom ist, wie Analverkehr funktioniert und dergleichen mehr? Warum müssen Schüler sich dafür rechtfertigen, daß sie nicht homosexuell sind?

37 Judith Sevinç Basad: Pläne für Transsexuelle: Nächste Runde im Toiletten-Streit zwischen CDU und Ampel, Bild.de, 11.12.2021.

Wer glaubt, daß wir hier übertreiben oder zu Unrecht Einzelfälle verallgemeinern, der täuscht sich möglicherweise. Fragen Sie doch mal bei Gelegenheit einen Lehrer, welchem Ziel solche Unterrichtsinhalte dienen, wie sie in einer Broschüre der Gewerkschaft Erziehung und Wissenschaft (GEW) im Jahr 2013 als Unterrichtsmaterial empfohlen wurden und deren überarbeitete Ausgabe von 2017 bei Redaktionsschluß noch auf der Website des Landesverbandes Baden-Württemberg der Gewerkschaft zum Download zur Verfügung stand.

In diesem Heft wird für die Sekundarstufe I, also für die Klassen 5 bis 10, der »heterosexuelle Fragebogen«, den wir Ihnen hier einmal vorstellen möchten, als Unterrichtsmaterial empfohlen.

M9

Der heterosexuelle Fragebogen

1. Woher, glaubst du, kommt deine Heterosexualität?
2. Wann und warum hast du dich entschlossen, heterosexuell zu sein?
3. Ist es möglich, daß deine Heterosexualität nur eine Phase ist und daß du diese Phase überwinden wirst?
4. Ist es möglich, daß deine Heterosexualität von einer neurotischen Angst vor Menschen des gleichen Geschlechts kommt?
5. Wissen deine Eltern, daß du heterosexuell bist? Wissen es deine Freundinnen und Freunde? Wie haben sie reagiert?
6. Eine ungleich starke Mehrheit der Kinderbelästiger ist heterosexuell. Kannst du es verantworten, deine Kinder heterosexuellen Lehrer_innen auszusetzen?

7. Was machen Männer und Frauen denn eigentlich im Bett zusammen? Wie können sie wirklich wissen, wie sie sich gegenseitig befriedigen können, wo sie doch anatomisch so unterschiedlich sind?
8. Obwohl die Gesellschaft die Ehe so stark unterstützt, steigt [sic!] die Scheidungsraten immer mehr. Warum gibt es so wenige langjährige, stabile Beziehungen unter Heterosexuellen?
9. Laut Statistik kommen Geschlechtskrankheiten bei Lesben am wenigsten vor. Ist es daher für Frauen wirklich sinnvoll, eine heterosexuelle Lebensweise zu führen und so das Risiko von Geschlechtskrankheiten und Schwangerschaft einzugehen?
10. In Anbetracht der Übervölkerung stellt sich folgende Frage: Wie könnte die Menschheit überleben, wenn alle heterosexuell wären?
11. Es scheint sehr wenige glückliche Heterosexuelle zu geben; aber es wurden Verfahren entwickelt, die es dir möglich machen könnten, dich zu ändern, falls du es wirklich willst. **Hast du schon einmal in Betracht gezogen, eine Elektroschocktherapie zu machen?**
12. Möchtest du, daß dein Kind heterosexuell ist, obwohl du die Probleme kennst, mit denen es konfrontiert würde?[38]

[38] AK Lesbenpolitik im Vorstandsbereich Frauenpolitik der Gewerkschaft Erziehung und Wissenschaft (GEW) Baden-Württemberg: Lesbisch, schwul, trans, hetero … Lebensweisen als Thema für die Schule, Stuttgart 2017, S. 26, Hervorhebungen durch die Verfasser.

Auch die SED (jetzt: Die Linke) möchte beim Marsch in die schöne neue Genderwelt und Sexualmoral nicht zurückbleiben und brachte kürzlich im Bundestag einen Antrag ein. Mit diesem möchten die Sozialisten ein ›Recht auf Abtreibung‹ ohne irgendeine Indikation bis unmittelbar vor der Entbindung ermöglichen. Das bedeutet, daß auch eine Frau in den Wehen sich noch gegen ihr gesundes Kind entscheiden darf! Es soll Ewiggestrige geben, die eine solche Idee als legalisierten Mord bezeichnen ...

Außerdem stellt Die Linke fest, daß alle möglichen Menschen schwanger werden können, wenn auch »in der Mehrzahl Frauen«. Dazu ein Zitat aus dem genannten Antrag: »Eine solche angenommene Austragungspflicht macht gebärfähige Körper, in der überwiegenden Mehrzahl Frauenkörper, zum Objekt dieser Austragungspflicht.« Ob man bei den Antragstellerinnen und Antragstellern einer solchen Vorlage in jedem Falle von geistiger Gesundheit ausgehen kann, bleibt unklar. Es ist jedenfalls sehr empfehlenswert, sich dieses Dokument einmal im Detail anzuschauen.[39]

Kinderrechte ins Grundgesetz?

Ein weiterer wichtiger Baustein im Streben nach der Zerstörung der Familie ist die Forderung nach Kinderrechten im Grundgesetz. Diese Forderung hört sich auf den ersten Blick positiv an. Selbstverständlich – was kann man denn schon dagegen haben?

39 Antrag der Abgeordneten Cornelia Möhring, Doris Achelwilm, Gökay Akbulut, ... und der Fraktion DIE LINKE: Für das Leben – Das Recht auf körperliche und sexuelle Selbstbestimmung sichern, reproduktive Gerechtigkeit ermöglichen (Drucksache 19/26980).

Die Gegenfrage lautet: Sind Kinder keine Menschen?

Denn wenn Kinder Menschen sind, warum reichen die Menschenrechte gemäß der Allgemeinen Erklärung der Menschenrechte nicht aus? Und dazu noch die in Artikel 1 des Grundgesetzes definierte Menschenwürde, die Kinder doch mit einschließt? Warum sollte hier Nachbesserungsbedarf bestehen? Vielleicht weil es unseren Politikern weniger um das Wohl der Kinder geht als um einen umfassenden Zugriff auf ihre Erziehung und damit auch auf ihr künftiges Weltbild?

Es ist ein typisches Merkmal totalitärer Systeme, die Kinder für sich gewinnen und instrumentalisieren zu wollen. Im ›Dritten Reich‹ gab es dafür die Hitler-Jugend und den Bund Deutscher Mädel. Die DDR hatte die FDJ, die Freie Deutsche Jugend; analog gab es die Komsomolzen in der Sowjetunion. Während der sogenannten Kulturrevolution im kommunistischen China waren es die Jugendlichen, die am fanatischsten bei der Denunzierung und Drangsalierung vermeintlich unzuverlässiger (erwachsener) Volksgenossen wirkten.

Wir erkennen hier deutliche Ähnlichkeiten mit der Fridays-for-Future-Bewegung. Was meinen Sie?

Als stellvertretender SPD-Vorsitzender forderte Olaf Scholz schon im Jahre 2002, der Staat solle »die Lufthoheit über den Kinderbetten« erobern. Damals sorgte diese Äußerung noch für einige Empörung. Heutzutage ist das ganz offensichtlich nicht mehr so. Dabei ist mit den Kinder-Klima-Demos ganz offensichtlich, daß exakt dieses Ziel angestrebt und auch bereits weitgehend erreicht wird.

In diesen Kontext paßt auch das oben erwähnte Vorhaben mehrerer Ministerien, Kindern gegen den Willen der Eltern eine Geschlechtsumwandlung zu ermöglichen.

Es gibt derzeit keinerlei Regelungslücken in bezug auf das Kindeswohl, die nicht in einfachen Gesetzen geschlossen werden könnten. Ein Artikel über Kinderrechte im Grundgesetz stünde in Konkurrenz zu den Artikeln, die Ehe und Familie schützen. Und genau das scheint der Zweck der Initiative zu sein. Kinderrechte im Grundgesetz wären die rechtliche Basis für weitreichende Eingriffe des Staates in die Familie und die Erziehung der Kinder.

Mit Berufung auf so einen neuen Kinderrechte-Artikel im Grundgesetz könnten beispielsweise Kinder aus stark christlich geprägten Familien, in denen gemäß der Bibel die Sündhaftigkeit von Homosexualität vermittelt wird, ihren Eltern weggenommen werden. Ob dies in gleicher Weise auch Kinder aus muslimischen Familien betreffen wird – denn auch der Koran verurteilt Homosexualität , wird man sehen. Vermutlich eher nicht, denn in muslimischen Familien sind der Zusammenhalt (und auch der soziale Druck) und der Wille, sich gegen Übergriffe von außen zu wehren, deutlich größer.

Wer diese Überlegungen für abwegig hält, möge sich bitte diejenigen (westlichen!) Länder anschauen, in denen es solche weitgreifenden Rechte des Staates gegen die Elternrechte bereits gibt. Dies ist insbesondere in Skandinavien der Fall. Bis zu 7 Prozent aller in Norwegen lebenden Kinder wurden ihren Eltern weggenommen, oft ohne Gerichtsurteil und mitunter aus absurd nichtigen Gründen.

Müttern, die ihre Kinder stillen, werden in Norwegen feste Stillzeiten vorgeschrieben. Es kamen daher schon Eltern in Schwierigkeiten, die ihr Kind stillten, wenn es Hunger hatte, anstatt zu den vorgeschriebenen Zeiten. Einer Mutter wurde das Kind entzogen, weil sie es mit achtzehn Monaten immer noch gestillt hat.

Eine Norwegerin erhielt 2017 Asyl in Polen, weil sie die begründete Befürchtung hatte, daß ihr Kind ihr weggenommen werden würde. Polen erkannte sie und ihre Tochter als Schutzsuchende an, weil Norwegen ihre Menschenrechte verletzt habe. Dies ist bemerkenswert, denn Polen gewährt nur äußerst selten Asyl.[40]

40 Siehe auch: Norwegen und das Gesetz für Kinderrechte: Die Entmachtung der Eltern, EpochTimes.de, 2.12.2019; § 175, Wikipedia.de; Wilhelm Reich: Teil 2, Kap. 1: Die »Aufhebung der Familie«, in: Die sexuelle Revolution, Frankfurt am Main 1972; Frankfurter Schule, Wikipedia.de; Parvin Sadigh: Pädophilie-Bericht: Die Grünen sind keine Opfer des Zeitgeistes, Zeit.de, 12.11.2014; Frank Bachner: Gutachten zu »Kentler Experiment«: Mißbrauch unter staatlicher Obhut, Tagesspiegel.de, 2.12.2016; Klaus-Rüdiger Mai: Abschaffung der Familie, *Tichys Einblick* 10/2019, S. 74; Tabea Maria Hänsel: »Norwegen, gib uns unsere Kinder zurück!«, Glaube.at, 8.3.2019; Norwegen und das Gesetz für Kinderrechte: Die Entmachtung der Eltern, EpochTimes.de, 2.12.2019; Kinderrechte ins Grundgesetz, BMFSFJ.de, 15.3.2022; Maria Steuer: Neuer Kampf um die Kinderbetten-Lufthoheit, Kath.net, 11.4.2008; Alan Posener: Maos Schwimmstunde kostete 100 Millionen Opfer, Welt.de, 16.7.2016; Florian Naumann, Richard Strobl et al.: Nach »Umweltsau«-Lied im WDR: Konsequenzen von Buhrow gefordert, Merkur.de, 7.1.2020; Stuart Cameron: Homophobe Mitarbeiter müssen gekündigt werden, Bild.de, 8.9.2020.

Krieg – wer profitiert?

> Ohne die Einführung des ungedeckten Papiergeldes hätte es den Ersten Weltkrieg nicht gegeben. Mit Gold als Geld hätte man ihn nicht länger als drei Wochen führen können.
>
> Roland Baader, *Der papierene Selbstmord*

1984

In mancher Hinsicht war sie [Julia] kritischer als Winston und weit weniger anfällig für Parteipropaganda. Als er einmal in irgendeinem Zusammenhang zufällig den Krieg gegen Eurasien erwähnte, verblüffte sie ihn mit der beiläufigen Bemerkung, daß dieser Krieg ihrer Ansicht nach überhaupt nicht stattfinde. Die Raketenbomben, die täglich auf London fielen, würden vermutlich von der Regierung von Ozeanien selbst abgefeuert, bloß um die Leute in Angst und Schrecken zu halten. Dieser Gedanke war ihm buchstäblich noch nie gekommen. Und es machte ihn noch neidischer, als sie sagte, ihr Hauptproblem während des Zwei-Minuten-Haß bestehe darin, nicht laut loszulachen.

Die Lehren der Partei aber zog sie nur dann in Zweifel, wenn ihr eigenes Leben davon beeinträchtigt schien. Oft akzeptierte sie die offizielle Mythologie bereitwillig, ganz einfach deswegen, weil sie den Unterschied zwischen Wahrheit und Unwahrheit für bedeutungslos hielt. Sie glaubte zum Beispiel, weil sie es in der Schule so gelernt hatte, daß die Partei das Flugzeug erfunden habe. (Während seiner eigenen Schulzeit, Ende der 50er Jahre, so erinnerte sich Winston, hatte die Partei nur die Erfindung des Helikopters für sich beansprucht; ein Dutzend Jahre später, als Julia zur Schule ging, beanspruchte sie bereits das Flugzeug für sich; und noch eine Generation, und sie würde die Dampfmaschine für sich beanspruchen.)

Und als er ihr erzählte, Flugzeuge habe es schon vor seiner Geburt und lange vor der Revolution gegeben, da fand sie diese Tatsache absolut uninteressant. Was lag denn schon daran, wer das Flugzeug erfunden hatte? Weitaus mehr schockierte es ihn, als er durch eine zufällige Bemerkung von ihr erfuhr, daß sie sich nicht daran erinnerte, daß Ozeanien vor vier Jahren Krieg gegen Ostasien geführt und mit Eurasien im Frieden gelebt hatte. Sie hielt zwar den ganzen Krieg für faulen Zauber, aber offensichtlich hatte sie nicht einmal bemerkt, daß der Name des Feindes schon gewechselt hatte.

»Ich dachte, wir hätten immer schon gegen Eurasien Krieg geführt«, sagte sie vage.

Am sechsten Tag der Haßwoche, nach den Umzügen, den Reden, dem Geschrei, dem Gesinge, den Transparenten, den Plakaten, den Filmen, den Wachsfigurentableaus, dem Trommelgedröhn und Trompetengeschmetter, dem Stampfen der Marschkolonnen, dem Mahlen der Panzerketten, dem Donner der Flugzeugstaffeln, dem Brüllen der Geschütze – nach sechs solchen Tagen, als der allmächtige Orgasmus seinem Höhepunkt entgegenbebte und der allgemeine Haß auf

Eurasien sich in ein solches Delirium gesteigert hatte, daß die Massen, wenn ihnen die zweitausend eurasischen Gefangenen, die am letzten Tag der Prozedur öffentlich gehängt werden sollten, in die Hände gefallen wären, sie fraglos in Stücke gerissen hätten –, genau in diesem Moment also war bekanntgemacht worden, daß sich Ozeanien keineswegs im Krieg mit Eurasien befand. Ozeanien befand sich im Krieg mit Ostasien. Eurasien war ein Verbündeter.

Auch die Lösung, die Massen durch eine Drosselung der Warenproduktion in Armut zu halten, war nicht befriedigend. Dies war in großem Umfang während der Endphase des Kapitalismus, etwa zwischen 1920 und 1940, geschehen. In vielen Ländern ließ man die Wirtschaft stagnieren, Ackerland lag brach, Kapitalverschreibungen wurden nicht aufgestockt, große Bevölkerungsteile durften nicht arbeiten und wurden durch die Staatliche Wohlfahrt gerade noch am Leben gehalten. Aber auch das zog militärische Schwäche nach sich, und da die auferlegten Entbehrungen ganz offensichtlich unnötig waren, konnte die Opposition nicht ausbleiben. Das Problem war, wie man die Räder der Industrie in Schwung hielt, ohne den realen Wohlstand in der Welt zu heben. Waren mußten produziert werden, durften aber nicht zur Verteilung gelangen. Und praktisch ließ sich dies nur durch eine dauernde Kriegsführung erreichen.

Das Hauptwerk des Krieges ist Zerstörung, nicht notwendigerweise die von Menschenleben, aber die von Produkten menschlicher Arbeit.

2020

Am 25. Dezember 1979 marschierten Truppenverbände der damaligen Sowjetunion in das Nachbarland Afghanistan ein. Es war die Zeit des Kalten Krieges, als die Beziehungen der Sowjetunion zum Westen nach dem Nato-Doppelbeschluß[41] vom 12. Dezember 1979 einen neuen Tiefpunkt erreicht hatten.

Es gründeten sich in Afghanistan in dieser Zeit rund dreißig islamistische Mudschahedin-Gruppen. Mehrere dschihadistische Gruppierungen begannen einen Guerillakrieg gegen die Russen.

Etwa zwei Drittel der afghanischen Armee schlossen sich dem Widerstand gegen die Sowjets an. Die konservativen Mudschahedin erfuhren zusehends internationale Unterstützung. Am 21. März 1980 gründete sich die Islamische Einheit für die Freiheit Afghanistans als Bündnis islamistischer und monarchistischer Gruppierungen. Diese waren untereinander zerstritten und die Kooperation beschränkte sich auf die Bekämpfung der kommunistischen Herrschaft. Der Krieg wurde von beiden Seiten rücksichtslos und grausam geführt; sowohl die Sowjets und die Regierungstruppen als auch die Mudschahedin begingen Kriegsverbrechen.[42] Die USA unterstützten die dschihadistischen Widerstandsgruppen, unter anderem auch die al-Qaida des späteren Erzfeindes Osama bin Laden. Der Krieg endete mit einer Niederlage der Sowjetunion. Diese suchte nach einer Möglichkeit, sich möglichst ohne Gesichtsverlust zurückzuziehen.

41 Nato-Doppelbeschluß, Wikipedia.de.

42 Sowjetische Intervention in Afghanistan, Wikipedia.de; Hans Hielscher: Das Vietnam der Russen, Spiegel.de, 27.12.2019.

> Schließlich zogen die sowjetischen Truppen zwischen dem 15. Mai 1988 und 15. Februar 1989 endgültig ab. Afghanistan hatte über eine Million Tote zu beklagen, fünf Millionen Menschen waren wegen des Krieges aus dem Land geflohen. Auf sowjetischer Seite starben in den über neun Jahren Krieg etwa 13 000 Soldaten.«[43]

Leider endeten mit dem Abzug der Russen nicht die Leiden der afghanischen Völker (›das afghanische Volk‹ als Einheit gibt es nach verbreiteter Auffassung nicht, da das Land von etlichen Volksgruppen bewohnt ist, die teilweise extrem verfeindet sind).

Es begann ein Bürgerkrieg der verschiedenen Widerstandsgruppen gegeneinander, der zu Chaos führte und das Land praktisch unregierbar machte. In dieser Zeit traten die Taliban auf die Bühne, eine radikalislamistische Gruppierung, die von Pakistan unterstützt wurde und teilweise auch von dort aus operierte. Pakistan wiederum galt (und gilt offiziell bis heute) als Verbündeter der USA.

> Am 27. September 1996 marschierten die Taliban in Kabul ein und errichteten das Islamische Emirat Afghanistan, welches lediglich von Pakistan, Saudi-Arabien und den Vereinigten Arabischen Emiraten anerkannt wurde. [...] Die Taliban verhängten über die Gebiete unter ihrer Kontrolle ihre politische und juristische Interpretation des Islam. Frauen lebten quasi unter Hausarrest.[44]

43 Ebd.

44 Krieg in Afghanistan 2001–2021, Wikipedia.de.

Der Westen verlor im Laufe der Zeit das Interesse an dem unruhigen Land, zumal die Sowjetunion nicht zuletzt wegen der Niederlage in Afghanistan zwischenzeitlich selbst zerfallen war. Unter der Obhut der nunmehr regierenden Taliban begann Osama bin Laden einen Terrorkrieg gegen den verhaßten Westen (die »Ungläubigen«) und damit auch gegen den einstigen Verbündeten USA. Der Höhepunkt dieses Krieges gegen den Westen waren die Anschläge vom 11. September 2001 unter anderem auf das World Trade Center in New York. Diese werden Osama bin Laden bzw. seiner al-Qaida zugeschrieben.

Der damalige US-Präsident, George W. Bush, rief in der Folge den »War on Terror« (Krieg gegen den Terror)[45] aus, der mit einer Invasion von ausländischen Truppen unter Führung der USA begann. Auch die Bundeswehr ist seitdem in Afghanistan präsent. Dieser Einsatz bzw. dieser Krieg begann vor nunmehr 19 Jahren. Damit dauert der Krieg in Afghanistan bereits länger als der Erste und der Zweite Weltkrieg zusammen sowie auch schon zwei Drittel der Zeit des Dreißigjährigen Krieges. Von einem nachhaltigen Erfolg kann also keine Rede sein.

In der Regierung Bush wurde in den folgenden Jahren eine neue Militärdoktrin entwickelt. Nach dem Zerfall der Sowjetunion war den USA und der Nato der Gegner abhanden gekommen. Also suchte man sich neue Feinde. Der Politikberater und Buchautor Thomas P. M. Barnett war an der Entwicklung der neuen Doktrin maßgeblich beteiligt. Über den Weg dahin und das Ergebnis hat er ein Buch geschrieben: *The Pentagon's New Map* (2005),

[45] Krieg gegen den Terror, Wikipedia.de.

deutsch: *Der Weg in die Weltdiktatur. Krieg und Frieden im 21. Jahrhundert. Die Strategie des Pentagon* (2016). Es lohnt sich, dieses Buch zu lesen.

Der Inhalt läßt sich folgendermaßen zusammenfassen: Die von den USA dominierte Weltordnung inklusive Globalisierung, freiem Kapital-, Waren- und Menschenverkehr, ist die beste aller Welten. Daher muß das System des amerikanisch dominierten Kapitalismus möglichst weltweit durchgesetzt werden. Barnett unterteilt die Welt in zwei Sphären: diejenige, die bereits mit den USA verbündet ist, und diejenige, in der dies noch nicht der Fall ist.

Die neue Doktrin sah daher ausdrücklich vor, die Anbindung an die amerikanisch geprägte Globalisierung auch militärisch durchzusetzen. Damit ist, im Klartext, Krieg gemeint. Dies ist bemerkenswert. Denn damit wird klar, daß diese Doktrin nicht oder nicht nur als mögliche Reaktion eines Angriffs auf die USA oder die Nato geschaffen wurde, sondern zur Durchsetzung bestimmter politischer Vorstellungen in anderen Ländern.

Die USA nehmen damit also das Recht für sich in Anspruch, in entfernten Weltgegenden (überwiegend im islamischen Kulturkreis) zu bestimmen, wie dort das Gesellschafts- und Politiksystem auszusehen hat. Dies war bzw. ist die politisch-ideologische Grundlage der verschiedenen Versuche, in noch nicht angeschlossenen Ländern einen ›Regime-Change‹ durchzuführen.

Die verschiedenen Versuche lassen drei Muster erkennen: 1. ›Farbrevolutionen‹, wie zum Beispiel in einigen nordafrikanischen Staaten (Ägypten, Tunesien); 2. Einmischung in einen Bürgerkrieg (Jugoslawien, das in der Folge in mehrere Staaten zerfiel); 3. Krieg (Libyen, Syrien, Irak) oder Mischformen aus diesen drei Mustern (z. B. Ukraine).

Barnett beschäftigt sich auch mit den Gegnern dieser Doktrin. Was also sollte man machen mit Leuten, die diese Doktrin ablehnen, sie womöglich sogar aktiv bekämpfen? Er schreibt, daß er die Argumente dieser Leute zur Kenntnis nimmt, schließt aber mit dem Aufruf: »Tötet sie!« Das ist um so bemerkenswerter, als man nun wirklich nicht behaupten kann, daß die Versuche, ›moderne‹, westlich geprägte Regierungssysteme in anderen Ländern mit geheimdienstlichen Methoden oder Krieg durchzusetzen, bisher sonderlich erfolgreich gewesen wären.

Libyen ist nach der Ära des Diktators Gaddafi ein gescheiterter Staat, beherrscht von Warlords, islamistischen Milizen und Kriminellen. Über die Zahl der Opfer gibt es nur Schätzungen. Ob die Toten, die Hinterbliebenen und die Verstümmelten wohl froh sind, daß sie den Diktator dank der USA los sind?

Nicht sehr viel besser ist das Ergebnis im Irak. Der Krieg gegen den Irak wurde, wie man heute weiß, eindeutig mit Lügen und falschen Behauptungen seitens der USA begründet.

Der ›Bürgerkrieg‹ in Syrien ist weniger ein klassischer Bürgerkrieg als vielmehr ein Stellvertreterkrieg ausländischer Mächte, die ihre unterschiedlichen Interessen auf Kosten der syrischen Zivilbevölkerung durchzusetzen versuchen (USA, Rußland, Iran, Türkei u. a.). Interessanterweise gelang die (militärische) Befriedung weiter Teile des Landes durch den Eingriff Rußlands an der Seite der Truppen des syrischen (in den Medien gern als »Machthaber« bezeichneten) Präsidenten Bashar al-Assad. Rußland ist aus völkerrechtlicher Sicht dort als einziges Land legitim engagiert, denn es kam auf Einladung der syrischen Regierung. Für die Betätigungen anderer Länder in diesem Gebiet (USA, Frankreich, Türkei, in geringem Maße auch Deutschland) gibt es keinerlei rechtliche Grundlage, wie zum Beispiel einen UN-Beschluß. Dies zu erwähnen wird von unseren Mainstream-Medien gern vergessen.

So stellt sich also die Frage, warum die USA (und in weit geringerem Maße etwa auch Frankreich, wie in Mali) diese bisher stets erfolglosen Versuche von ›Demokratisierungen‹ immer wieder aufs neue starten. Sind die Politiker und Militärs der USA und der Nato einfach nur zu dumm, um aus Fehlern zu lernen? Dies wäre eine durchaus denkbare Erklärung, allerdings keine sehr beruhigende, denn diese Leute haben das Kommando über die größte Militärmacht der Welt inklusive der größten Atomstreitmacht der Welt.

Oder zeigt sich hier das Wirken des ›militärisch-industriellen Komplexes‹?

> Popularität erlangte der Begriff [militärisch-industrieller Komplex] durch den US-Präsidenten Dwight D. Eisenhower, der in seiner Abschiedsrede vom 17. Januar 1961 ausdrücklich vor den Verflechtungen und Einflüssen des militärisch-industriellen Komplexes in den USA warnte. Eisenhower, der selbst einst Generalstabschef der Armee gewesen war, sah wie [der amerikanische Soziologe Charles Wright]

> Mills den militärisch-industriellen Komplex als eine Gefahr für die demokratischen Institutionen und die Demokratie an. Durch die Einwirkung dieses Komplexes auf Arbeitsplätze und Wirtschaftskraft könne die politische Führung veranlaßt werden, Konflikte eher militärisch als politisch lösen zu wollen, und damit als verlängerter Arm der Lobby der Rüstungsindustrie agieren.[46]

Festzuhalten bleibt, daß die Kriege im Irak und in Afghanistan Billionen (!) von Dollar gekostet haben. Sie waren gigantische Ressourcenvernichtungsmaschinen – und sie sind es auch heute noch.

Ganz wie in Orwells *1984* stellt sich vor dem Hintergrund all dieser zweifelhaften Kriege die Frage, ob nicht auch in unserer heutigen Welt der Zweck von Kriegen der Krieg selbst ist.

Dabei ist fast nachrangig, ob durch den Krieg – wie bei Orwell – die Bevölkerung bewußt arm gehalten wird und damit leichter steuerbar bleiben soll. Auf der Hand liegt jedenfalls das Ziel des militärisch-industriellen Komplexes, auf diese Weise zuverlässig und möglichst zahlreich Produkte der Rüstungsindustrie zu verbrauchen. Ein quasi nicht endender Bedarf an Nachschub sichert dem militärisch-industriellen Komplex damit dauerhaft Aufträge, Umsatz, Gewinn – und schließlich auch Macht.

Was wird die Zukunft des Krieges bringen? Diese Frage hier zu erörtern würde den Rahmen bei weitem

46 Militärisch-industrieller Komplex, Wikipedia.de.

sprengen. Etliche Analysten halten eine militärische Konfrontation der USA mit der neuen Großmacht China für unausweichlich. China bedroht die Vormachtstellung der USA nicht nur im Pazifik. Und die Konstellation ›aufstrebende neue Macht fordert eine alte heraus‹ war in der Geschichte der Menschheit schon oft der Grund für verheerende Kriege. Wir sollten in dieser Richtung besonders aufmerksam bleiben.

Kapitalismus

1984

In Orwells Roman zeichnet die Partei in den Geschichtsbüchern ein sehr negatives Bild des Kapitalismus:

> Doch inmitten dieser schrecklichen Armut standen auch ein paar riesengroße, schöne Häuser, in denen reiche Männer wohnten, die nicht weniger als dreißig Dienstboten zu ihrer Verfügung hatten. Diese reichen Männer wurden Kapitalisten genannt. Es waren fette, häßliche Männer mit bösen Gesichtern. […]
>
> Die Geschichtsbücher behaupten, daß das Leben vor der Revolution ganz anders war als heute. Es herrschte die entsetzlichste Unterdrückung, Ungerechtigkeit und Armut – schlimmer als alles, was wir uns vorstellen können. […] Und gleichzeitig gab es einige wenige, nur ein paar tausend – Kapitalisten, nannte man sie –, die waren reich und mächtig. Sie besaßen alles, was man nur besitzen konnte. Sie wohnten in großen, prachtvollen Häusern mit dreißig Dienstboten, sie fuhren in Automobilen und Vierspännern spazieren, sie tranken Champagner, sie trugen Zylinder. […] Alles existierte nur für sie. Die anderen – das einfache Volk, die Arbeiter – waren ihre Sklaven. Sie konnten mit ihnen tun, was sie wollten. […] Man mußte vor ihnen die Mütze ziehen.

2020

Fast alle der großen, etablierten Medien zeichnen heute ein negatives Bild vom Kapitalismus und machen ihn für fast alle der großen Probleme der Welt verantwortlich. Überdeutlich, geradezu absurd wird das, wenn sogar für die Coronavirus-Pandemie im Frühjahr 2020 der Kapitalismus verantwortlich sein soll. So schrieb die Zeitung *Der Freitag* am 15. März 2020 in ihrer Online-Ausgabe: »Es ist nicht das Virus, das die Menschen tötet, sondern der Kapitalismus. [...] Die Pandemie ist ein Ausdruck der Krise des Kapitalismus [...]. Es ist nicht der Coronavirus, es sind nicht die Individuen, welche die Gefahr nicht ernst nehmen oder anerkennen, es sind auch nicht die Hamsterkäufer*innen, die chaotische Zustände hinterlassen und auch vor Gewalt nicht zurückschrecken. Es ist der Kapitalismus, der die Menschen tötet.«[47]

Das ist ein extremes Beispiel. Aber ähnliche Äußerungen finden sich zu fast allen relevanten gesellschaftlichen und politischen Themen. Dabei wird immer verkannt, daß meist staatliches, also de facto planwirtschaftlich-sozialistisches Handeln für die Probleme verantwortlich ist oder – wie vor allem bei der Wohnungsknappheit in Berlin – zur Lösung der Probleme eingesetzt werden soll. Denn eine Mietpreisbremse oder das Verbot privater Untervermietungen über Airbnb, wie es im Jahr 2020 in Berlin gehandhabt wird, sind eben planwirtschaftliche Eingriffe in den Markt. Diese schaden immer mehr, als sie nutzen. Bei der Mietpreisbremse sollte es eigentlich besonders offensichtlich sein, daß durch die Beschränkung

47 Elisa Nowak: Eine kapitalistische Pandemie, Freitag.de, 15.3.2020.

von Verdienstmöglichkeiten die Investitionstätigkeit von Investoren zurückgeht. Also gerade dann, wenn dringend mehr Neubauten gebraucht werden, sorgen staatliche Maßnahmen dafür, daß diese dringend nötigen Investitionen unattraktiv werden und somit ausbleiben oder nur in geringem Umfang stattfinden. Dabei wird verkannt, daß nur mit mehr Investitionen (bei lohnenden Erträgen) das Unterangebot, das allein für stark steigende Mieten verantwortlich ist, beendet werden kann.

Die Partei Die Linke sowie die Jusos und teilweise die SPD fordern immer wieder die Enteignung der Reichen und machen diese direkt oder indirekt für die Probleme verantwortlich.

Bei einer Strategiekonferenz der Linken im Frühjahr 2020 forderte eine Teilnehmerin, daß das eine Prozent der Reichen erschossen werden solle. Der Parteichef, süffisant lächelnd, korrigierte sie mit den Worten: »Wir erschießen sie nicht, wir führen sie einer produktiven Arbeit zu.« Eine Aussage, die auf die angeblich unproduktive Tätigkeit der Reichen abzielt, weil diese ja nicht selbst am Fließband arbeiten. Eine Aussage aber auch, bei der manchem – gerade vor dem Hintergrund der Linken, die lediglich eine umbenannte SED und somit mit ihr rechtsidentisch ist[48] – auch die sozialistischen Arbeitslager in den Sinn kommen.[49]

Bemerkenswert ist zudem, daß die Forderung nach Massenerschießungen im Plenum dieses Strategiekongresses keinerlei Unmut oder Widerspruch her-

48 Uwe Müller: Die Linke – Wir sind Rechtsnachfolgerin der SED, Welt.de, 29.4.2009.

49 Alan Posener: Die Linke ist ihr eigener ärgster Feind, Welt.de, 12.3.2020.

vorrief. Sollte es sich dabei um mehrheitsfähiges Gedankengut unter der Mitgliedschaft der SED respektive der Linken handeln? Das ist insofern naheliegend, als Massenmorde seit hundert Jahren für jegliche Versuche, den Sozialismus oder den Kommunismus umzusetzen, charakteristisch sind.[50]

Diese traurige Regel gilt uneingeschränkt bis heute, wie das Beispiel des sozialistischen Venezuela zeigt. Venezuela, dank seines Ölreichtums einst ein wohlhabendes Land, wurde von den linken Regierungen unter den Präsidenten Hugo Chávez und seinem Nachfolger, Nicolás Maduro, wirtschaftlich und sozial völlig zerstört. Zur Politik der sozialistischen Regierung gehören auch außergerichtliche, teilweise völlig willkürliche Hinrichtungen.[51]

Gefühlt 99 Prozent der deutschen Kabarettisten sind dezidierte Kapitalismuskritiker, allen voran die ZDF-Sendungen »Die Anstalt« und »Mann, Sieber!«.

Auf eine weitere Aufzählung von kritischen Äußerungen über den Kapitalismus sei an dieser Stelle verzichtet. Statt dessen möchten wir hier eine – für manche Leser sicher überraschende – Feststellung machen: Mit den von ihnen angesprochenen Ungerechtigkeiten und Problemen haben die Kapitalismuskritiker häufig durchaus recht. Es ist allerdings ebenso in den allermeisten Fällen falsch, ›den Kapitalismus‹ für die zu Recht kriti-

50 Stéphane Courtois, Nicolas Werth et al.: Das Schwarzbuch des Kommunismus: Unterdrückung, Verbrechen und Terror, München 1998.

51 Christoph Gurk: Venezuela: Hinrichtungen ohne Urteil, Süddeutsche.de, 5.7.2019.

sierten Mißstände verantwortlich zu machen. Denn fast immer sind der Staat und seine Gesetze, Regulierungen und Subventionierungen die Ursache. Es ist dann allenfalls noch ›der Kapitalist‹, der diese zu seinem Vorteil ausnutzt. Wobei diese Gruppe der in großem Stil profitierenden Kapitalisten eng begrenzt ist auf die wenigen Konzerne und Superreichen.

Die großen Konzerne profitieren von fast jeder neuen Regulierung. Vordergründig sehen diese oft wie eine Einschränkung aus (etwa eine verschärfte Dokumentationspflicht). Doch wirkt sich diese letztlich immer zugunsten der Konzerne aus. In den Konzernen gibt es Spezialisten und Juristen, die diese neuen Anforderungen schnell umsetzen können. Falls nötig, wird in der Zentrale dafür ein zusätzlicher Mitarbeiter eingestellt oder eine Abteilung neu eingerichtet. Die Auswirkungen auf den normalen Betriebsablauf sowie auf den Jahresgewinn sind in der Regel sehr gering. Ganz anders sieht das aber bei kleinen und mittelständischen Unternehmen aus. Diese werden durch solche zusätzlichen Regulierungen deutlich stärker belastet. Es bedeutet für sie einen vergleichsweise erheblich höheren Aufwand, sich mit den neuen Vorschriften vertraut zu machen und diese korrekt umzusetzen. Dieser Aufwand hat dann spürbaren Einfluß auf Arbeitszeitbelastung, Betriebsablauf, Kosten und damit auf den Gewinn. All das trägt dazu bei, daß einzelne Unternehmer ihren Betrieb aufgeben.

Was also ist genau passiert? Eine vermeintlich positive Regulierung (zum Schutz von Verbrauchern oder Arbeitnehmern) belastet die kleinen Unternehmen und begünstigt die großen. In der Summe führen diese

Regulierungen nach und nach zu Betriebsschließungen bei kleinen und mittelständischen Unternehmen und damit zu einer Verlagerung von Umsatz und Gewinn hin zu den Konzernen. Tendenziell fallen Arbeitsplätze von Facharbeitern und Geschäftsinhabern weg bzw. diese werden zu – im Durchschnitt geringer entlohnten – Arbeitsplätzen in den Konzernen und deren Filialen. Es erfolgt also eine Umverteilung von Arm zu Reich. Es findet eine zunehmende Konzentration bei den Konzernen statt. Der Mittelstand nimmt ab. Die Ränder – die Reichen ebenso wie die relativ Armen – wachsen. Per Saldo schadet fast jede Regulierung, und zwar vor allem denen, denen sie angeblich nützen sollte.

Wenn von linken Politikern, Medien, Kabarettisten und anderen gegen ›die Wirtschaft‹ und ›den Kapitalismus‹ gewettert wird, übersehen sie eigentlich immer, daß ›die Wirtschaft‹ und ›der Kapitalismus‹ eben weit mehr sind als eine überschaubare Anzahl großer Konzerne (deren Verhalten oftmals Anlaß zu Kritik bietet). ›Die Wirtschaft‹ beinhaltet nämlich auch die zahllosen mittelständischen Unternehmen, Handwerker, Kaufleute, Werbeagenturen, Softwareentwickler bis hin zu Kiosk- und Imbißbetreibern, die, wie gerade erläutert, bei Maßnahmen gegen ›den Kapitalismus‹ immer die primär Leidtragenden sind.

Planwirtschaft

1984

> Momentan wurde der Strom tagsüber abgestellt. Das war Teil der Sparsamkeitskampagne zur Vorbereitung der Haßwoche. […] In Winstons Rücken plapperte die Stimme aus dem Teleschirm noch immer von Roheisen und der Übererfüllung des IX. Dreijahresplans. […] Und das Ministerium für Überfülle, das für Wirtschaftsbelange zuständig war.

2020

Wir haben derzeit eine freie Marktwirtschaft, glauben die meisten. Viele sprechen sogar von Turbokapitalismus und meinen damit eine angeblich völlig ungezügelte, frei schaltende und waltende Wirtschaft. Es sollte aber eine ›soziale Marktwirtschaft‹ sein. Ludwig Erhard, der diesen Begriff in seiner Zeit als Wirtschaftsminister unmittelbar nach dem Zweiten Weltkrieg prägte, wollte ihn so verstanden wissen, daß eine (möglichst freie) Marktwirtschaft bereits aus sich selbst heraus (!) sozial ist. Daß sie also gar nicht durch staatliche Eingriffe erst sozial gemacht werden muß. Aber das ist ein Thema für sich …

Also. Formal haben wir eine freie Marktwirtschaft. Jeder, der möchte, kann sich selbständig machen und ein Unternehmen gründen. Wenn er genug Kapital hat. Wenn er das Gewerbe korrekt anmeldet. Wenn er Sozialräume und Toilettenanlagen gemäß den geltenden Vorschriften für seine Mitarbeiter eingerichtet und deren Arbeitsplätze nach den entsprechenden Arbeitsplatzschutzvorschriften gestaltet hat. Wenn er alle möglichen

Sicherheitsprüfungs- und Zertifizierungsvorschriften einhält – von der Schnullerkette über Schreibtischstühle bis zu Autos, alles muß von der jeweils zuständigen Behörde gemäß den geltenden Vorschriften überprüft und zertifiziert werden.

Trotz erheblicher bürokratischer Anforderungen gibt es – noch – sehr viele kleine und mittlere Unternehmen. Es gibt zudem ständig Neugründungen: Restaurants, Softwareentwickler, Frisöre, neue Nahrungsmittelmarken, Online-Angebote und vieles mehr. Gerade auch das Internet, die Digitalisierung, Logistikunternehmen und eine weltweite Arbeitsteilung tragen dazu bei.

Scheinbar basiert unser Wirtschaftssystem also hauptsächlich auf der Tätigkeit privater kleiner, mittlerer und großer Unternehmen und Konzerne, die am Markt in ihrem jeweiligen Segment tätig sind und sich dem freien Wettbewerb stellen. Dies ist ein wesentliches Merkmal einer kapitalistischen Wirtschaftsordnung, die angeblich für viele, wenn nicht nahezu alle Probleme verantwortlich sein soll, unter denen Deutschland und der Rest der Welt zu leiden haben (Klimawandel, soziale Ungleichheit, Hunger in der Welt etc.).

Wenn die Marktwirtschaft oder der Kapitalismus für diese Probleme verantwortlich gemacht werden, wird in der Regel übersehen, wie groß der Staatsanteil an unserer Wirtschaft bereits ist. Dieser läßt sich leicht erkennen mit einem Blick auf die Zahlen des Statistischen Bundesamtes. Hier wird ein Staatsanteil am Bruttoinlandsprodukt von 43,9 Prozent angegeben.[52] Das bedeutet, daß etwa

52 Statista: Europäische Union: Staatsquoten in den Mitgliedstaaten im Jahr 2020.

44 Prozent, bald schon die Hälfte aller wirtschaftlichen Aktivitäten, staatlich sind. Dazu zählen die unmittelbaren staatlichen Einrichtungen wie Behörden, Schulen etc. über die staatlichen Sozialversicherungen bis zur staatlichen Auftragsvergabe beispielsweise im Straßenbau. Das bedeutet aber, nur ein wenig anders formuliert, daß bei fast der Hälfte aller wirtschaftlichen Aktivitäten der Staat diese plant und über sie entscheidet. Kann das Turbokapitalismus sein? Nein. Das ist eine fast 50prozentige Planwirtschaft, in der wir heute leben. Hätten Sie das gedacht, liebe Leser? Noch höher ist der Prozentsatz, wenn man sich die Steuern eines Arbeitnehmers im mittleren Lohnbereich anschaut. Von Lohnsteuer und Sozialversicherungsabgaben über Versicherungssteuern, Kfz-Steuern, Mineralölsteuer, Sektsteuer, Kaffeesteuer, Tabaksteuer und viele, viele weitere Steuerarten bis zur Mehrwertsteuer beträgt die Gesamtbelastung eines Durchschnittsverdieners über 70 Prozent! Diese enorm hohe Steuer- und Abgabenquote erzielt der Staat fast unbemerkt durch die trickreiche Aufteilung auf eine Vielzahl von Steuerarten. Auf diese Weise fällt es nicht so auf, wie hoch die gesamte Steuerlast tatsächlich ist.

Machen wir zur Veranschaulichung die Gegenrechnung auf. Stellen Sie sich einmal folgendes vor: Ein Arbeitnehmer mit 3 500 Euro Monatsbruttogehalt hat in der Steuerklasse 1 ein Monatsnetto von ca. 2 200 Euro. Wenn nun alle Sozialabgaben wegfallen, könnte ihm der Arbeitgeber auch noch den Arbeitgeberanteil zur Sozialversicherung von etwa 700 Euro mit auszahlen. Statt 2 200 Euro netto bekäme der Arbeitnehmer dann jeden Monat den Bruttobetrag von 4 200 Euro überwiesen.

Also fast doppelt soviel wie zuvor. Sämtliche Einkäufe wären außerdem noch erheblich billiger, weil es keine Mehrwertsteuer, Mineralölsteuer etc. gibt. Großartig, oder? Aber dann kommt am Jahresende das Finanzamt und berechnet die gleiche Summe an Steuern wie vorher, jetzt aber nachträglich als Gesamtbetrag in einer Summe. »Von Ihren 50 400 Euro Jahreseinkommen (12 Monate à 4 200 Euro) berechnen wir Ihnen hiermit Steuern und Sozialbeiträge in Höhe von insgesamt 35 000 Euro. Wir ziehen diesen Betrag in den nächsten 10 Tagen von Ihrem Konto ein. Mit freundlichen Grüßen, Ihre Regierung.« Von Ihrem Verdienst von 50 400 Euro blieben Ihnen also nur 15 400 Euro. Klingt absurd? Ist es auch. Aber das ist bereits Realität. Da diese Realität aber nicht so deutlich sein soll, wurden die vielen, vielen Steuerarten erfunden. Außerdem wurden alle Unternehmer zu Steuereintreibern gemacht, weil sie diese Steuern bei ihren Kunden erheben und sie ans Finanzamt abführen müssen. Natürlich ohne daß sie für diese Arbeit, die sie dem Finanzamt damit abnehmen, entlohnt würden.

Früher standen die Bauern schon auf, weil sie den Zehnten nicht zahlen wollten. 1914 begnügte sich das ach so autoritäre Kaiserreich noch mit einer Staatsquote von 12 Prozent[53] – verglichen mit heute waren das geradezu ultraliberale Zustände.

So weit, so problematisch. Es geht aber noch weiter. Es sind ja nicht nur die hohen Beträge und Steuersätze problematisch, sondern fast noch schlimmer ist es, wenn Grundsätzliches in staatlicher Planwirtschaft

53 Gerd Habermann: Freiheit in Deutschland. Geschichte und Gegenwart, Reinbek 2020.

entschieden wird bzw. ausschließlich von staatlichen Monopolbetrieben angeboten wird oder angeboten werden darf. So entscheiden Behörden darüber, welche Art von Medizin und Therapien Ihre Krankenkasse akzeptieren darf. Sie entscheiden über die Lehrpläne, nach denen an unseren Schulen und Universitäten unterrichtet wird. Sie entscheiden darüber, ob es in Ihrer Stadt eine Oper, ein Theater oder ein Soziokulturzentrum gibt. Über die Auswahl der Intendanten entscheiden sie mittelbar auch darüber, was dort gespielt wird. Sie entscheiden über die Filmförderung, welche deutschen Kinofilme für Sie produziert werden. Mit am gravierendsten ist derzeit die Energiepolitik. Mit den Zwangsabgaben aufgrund des Gesetzes zur Förderung erneuerbarer Energien beträgt der Anteil an Steuern und Abgaben über 50 Prozent des Strompreises.[54] Das hat der Staat allein entschieden. Und er hat auch entschieden, was mit diesem Geld geschieht. Hersteller von Windkraftanlagen werden zu Milliardären. Landwirte erzielen enorme Einnahmen aus der Verpachtung von Standorten für diese Anlagen auf ihren Feldern. Die Anwohner in der Nähe der immer größer gewordenen Windanlagen, die mit Lärm, Schlagschatten und Infraschall geplagt werden, gehen dagegen leer aus. Ganz im Gegenteil: Durch einen nahegelegenen Windpark wird der Wert ihrer Häuser erheblich gemindert. Besitzer von Immobilien erzielen garantierte großzügige Renditen mit Solarzellen auf den Dächern. Es gibt viele Profiteure. Die meisten von ihnen waren

54 Wie setzt sich der Strompreis zusammen?, Bundesnetzagentur.de.

auch zuvor schon materiell gut oder sehr gut gestellt. Dagegen werden die finanziell Schwächsten von dieser Abgabe am härtesten getroffen, ohne daß sie davon irgendwelche Vorteile hätten. Auch diese Energiepolitik ist also unsozial und hat eine Umverteilung von Arm zu Reich zur Folge.

Daß es so weit kommen konnte, liegt am wirtschaftlichen Unwissen weiter Teile der Politik – und sicher nicht nur bei den linken Parteien – und an deren entsprechend zahlreichen und weitreichenden mehr oder weniger planwirtschaftlichen Entscheidungen. Das Magazin *Tichys Einblick* hat das in einem Artikel über die SPD sehr pointiert formuliert:

> Wirtschaftspolitik will die SPD-Vorsitzende [Saskia Esken] über Subventionen machen. In der DDR wurden die Lebensmittel subventioniert. Der vorgegebene Einkaufspreis für Obst und Gemüse lag spürbar über dem Verkaufspreis, was dazu führte, daß die Kleingärtner ihre Tomaten und Gurken bspw. an die Lebensmittelgeschäfte verkauften, um dann ihre Gurken und Tomaten oder die ihres Gartennachbarn in denselben Geschäften um ein Vielfaches billiger, als sie es zuvor verkauft hatten, zurückzukaufen. So funktioniert Saskia Eskens sozialistische Ökonomie in der Realität, zumindest bis der Staat Pleite ist.[55]

55 Klaus-Rüdiger Mai: Die SPD als Partei reicher Funktionäre, TichysEinblick.de, 27.2.2021.

Wer profitiert in der Planwirtschaft?

1984

Es kam selten vor, daß man einen Blick in die Wohnungen von Mitgliedern der Inneren Partei werfen oder nur in das Stadtviertel vordringen konnte, in dem sie lebten. Die ganze Atmosphäre des gewaltigen Wohnblocks, all die Pracht und Geräumigkeit, der ungewohnte Geruch von gutem Essen und gutem Tabak, die geräuschlosen, unglaublich rasch auf und ab gleitenden Lifte, die hin- und hereilenden Diener in weißen Jacken [...].

Wenn die Maschine [die Maschine an sich, im weitesten Sinne die Industrialisierung] bewußt [...] eingesetzt wurde, dann konnten Hunger, Mehrarbeit, Schmutz, Analphabetentum und Krankheit binnen weniger Generationen ausgerottet werden. [... Aber] wenn alle in der gleichen Muße und Sicherheit lebten, würde die große Masse der Menschen, die normalerweise durch die Armut verdummt sind, sich weiterbilden und selbständig zu denken lernen; und waren sie erst einmal soweit, würden sie früher oder später dahinterkommen, daß die privilegierte Minderheit keine Funktion besaß, und sie hinwegfegen. Auf lange Sicht war eine hierarchische Gesellschaft nur auf der Basis von Armut und Unwissenheit möglich. [...] Der Krieg ist ein Mittel, Materialien zu vernichten, in die Stratosphäre zu jagen oder in den Tiefen des Meeres zu versenken, die sonst dazu benutzt werden könnten, es den Massen zu bequem und sie somit auf lange Sicht zu intelligent zu machen.

> Es ist ganz bewußte Politik, sogar die favorisierten Gruppen am Rande des Existenzminimums zu halten, denn ein allgemeiner Mangelzustand steigert die Bedeutung kleiner Privilegien und vergrößert so den Unterschied zwischen den einzelnen Gruppen. [...] Gleichzeitig läßt das Bewußtsein, sich im Krieg und somit in Gefahr zu befinden, es als die natürliche, unvermeidbare Überlebensbedingung erscheinen, alle Macht einer kleinen Kaste zu übertragen.

2020

In diesem Bereich gibt es derzeit noch größere Unterschiede zur Darstellung in Orwells Roman, obwohl auch hier schon Parallelen erkennbar sind. Die Unterschiede zwischen Reichen und Armen sind groß. Und sie werden immer größer. Mit Regelmäßigkeit wird darüber in den Medien berichtet.

Warum ist das so? Niedrige Löhne sind die Folge eines Überangebots an Arbeitskräften bzw. eines mangelnden Angebots an Arbeitsplätzen. Warum also gibt es so wenige Arbeitsplätze vor allem für Menschen mit geringem Ausbildungsniveau? Die eine Ursache ist die Verlagerung von Arbeitsplatzen ins Ausland, wo die Lohnsätze noch niedriger sind. Die andere Ursache ist die Rationalisierung, durch die Arbeitsplätze wegfallen. Die Entwicklung einer neuen Maschine und die Investition in eine solche ist aber um so lohnender, je höher die Ersparnis an Lohnkosten dadurch ist. Diese Ersparnis wird daher um so größer, je höher die Lohnnebenkosten sind. Hohe Lohnnebenkosten – und damit mittelbar auch hohe soziale Standards – sind für

Unternehmen also hohe Anreize, Arbeitsplätze durch Rationalisierung oder Verlagerung ins Ausland abzubauen. Hohe soziale Standards nutzen somit den weniger vermögenden Menschen nur dann, wenn sie selbst noch einen Arbeitsplatz haben. Sie schaden ihnen dagegen, weil ebendadurch die Zahl der Arbeitsplätze langfristig sinkt. Wenn dann eine sinkende Zahl von Arbeitsplätzen auf eine gleichbleibende oder – u. a. durch Migration – steigende Zahl von Arbeitssuchenden trifft, müssen (!) die Löhne zwangsläufig sinken.

Das ist für die Betroffenen bitter. Und es ist natürlich zu beklagen. Die entscheidende Frage ist aber: Wie läßt sich das erfolgreich ändern? Auch hier ist es so, daß staatliche Eingriffe in den Markt allenfalls kurzfristig – vielleicht bis zur nächsten Wahl – positive Effekte haben können. Mittel- und langfristig sind die Ergebnisse aber immer negativ. Im August 2014 wurde der Mindestlohn eingeführt. Bereits wenig später mußten die ersten Betriebe deshalb Insolvenz anmelden, wie etwa ein traditionsreicher Hersteller von Nußknackerfiguren.[56] 120 Mitarbeiter verloren ihre Arbeitsplätze. Der Zusammenhang ist einfach und logisch. Bei Herstellung in Handarbeit machen die Löhne einen relativ hohen Anteil der Kosten aus. Durch den Mindestlohn sind die Lohnkosten für das Unternehmen deutlich gestiegen, die Produktion wurde erheblich teurer. Also mußten die Verkaufspreise entsprechend erhöht werden. Zu diesen Preisen ist aber der Absatz stark eingebrochen. Entweder weil die Kunden zu den Preisen nicht mehr kaufen wollten oder vielleicht

56 Nußknacker-Hersteller meldet Insolvenz an, FAZ.net, 11.10.2015.

auch weil dann der Unterschied zu Plagiatsherstellern aus Billiglohnländern so groß wurde, daß Kunden nun eher dort kauften. Fazit: Für die Arbeitnehmer, die ihren Job behalten haben, ist der Mindestlohn ein Gewinn. Für andere, die ihre Anstellungen deswegen verloren haben, ist er ein Verlust.

Wer profitiert also? Es profitieren die politischen Parteien sowie die ihnen nahestehenden Organisationen wie Wohlfahrtsverbände, Gewerkschaften und NGOs, die sich – angeblich – für das Soziale einsetzen. Sie haben nun mit ihren noch stärker in den Markt eingreifenden Forderungen weitere potentielle Wähler gewonnen. Und auch diese werden wieder ähnliche Wirkungen haben. Im Endeffekt geht es den Betroffenen, den ›sozial Schwachen‹, dadurch nie besser. Vielmehr wird ihre Situation immer schwieriger. Immer mehr werden arbeitslos oder brauchen aufgrund sinkender Realeinkommen mehrere Jobs, um über die Runden zu kommen. Damit sind sie dann abhängig vom Staat und von den Politikern, die über ihre Sozialleistungen befinden. Diese Politiker dagegen profitieren. Ihre Diäten sind weiter höchst komfortabel und vor allem sicher. Die Zahl der Menschen, die ihnen ihre Politik von angeblichen sozialen Vorteilen und Gerechtigkeit abkaufen, steigt.

Seit Jahrzehnten singen die Parteien, Gewerkschaften und Wohlfahrtsverbände wie der Deutsche Paritätische Wohlfahrtsverband das Lied von der sozialen Ungerechtigkeit, die – angeblich oder tatsächlich – immer größer werde. (Daß es Probleme gibt, soll hier nicht bestritten werden, es geht hier um einen anderen Aspekt).

Es sind eben die gleichen Akteure, die dieses Thema seit Jahrzehnten bearbeiten, die viele, viele Vorschläge gemacht, Gesetze und Verordnungen erlassen und viele, viele Milliarden Mark und später Euro zur Verbesserung der Lage ausgegeben haben. All diese Milliarden waren und sind Steuergelder, die zu großen Teilen auch von denen erwirtschaftet wurden, denen man später damit zu helfen vorgibt. – Finde den Fehler.

Noch vor 30 oder 35 Jahren konnte ein alleinverdienender Handwerksgeselle mit seinem Einkommen eine Durchschnittsfamilie aus Vater, Mutter und zwei Kindern ernähren. Meist reichte es sogar für ein Auto der unteren Mittelklasse (notfalls gebraucht) und einen Urlaub an der Nordsee oder im Harz einmal im Jahr.

Und heute? Heute ist das vollkommen undenkbar. Vielmehr befindet sich eine Familie mit nur einem Verdiener in einer normalen Einkommensklasse (Handwerksgeselle, Friseur, Reinigungskraft) am Rande der Armutsgrenze. Aber dafür gibt es ja den Staat, der mit Kinder- und Wohngeld aushilft. Wie großzügig, nicht wahr?

Es braucht also gar keinen Krieg, um diese Effekte zu erreichen, die die Armen arm und die Politiker an der Macht halten, obwohl ihre Entscheidungen die Situation der Armen langfristig nur verschlechtern. Trotzdem tragen gerade auch die hohen Kosten für das Militär, die in Deutschland durch die zunehmenden Auslandseinsätze der Bundeswehr in den letzten Jahren gestiegen sind, dazu bei (von den zig Millionen für zweifelhafte ›Berater‹ ganz zu schweigen). Die Ausgaben für die Bundeswehr erhöhen die Staatsausgaben und damit auch die Staatsschulden. Beides zahlen eben auch die Ärmsten wegen all der verschiedenen Steuerarten, wenn sie einkaufen gehen, und über die Inflation – eine Folge der enormen Verschuldung –, die Ärmere durch steigende Preise immer stärker belastet als Reiche.

Sozialismus

1984

Diese neuen Bewegungen erwuchsen natürlich aus den alten und waren bestrebt, deren Namen beizubehalten und ihren Ideologien Lippenbekenntnisse zu zollen. Doch sie alle hatten zum **Ziel, den Fortschritt anzuhalten und die Geschichte in einem ganz bestimmten Moment einzufrieren**.

Die neue Aristokratie bestand in der Hauptsache aus Bürokraten, Wissenschaftlern, Technikern, Gewerkschaftsfunktionären, Propagandaspezialisten, Soziologen, Lehrern, Journalisten und Berufspolitikern. Diese Leute [...] waren durch die sterile Welt der Monopolindustrie und zentralistischen Regierung geprägt und zusammengeführt worden. Verglichen mit ihren Pendants aus früheren Zeiten waren sie weniger habgierig, weniger luxusversessen, hungriger nach schierer Macht und vor allem in ihren Handlungen bewußter und mehr darauf aus, die Opposition zu vernichten. Dies war ein grundlegender Unterschied. Im Vergleich mit der heute herrschenden Tyrannei waren alle früheren halbherzig und uneffektiv. Die herrschenden Gruppen **krankten zu einem gewissen Grad immer an liberalen Ideen** und waren bereit, überall Hintertürchen offenzulassen, sich nur um die ersichtliche Tat zu kümmern und nicht darum, was ihre Untertanen dachten. An modernen Maßstäben gemessen, war sogar die katholische Kirche des Mittelalters tolerant. Das lag zum Teil daran, **daß in der Vergangenheit keine**

Regierung die Möglichkeit hatte, ihre Bürger ständig zu überwachen. Die Erfindung der Druckerpresse jedoch erleichterte die Manipulation der öffentlichen Meinung, und Film und Rundfunk trieben den Prozeß noch weiter voran. Mit der Entwicklung des Fernsehens und durch dessen technische Weiterentwicklung, die es ermöglichte, mit demselben Gerät gleichzeitig zu empfangen und zu senden, war jegliches Privatleben zu Ende. Jeder Bürger, oder zumindest jeder, der wichtig genug war, um beobachtet zu werden, konnte vierundzwanzig Stunden am Tag den Augen der Polizei und der offiziellen Propagandasendungen ausgeliefert werden, wobei ihm alle anderen Kommunikationskanäle versperrt blieben. Damit bestand zum ersten Mal die Möglichkeit, allen Untertanen nicht nur den absoluten Gehorsam gegenüber dem Willen des Staates, sondern auch die absolute Einheitsmeinung aufzuzwingen.

Man hatte schon lange erkannt, daß es für die Oligarchie nur eine sichere Basis gab: den **Kollektivismus**. Wohlstand und Privilegien lassen sich am leichtesten verteidigen, wenn sie Gemeinschaftsbesitz sind. Die sogenannte ›Abschaffung des Privateigentums‹, die um die Jahrhundertmitte erfolgte, bedeutete praktisch die Konzentration des Eigentums in noch weniger Händen als vorher, aber mit dem Unterschied, daß die neuen Besitzer eine Gruppe statt einer Menge einzelner waren. Dem Parteimitglied als Individuum gehört nichts außer seiner unbedeutenden persönlichen Habe. Kollektiv gehört der Partei alles in Ozeanien, denn sie kontrolliert alles und verfügt über die Produkte nach Gutdünken.

Vom Standpunkt unserer gegenwärtigen Machthaber aus besteht daher die einzig wirkliche Gefahr in der **Abspaltung einer neuen Gruppe fähiger, nicht ausgelasteter, machthungriger Personen und im wachsenden Liberalismus und Skeptizismus** in ihren eigenen Reihen. Das Problem ist somit erzieherischer Natur. Es besteht in der dauernden Bewußtseinsformung sowohl der leitenden Gruppe als auch der unmittelbar unter ihr stehenden größeren exekutiven Gruppe. Das Bewußtsein der Massen muß nur in negativer Weise beeinflußt werden.

[…] die Administratoren eines Gebiets rekrutieren sich immer aus den Einwohnern dieses Gebiets. **In keinem Teil Ozeaniens haben die Einwohner das Gefühl, eine von einer fernen Hauptstadt aus regierte Kolonialbevölkerung zu sein**. Ozeanien hat keine Hauptstadt, und sein nominelles Oberhaupt ist eine Person, deren Aufenthaltsort keiner kennt.

Eine herrschende Gruppe bleibt so lange eine herrschende Gruppe, wie sie ihre Nachfolger nominieren kann. Der Partei geht es nicht darum, ihr Blut, sondern sich selbst zu erhalten.

2020

Der Sozialismus hat viele Facetten bzw. viele negative Folgen. Die meisten der in bezug auf Orwells Ozeanien dargestellten Aspekte können wir im Deutschland und Europa des Jahres 2020 ebenfalls beobachten.

Die Partei des Großen Bruders möchte den Fortschritt in einem bestimmten Moment der Geschichte anhalten und einfrieren, um die weitere Entwicklung, die für die Bürger von Vorteil, für die Partei aber von Nachteil wäre, zu verhindern. In diesem Zusammenhang erscheint die seit 2019 mobilisierte Bewegung der Fridays-for-Future-Demonstranten. Die technische Entwicklung geht immer weiter. Seit Jahrzehnten wird die Technik immer besser, einfallsreicher, vor allem aber auch effizienter und damit umweltfreundlicher. Die acht Liter Benzin auf 100 Kilometer, mit denen sich heute große Fahrzeuge mit Airbags, Klimaanlage, viel Platz, hohen Geschwindigkeiten und einer sehr sicheren Karosserie betreiben lassen, brauchten noch in den achtziger Jahren Kleinwagen wie ein VW Polo oder ein Ford Fiesta – ohne Klimaanlage, elektrische Fensterheber, Airbags oder Tempo 180. Die Erfindung des USB-Sticks und mittlerweile der SSD-Festplatten spart zig Tonnen Papier bzw. Rohmaterial zur Herstellung von CD ROMs und DVDs. E-Mail und Internet – auch wenn die Server alle zusammen weltweit einen enormen Stromverbrauch haben – sparen tonnenweise Faxpapier, Post und damit Treibstoffe, die beim Transport der Post sonst anfallen würden. Diese Entwicklung – und damit auch das Wirtschaftswachstum – kann potentiell unendlich weitergehen. Ja, unendlich – auf einem endlichen Planeten mit endlichen Rohstoffen. Aus zwei Gründen: Zum einen sind Rohstoffe größtenteils Kreislaufprozesse, auch wenn mancher Müllabbau – heute noch – sehr lange dauert. Zum anderen aber ist das Wachstum zunehmend ein qualitatives Wachstum, durch das weniger Rohstoffe und Energie verbraucht werden.

Die Entwicklung führt also seit Jahrzehnten zu immer besseren und effizienteren Produkten und Produktionsweisen. Und nun wollen einige die Entwicklung auf dem derzeitigen Niveau einfrieren. Welche neuen, effizienteren und mithin umweltfreundlicheren Technologien damit alles verhindert werden bzw. verhindert werden würden, ist kaum auszudenken. Die Ansicht, daß wir ausgerechnet hier und heute das in der Relation von Technik bzw. Energie zu Umweltbelastung überhaupt erreichbare optimale Verhältnis erreicht haben sollen, ist schon reichlich naiv.

Die Wirtschaft ist im Laufe der Jahre zunehmend unfrei geworden. Sie wird durch zahllose Vorschriften und Regulierungen gegängelt, die sowohl Sicherheitsaspekte, Arbeitsschutz bzw. Arbeitnehmerschutz als auch ökologische Aspekte betreffen. Dadurch haben wir bei uns eine Situation, die der von Orwell skizzierten erschreckend ähnelt: Bürokraten, Gewerkschaftsfunktionäre, Soziologen, Politikwissenschaftler, Lehrer, Journalisten, Berufspolitiker sowie Wissenschaftler, Technokraten und Propagandaspezialisten in den Behörden sind diejenigen, die die Richtung bestimmen. Selten ist der freie und kreative Unternehmer geworden, der Dinge erfindet, ausprobiert, vieles verwirft und manches erfolgreich auf den Markt bringt. Verglichen mit dem einfachen Arbeitnehmer sind diese Bürokraten und Funktionäre alle materiell recht gutgestellt. Verglichen mit erfolgreichen Unternehmern ist ihre Situation allerdings eher bescheiden. Aber das scheint sie nicht zu stören. Sie erfreuen sich an ihrem bescheidenen Wohlstand. Und sehr viele scheinen ihre Macht und

Entscheidungsbefugnisse zu genießen. Bill Gates von Microsoft oder Jeff Bezos von Amazon haben keinerlei Macht über Sie, liebe Leser. Jedenfalls höchstens so viel Macht, wie Sie ihnen freiwillig geben, indem Sie deren Produkte und Dienstleistungen nutzen. Sie können das aber jederzeit einstellen: einkaufen bei lokalen Händlern oder kleineren Online-Shops, den Computer mit Linux und LibreOffice statt mit Windows und Microsoft Office betreiben oder ähnliches. Macht über Sie hat aber jeder Beamte, TÜV-Angestellte usw., dessen Stempel und Genehmigungen Sie brauchen.

All das zu Ende gedacht, bietet keine schöne Perspektive. Die Schriftstellerin Ayn Rand hat es folgendermaßen formuliert:

> Wenn Sie sehen, daß Handelsgeschäfte nicht mehr durch gegenseitiges Einverständnis, sondern durch Zwang zustande kommen; wenn Sie sehen, daß Sie, um etwas produzieren zu können, die Erlaubnis jener einholen müssen, die nichts produzieren; wenn Sie sehen, daß das Geld jenen zufließt, die nicht mit Waren, sondern mit Gefälligkeiten handeln; wenn Sie sehen, daß Menschen durch Betrug und Beziehungen anstatt durch Arbeit reich werden und ihre Gesetze Sie nicht vor ihnen schützen, sondern umgekehrt; wenn Sie sehen, daß Korruption belohnt und Ehrlichkeit zur Selbstaufopferung wird – dann wissen Sie, daß Ihre Gesellschaft verloren ist.«[57]

[57] Ayn Rand: Der Streik, München 2012, S. 456 (aktuelle Neuausgabe: Der freie Mensch, Müncheberg 2021).

Orwell beschreibt weiter, daß liberale Ideen bei früheren Versuchen die Möglichkeiten der Herrscher begrenzten. Liberale Ideen finden sich in der Politik von *1984* nicht. Wie sieht es bei uns aus? Gibt es überhaupt echte liberale Strömungen? Prädestiniert dafür wäre eigentlich die FDP. Aber auch sie unterstützt die umverteilende EEG-Energiepolitik, zunehmende umverteilende Eingriffe des (Sozial-)Staates oder die massiven Eingriffe in die verfassungsmäßig garantierten Freiheitsrechte im Kampf gegen ein Virus. Die wirklich Freiheitlichen sind nur eine verschwindend kleine Minderheit, teilweise versammelt in der Kleinstpartei Partei der Vernunft. Zu weiten Teilen aber lehnen sie Politik und staatliches Handeln ab, beteiligen sich daher weder an Wahlen noch an Parteien.

Bemerkenswert in diesem Zusammenhang sind einige deutliche liberale, teilweise sogar libertäre Stimmen in der AfD, wenngleich sie dort offensichtlich keine Mehrheit bilden. So sprach Beatrix von Storch die Regierungsparteien CDU und SPD in einer Bundestagsrede vermehrt mit »Genossinnen und Genossen« an, um deren sozialistische Politik zu brandmarken. Ein weiteres Beispiel ist Peter Boehringer, der als Vorsitzender des Haushaltsausschusses des Bundestages immer wieder auf die mittel- und langfristigen Folgen der Ausgabenpolitik von CDU und SPD hinweist, die allesamt höchst gefährlich und tendenziell unsozial sind.

Orwell spricht von der enormen Macht des Fernsehens, durch das die Bürger sowohl manipuliert als auch kontrolliert werden. Dabei hat er die technischen Möglichkeiten unserer Zeit noch nicht einmal ansatzweise erahnt. Die »offiziellen«, allgemein als zuverlässig und seriös anerkannten (indem sie sich untereinander gegenseitig immer wieder dessen versichern) Medien, sind zwar nicht wie bei Orwell unter unmittelbarer staatlicher Kontrolle. Aber die heutige Regierung hat doch mittelbar ganz erheblichen Einfluß auf sämtliche dieser Mainstream-Medien. Der eine Teil dieser Medien ist als öffentlich-rechtlicher Rundfunk direkt staatlich. Der andere Teil ist – einer überwältigenden Vielzahl von unterschiedlichen Publikationen zum Trotz – letztlich im Besitz von nur einer Handvoll Personen, die eine besondere Nähe zur Regierung haben. So erklärt es sich, daß die Tendenz der Berichterstattung von *FAZ* bis *Bild*-Zeitung und von ZDF bis zu RTL Zwei immer gleich ist.

Die Bundesregierung macht sich diese Einflußmöglichkeiten auch ganz offen zunutze. Kritische Stimmen bezeichnen die ›Nudging‹ genannte Methode als eine Art manipulativer Beeinflussung der Bürger. Die Bundesregierung selbst nennt es freundlich »wirksam regieren«. Dazu gibt es Mitarbeiter mit »hervorragenden psychologischen, soziologischen und verhaltenswissenschaftlichen Kenntnissen«, direkt beim Bundeskanzleramt angestellt, um die Politik von Bundeskanzlerin Merkel besser und überzeugender an die Bürger zu vermitteln. »Der Staat nutzt dabei Erkenntnisse aus der Verhaltensökonomie, baut in Gesetze kleine Kniffe ein und bringt Bürger über kleine ›Stupser‹ dazu, sich besser zu verhalten: Energie zu sparen, fürs Alter vorzusorgen oder sich gesünder zu ernähren.«, schreibt dazu die Zeitung *Die Welt*.[58]

58 Jan Dams, Anja Ettel et al.: Merkel will die Deutschen durch Nudging erziehen, Welt.de, 12.3.2015.

Durch Smartphones sowie durch die Internetnutzung lassen sich die Bürger weitreichend kontrollieren. Allerdings befinden sich diese Daten in der Hand privater Unternehmen wie Google, Facebook, Apple und anderen. Wie sich ebenfalls im Zuge der Corona-Maßnahmen im Jahr 2020 gezeigt hat, hat aber die Merkel-Regierung ein enormes Interesse am Zugriff auf diese Daten. So wurden mehrfach die Bewegungsprofile der Handybesitzer anonym ausgewertet.[59] An der Legalität dieser Maßnahme gibt es Zweifel. Trotzdem gab es in der Folge unmittelbar Aktivitäten aus dem Gesundheitsministerium, sämtliche Bewegungen über Tracking-Apps auf Handys zu erfassen – natürlich nur zum Schutz der Bürger.[60] Diskutiert wurde dabei allenfalls die Frage, ob eine solche App verpflichtend sein oder nur auf freiwilliger Basis installiert werden sollte.

Eine Bedrohung der immer weiter reichenden Macht und Befugnisse der Regierenden sah Orwell nur in der Bildung einer neuen Gruppe fähiger und ebenfalls machthungriger Personen mit liberalen Haltungen und einer Skepsis gegenüber der herrschenden Partei, die sich aus ihr abspalten könnte. Um die Bildung einer solchen Gruppe zu verhindern, setzt »die Partei« in *1984* auf erzieherische Maßnahmen – also auf Nudging, wie es heute angewandt wird.

Mit dieser Beschreibung liefert Orwell eine ziemlich exakte Parallele zur Gründung der Partei Alternative

59 Angst vor dem Virus: So viel weniger sind die Deutschen jetzt unterwegs, Bild.de, 21.3.2020.

60 Corona-App beim Handy-Update? JU-Chef Kuban für Widerspruchslösung, n-tv.de, 12.4.2020.

für Deutschland. Diese wurde von Mitgliedern der herrschenden Partei mit konservativen oder liberalen Haltungen gegründet (ihre Gründungsväter waren mehrheitlich ehemalige CDU-Politiker), die sich durch eine enorme Skepsis gegenüber der herrschenden Politik auszeichnen sowie durch den Willen, selbst an die Macht zu kommen, um die Politik in ihrem Sinne zu verändern.

Ein wichtiger Aspekt unter der Überschrift »Sozialismus« ist auch die Europäische Union. Diese zeichnet sich seit Beginn durch europäische Vereinheitlichungen und Umverteilungen aus. In den letzten Jahren, vor allem durch die Einführung des Euro, hat sich diese Tendenz enorm beschleunigt. Mittlerweile wird von Vergemeinschaftung der Staatsschulden (Eurobonds) gesprochen, obwohl dies in den Verträgen zum Euro ausgeschlossen wurde. Nachdem es trotz intensiven Bemühens bisher nicht gelungen war, haben die Entscheider in Brüssel im Sommer 2020 das Coronavirus genutzt, um »Corona-Bonds«, die aber de facto Eurobonds sind, einzuführen. Es gibt außerdem Überlegungen zu europäischen Arbeitslosen- und Sozialversicherungen. Schließlich hat sich im Laufe der Jahre immer mehr Macht bei der EU-Kommission gebündelt. Etwa 80 Prozent der vom Bundestag beschlossenen Gesetze sind mittlerweile nur noch nationale Umsetzungen von im EU-Parlament beschlossenen Richtlinien. In einer sehr kritischen Betrachtung der Funktionsweise der EU hat der ehemalige Bundespräsident und Verfassungsrichter Roman Herzog darauf hingewiesen.[61]

61 Roman Herzog und Lüder Gerken: Europa entmachtet uns und unsere Vertreter, Welt.de, 17.2.2007.

Damit verfährt die EU ganz ähnlich wie die von Orwell in *1984* beschriebene Partei. Die herrschenden Personen in Brüssel konzentrieren fast alle Macht in ihren Händen. Sie überlassen die Ausführung aber den jeweiligen Nationalstaaten. So haben die Bürger in den unterschiedlichen Ländern nicht den Eindruck, daß sie vorwiegend aus Brüssel regiert werden.

Es gibt zahlreiche Beispiele für sozialistische bzw. planwirtschaftliche Aktivitäten des Staates und dafür, wohin diese führen. Hier sollen nur drei genannt werden:

Erstens: der Berliner Flughafen. Dieser wurde von Anfang an unter der Aufsicht und dem Einfluß von Politikern geplant und gebaut und im Herbst 2020 nach vierzehn Jahren Bauzeit – davon zehn Jahre Verzögerung – fertiggestellt. Der lange Jahre unter anderem im Aufsichtsrat verantwortliche ehemalige Berliner Bürgermeister Wowereit hatte aber meist gute Laune. Das ist kein Wunder, schließlich hat er dadurch keinerlei persönliche Konsequenzen zu befürchten und genießt seine Pension.

Zweitens, ebenfalls ein Berliner Beispiel: die dortigen Regelungen zur Mietpreisbremse und Regulierung des Wohnungsmarktes. Diese werden nicht zu einer nachhaltigen Verbesserung der Wohnsituation der Berliner Bevölkerung führen. Ganz im Gegenteil. Wer in die Zukunft blicken möchte, kann dies ganz einfach tun, indem er in die Vergangenheit schaut und sich mit der Wohnungspolitik und dem Zustand der Bausubstanz in der DDR bis 1990 beschäftigt. Junge Menschen, die die DDR nicht mehr aus eigener

Anschauung kennen, mögen sich die Bausubstanz auf Kuba anschauen.[62]

Drittens: die Bundeswehr. Armeen sind immer planwirtschaftlich organisiert, da ausschließlich Staaten als Nachfrager von organisiertem Militär mit teurem und schwerem Gerät auftreten. (Natürlich gibt es zum Beispiel auch Drogenkartelle, die mit leichten Kriegswaffen wie Maschinengewehren, Panzerfäusten oder kleinen Flugzeugen operieren, aber selbst die unterhalten keine Panzerverbände oder Bomberflotten.)

Dies führte unter anderem seit je zu einer Nähe von Waffenbeschaffungsprogrammen und Korruption. So ist es in vielen, möglicherweise in allen Armeen der Welt, nicht nur bei uns. Das erklärt sich daraus, daß die Zahl der Kunden bzw. Nachfrager etwa nach modernen Kampfflugzeugen eben sehr begrenzt (maximal die Zahl der Staaten auf der Erde, also ca. 190) und gleichzeitig ein Auftrag für das betreffende Rüstungsunternehmen sehr oft ein Milliardendeal ist.

Unsere Politiker geben Jahr für Jahr ca. 40 Milliarden Euro für die Bundeswehr aus. Was bekommen die Bürger dafür? Wäre die Bundeswehr überhaupt in der Lage, ihren verfassungsmäßigen Auftrag (!) der Landesverteidigung zu erfüllen? Daß sie das nicht ist, geben die Politikerinnen sogar selbst zu (hier ist ausdrücklich von Politikerinnen die Rede, weil sowohl die Bundeskanzlerin als auch die beiden letzten Verteidigungsministerinnen Frauen sind bzw. wa-

62 Hubertus Knabe: Auferstanden in Ruinen. Mietendeckel damals und heute, Die Achse des Guten, 24.6.2019; Wohnungsbau in Berlin: Die ersten Genossenschaften springen wegen Mietendeckel ab, TichysEinblick.de, 15.11.2019.

ren. Zuzugeben ist allerdings, daß sich der derzeitige Zustand der Armee bereits seit 1990, also seit dem Ende des Kalten Krieges, zum Negativen entwickelt hat).

Wir haben eine Flotte von Eurofightern, die aus Mangel an Ersatzteilen meist am Boden bleiben muß. Das macht aber auch nichts, da die verfügbaren Waffensysteme (Luft-Luft-Raketen zur Abwehr feindlicher Flugzeuge) sowieso nur für einen einzigen Einsatz reichen würden.

Wir haben eine U-Boot-Flotte – sechs eigentlich moderne, mit Wasserstoffbrennzellen angetriebene Boote, die wochenlang auf Tauchstation bleiben könnten –, die zeitweilig sämtlich nicht einsatzfähig war.

Wir haben Hubschrauber mit Piloten, die zeitweilig zivile Hubschrauber anmieten mußten, um überhaupt auf die erforderliche Mindestanzahl von Flugstunden pro Jahr zu kommen, da die eigentlichen Maschinen der Luftwaffe defekt oder nicht flugtauglich waren.

Wir haben eine Panzertruppe, die von einstmals mehreren tausend Panzern zu Zeiten des Kalten Krieges auf weniger als 300 zusammengeschrumpft wurde. Leider sind diese wenigen aber auch oft nicht einsatzfähig, wieder aus Mangel an Ersatzteilen.[63]

Die Liste ließe sich fortsetzen. So sieht es aus, wenn Politiker von heute das Sagen haben. Gewiß, in Deutschland ist es besonders schlimm, aber ähnliche Tendenzen hinsichtlich Inkompetenz und Korruption gibt es auch in anderen Ländern. (Siehe hierzu auch die Gedanken zum Krieg als Geld- bzw. Wohlstandsvernichtungsmaschine im Kapitel »Krieg«.)

63 Von wegen allzeit bereit, Handelsblatt.com, 9.12.2017.

Staatlicher Rundfunk

> Jeder, der einmal zur Verteidigung unpopulärer Ziele geschrieben hat oder Zeuge von Ereignissen gewesen ist, die zu Meinungsverschiedenheiten führen können, kennt die furchtbare Versuchung, Tatsachen zu entstellen oder zu unterschlagen, nur weil eine ehrliche Aussage Enthüllungen enthielte, die von skrupellosen Gegnern verwendet werden können.
>
> George Orwell, »Wahrheit«

1984

In der Wohnung verlas eine sonore Stimme eine Zahlenstatistik, bei der es irgendwie um die Roheisenproduktion ging. Die Stimme kam aus einer länglich-rechteckigen Metallplatte, die wie ein blinder Spiegel in die Wand zur Rechten eingelassen war. Winston drehte an einem Knopf, und die Stimme klang gedämpfter, blieb aber dennoch verständlich. Man konnte das Gerät (den sogenannten Teleschirm) zwar leiser stellen, aber ganz ausschalten ließ es sich nicht.

Der Teleschirm war Sende- und Empfangsgerät zugleich. Jedes von Winston verursachte Geräusch, das über ein gedämpftes Flüstern hinausging, würde registriert werden; außerdem konnte er, solange er in dem von der Metallplatte kontrollierten Sichtfeld blieb, ebenso gut gesehen wie gehört werden. Man konnte natürlich nie wissen, ob man im Augenblick gerade beobachtet wurde oder nicht. Wie oft oder nach welchem System sich die Gedankenpolizei in jede Privatleitung einschaltete, darüber ließ sich bloß spekulieren. Es war sogar denkbar, daß sie ständig alle beobachtete. Sie konnte sich jedenfalls jederzeit in jede Leitung einschalten.

2020

Wann immer über *1984* gesprochen und geschrieben wird, kommt die Rede auf den Überwachungsstaat. Die in *1984* geschilderten Teleschirme sind einerseits ein Instrument der Überwachung und somit vergleichbar mit einer Überwachungskamera. Gleichzeitig sind sie aber auch Empfangsgerät für ein Fernsehprogramm, mit dem die Menschen zwangsweise berieselt werden. Zwangsweise insofern, als sich die Teleschirme nicht abstellen lassen. Das Programm verfolgt das Ziel, die Menschen ›auf Linie‹ zu halten und sie zu einem Leben und Denken im Sinne der offiziellen Ideologie zu erziehen. Dabei lassen die Geräte die Menschen in keiner Lebenssituation allein. Sie ›betreuen‹ sie rund um die Uhr, ›betreuen‹ also das Denken.

»Die größte gebührenfinanzierte Anstalt des Landes begreift sich als weltanschauliche Orientierungsmaschine, die dem Publikum die Teilnahme am gesellschaftlichen Leben überhaupt erst möglich macht. Ihre Anmaßung ist Programm.«[64] So blickt die *Neue Zürcher Zeitung* von der Schweiz aus auf den Westdeutschen Rundfunk (WDR), die größte öffentlich-rechtliche Rundfunkanstalt der ARD.

64 Marc Felix Serrao: ›Der andere Blick‹: Warum Deutschlands öffentlich-rechtliche Riesensender eine Schrumpfkur benötigen, NZZ.ch, 3.1.2020.

Anstalten wie der WDR wollen nicht einfach nur ein »Faktor des Prozesses freier individueller und öffentlicher Meinungsbildung« sein, wie es ebenfalls im Staatsvertrag heißt. Sie wollen *der* Faktor sein. Nicht eine Stimme, sondern *die* Stimme. Wer das nicht glaubt, muß nur einen Blick in den aktuellen Geschäftsbericht des WDR werfen. In dem Bild, das bei der Lektüre entsteht, sind Zuschauer und Hörer keine souveränen Bürger, sondern Teile eines Publikums, das ohne öffentlich-rechtliche Betreuung aufgeschmissen wäre. Orientierung für jede Lebensphase. »Wir sind der Kitt für das Zusammenleben«, heißt es da. Und an anderer Stelle: »Gemeinsam wollen wir das Leben jedes einzelnen jeden Tag ein bißchen wertvoller machen.« Der Intendant selbst erklärt: »Wir ermöglichen den Menschen in Nordrhein-Westfalen, an gesellschaftlichen Diskussionen teilzunehmen.« Dieser Sound zieht sich durchs Dokument. Der Radiosender WDR 2 »begleitet die Menschen durch den Tag und durch alle Facetten ihres Lebens«, WDR 4 sorgt »rund um die Uhr für ein gutes Gefühl«, WDR Cosmo ist »Europas aufregendste Verbindung in die Welt der globalen Subkulturen«, der Kindersender KiRaKa nimmt sein Publikum bei dessen »ersten Medienerfahrungen kompetent an die Hand«, das WDR-Sinfonieorchester »prägt auf besondere Weise die Musiklandschaft Nordrhein-Westfalens«. Von ganz jung bis alt, vom Instagram-Kanal »Mädelsabend« bis zum Schunkelkabarett »Mitternachtsspitzen«: Der WDR läßt sein Publikum in keiner Lebens- und Gemütsphase allein.

Soweit die *Neue Zürcher Zeitung*. Und die *Frankfurter Allgemeine Zeitung* bemerkte: »Von der *ARD* lernen heißt gehorchen lernen. Den Eindruck bekommt man, wenn man abends die ›Tagesthemen‹ einschaltet oder morgens das Radio. Da werden Vorschriften gemacht, daß es nur so kracht.«[65]

Der öffentlich-rechtliche Rundfunk verteidigt sich mit dem Hinweis, daß neben Nachrichtenbeiträgen auch Meinungsbeiträge zu seinen Aufgaben gehören und daß in einem Kommentar oder einer Reportage der Journalist durchaus seine persönliche »Haltung« einfließen lassen dürfe.[66] Dem ist selbstverständlich zuzustimmen.

Dem steht allerdings entgegen, daß innerhalb des öffentlich-rechtlichen Rundfunks nicht das gesamte Meinungsspektrum vertreten ist, so wie es nach dem Rundfunkstaatsvertrag eigentlich verpflichtend vorgeschrieben ist. So gibt es zum Beispiel in den »Tagesthemen« Kommentare, die man von CDU/CSU-nah bis zu Linkspartei-nah bezeichnen könnte. Ein Kommentar, der zum Beispiel die Querdenken-Proteste wohlwollend erwähnt oder positiv über das schon zweimal abgehaltene Neue Hambacher Fest (ein Treffen liberaler und konservativer, freiheitlich gesinnter Bürger) informiert, scheint aber ebenso unvorstellbar wie eine positive Erwähnung eines Antrags der Alternative für Deutschland im Bundestag.

Die absolute Einseitigkeit – ja man kann durchaus von Propaganda sprechen – wird inzwischen sogar von nam-

65 Michael Hanfeld: Wir müssen gezwungen werden!, FAZ.net, 23.7.2019.

66 Gudrun Kirfel: ›Tagesthemen‹-Kommentare: Meinungen mit Folgen, NDR.de, 21.8.2019.

haften Vertreterinnen der öffentlich-rechtlichen Sender ganz offen zugegeben. Die ARD-Moderatorin Anja Reschke erklärte in einem Interview mit dem Schweizer Fernsehen, daß es ihrer Meinung nach der Auftrag der Journalisten sei, die Bürger zu erziehen. Sie verweist dabei auf die Gründungsgeschichte des öffentlich-rechtlichen Rundfunks (und später Fernsehens), der nämlich nach dem Zweiten Weltkrieg von den Besatzungsmächten nach dem Vorbild der britischen BBC eingerichtet wurde. Damals ging es unter anderem darum, aus deutschen Nationalsozialisten gute Demokraten zu machen. Wenn Frau Reschke dies 75 Jahre nach Kriegsende immer noch als ihre Aufgabe ansieht, dann waren ARD, ZDF & Co. bisher offenbar äußerst erfolglos …[67]

Einen interessanten Vergleich der Berichterstattung in den Nachrichten des öffentlich-rechtlichen Fernsehens am Beispiel der »Tagesschau« bringt der Blog *Nachdenkseiten*. Anhand einer Analyse stellt er eine »Tagesschau«-Sendung von 1981, die über die höchst regierungskritische Friedensdemonstration 1981 in Bonn berichtet, der heutigen Praxis gegenüber. Das Ergebnis ist eindeutig: 1981 wurde weitgehend neutral über die Veranstaltung berichtet, ohne Gegendemonstranten, chaotische Szenen oder ähnliches zu zeigen.[68]

Für einen Skandal sorgte 2019 das »Framing Manual« der ARD.[69] Das 89 Seiten starke Werk kann online

67 Anja Reschke will Fernsehzuschauer zu mündigen Bürgern erziehen, PI-News.de, 13.1.2019.

68 Jens Berger: Früher war nicht alles besser … die »Tagesschau« aber schon, NachDenkSeiten.de, 21.2.2019.

69 ARD-›Framing Manual‹: Martialische Textpassagen sorgen für Diskussionen, Merkur.de, 20.2./18.9.2019.

im Original eingesehen werden.[70] Die Kommunikationswissenschaftlerin Elisabeth Wehling erstellte das Framing Manual ab 2017 im Auftrag der vom MDR gestellten Geschäftsführung der ARD. Die Kosten für seine Erstellung sowie für begleitende Workshops beliefen sich nach Angaben der ARD auf 90 000 Euro. Für Folgeworkshops, bei denen Wehling ARD-Mitarbeitern die Inhalte nahebrachte, wurden weitere 30 000 Euro gezahlt. Der Auftrag für das Manual wurde 2017 erteilt. Sein Zweck wurde auf Netzpolitik.org als Beratung beschrieben, wie man die Vorzüge des öffentlich-rechtlichen Rundfunks durch Erkenntnisse der Framing-Theorie kommunizieren könne. In der *Neuen Zürcher Zeitung* hieß es, daß das Manual nicht dazu diene, aus ARD-Mitarbeitern bessere Journalisten zu machen, »sondern um selber ein bißchen zu manipulieren und die Themen ihrem Publikum um so wirkungsmächtiger zu verkaufen«.

Wie bei anderen Aspekten ist auch hier die Funktion, die die Teleschirme bei Orwell erfüllen, heute auf verschiedene Akteure bzw. Techniken aufgeteilt. Wir haben einerseits die staatlichen – also die öffentlich-rechtlichen – Radio- und Fernsehprogramme inklusive der zugehörigen Online-Portale. Auf diesen wird bis auf Ausnahmen insbesondere durch Tongebung und Wahl der Formulierungen weitgehend regierungskonform berichtet und kommentiert.

Die von den Teleschirmen bei Orwell ebenfalls geleistete Überwachungsfunktion ist heutzutage durch Smartphones und weitere moderne Kommunikationsgeräte

70 Framing-Manual. Unser gemeinsamer, freier Rundfunk ARD, ›Berkeley International Framing Institute‹, via Netzpolitik.org.

möglich. Mittels Smartphones werden die Bewegungen ihrer Besitzer aufgezeichnet und stehen für spätere Auswertungen zur Verfügung. Diese Funktion wird insbesondere für die Kriminalitätsbekämpfung genutzt. Sie wurde aber auch eingesetzt, um zu Beginn der Corona-Pandemie im Frühjahr 2020 das veränderte Bewegungsverhalten der Bürger zu überprüfen.

Bekannt ist zudem, daß die Sprachassistenten Alexa von Amazon und Siri von Apple Gespräche aufzeichnen und an die Unternehmen übermitteln.[71] Ähnlich verhält es sich mit modernen Fernsehgeräten. Auch diese können dazu eingesetzt werden, ihre Besitzer auszuspionieren.[72] Die enormen Möglichkeiten von Polizei und Geheimdiensten demonstriert der Spielfilm *Der Staatsfeind Nr. 1*. In dessen DVD-Bonus-Edition bezeugen zwei ehemalige Mitarbeiter der US-Geheimdienste, daß alle in diesem Film gezeigten Überwachungstechniken tatsächlich existieren und von den Geheimdiensten auch eingesetzt werden.

Daß wir bereits weitgehend in einem Überwachungsstaat leben, ist somit offensichtlich. Anders als in Orwells *1984* wird diese Überwachung nicht zentral vom Staat betrieben, sondern von unterschiedlichen Akteuren. Diese Akteure, wie Google oder Facebook in den USA sowie die Deutsche Telekom bei uns in Deutschland, sind aber auf verschiedene Weise mit dem Staat verknüpft. Der Staat hat damit zumindest im

71 Svea Eckert, Eva Köhler et al.: Die lauschenden Lautsprecher, Tagesschau.de, 30.6.2020.

72 Martin Ratkovic: Samsung, LG & Co.: Top-Manager verrät, wie Fernseher uns ausspionieren, Chip.de, 25.1.2019.

Verdachtsfall nahezu vollständigen Zugriff auf die erhobenen Daten.

Wenn der Staat zum Haß auffordert

1984

Im Roman *1984* dienen die tägliche Zwei-Minuten-Haß-Sendung und die Haßwoche dazu, die Bevölkerung ›auf Linie‹ zu halten und sie zum Haß gegen die politische Opposition anzustacheln. Die von der Oppositionsbewegung Goldsteins, der selbst nie zu sehen ist und anscheinend gar nicht existiert, ausgehende Gefahr wird stets aufs neue beschworen.

Neben dem inneren Feind Goldstein werden durch diese staatliche Propaganda auch die Gefahr durch äußere Feinde sowie der Haß auf diese beschworen. Der äußere Feind ist jeweils diejenige der beiden anderen Mächte (Eurasien oder Ostasien), mit der Ozeanien sich gerade im Krieg befindet.

2020

Auch hier lassen sich Parallelen zur bundesdeutschen Gegenwart erkennen. Fernsehsendungen, insbesondere der öffentlich-rechtlichen Sender, warnen regelmäßig vor einer ›rechten‹ Gefahr, ebenso ein großer Teil der etablierten Printmedien. Daß eine Demokratie normalerweise einen linken *und* einen rechten parlamentarischen Flügel kennt, wird – vermutlich bewußt – nicht erwähnt.

Angeblich bedrohen rechte Parteien die Demokratie. Angeblich bedrohen auch Intellektuelle, die die durch die Achtundsechziger geschaffenen gesellschaftlichen Entwicklungen kritisieren, die Demokratie (siehe auch unter »Neusprech«).

In der Berichterstattung der staatsnahen Medien – ganz ähnlich wie in Orwells Roman – werden die Menschen durch solche klar abgesteckten Positionen manipuliert. Orwell nannte das »aufgehetzt«. Dann ist es bis zu Massendemonstrationen ›gegen rechts‹ nur noch ein kleiner Schritt. ›Breite Bündnisse‹ aus Institutionen und Parteien, in denen die Achtundsechziger und ihre geistigen Erben den Ton angeben, rufen regelmäßig zu Kundgebungen auf. Dabei wird bewußt auf die Wirkung der Massenpsychologie gesetzt. Wer sich abseits stellt oder sich nicht beteiligt, dem wird unterstellt, zu denen zu gehören, gegen die demonstriert wird. Es heißt dann schnell, er – oder sie – sei ein ›Nazi‹ oder ein ›Rassist‹. Wer sich nicht aktiv gegen die ›Rechten‹ stellt, muß einer von ihnen sein. So lautet die übersimplifizierte Wahrheit im strengen und undifferenzierten Schwarzweißschema politischer Kategorien des politisch korrekten Mainstreams. Die vielfach für Demonstrationen dieser Art verwendete Parole »Wir sind mehr« zielt geschickt auf die Psychologie des ›Mitläufers‹, der sich an dem ausrichtet, was gefühlte Mehrheitsmeinung, was ›sozial erwünscht‹ ist.

Genauso wie in *1984* gibt es auch heute neben der innenpolitischen eine außenpolitische Dimension der Medienpropaganda, die mit der Zwei-Minuten-Haß-Sendung verglichen werden kann. Beispielhaft dafür ist insbesondere die Berichterstattung über Rußland oder die Visegrád-Staaten. Diese ist ebenfalls darauf angelegt, Angst vor einem Feind zu schüren.

In den meisten Satiresendungen des mit staatlich festgelegten Zwangsgebühren finanzierten Fernsehens wird der politische Gegner der Machthabenden lächerlich gemacht. Als eines von zahlreichen Beispielen solchen Lächerlichmachens sei die »heute-show« im ZDF genannt. Sie stellt die unangefochtene Königsklasse des Hau-drauf auf alles dar, was nicht zum linken politisch korrekten Mainstream gehört. Damit wird das uralte Prinzip der Satire, die ›Macht der Machtlosen‹ gegenüber den Herrschenden, pervertiert und zu einer staatlichen Humor-Exekution von oben verdreht. Die Haß-Sendung feiert im ZDF somit fröhliche Urständ. Passend – oder geradezu entlarvend – ist es da, daß die von dem Kabarettisten Hans-Joachim Heist in der »heute-show« verkörperte Kunstfigur Gernot Haßknecht heißt.[73]

Eigentlich dürften derartige Sendungen bzw. Sendungskonzepte gar nicht mehr Satire genannt werden. Denn unter Satire ist gemäß der Wikipedia »üblicherweise [...] eine Kritik von unten (Bürgerempfinden) gegen oben (Repräsentanz der Macht)« zu verstehen. Die »heute-show« – und mit ihr zahlreiche andere Sendungen und Kabarettisten – wendet sich aber nur noch sehr bedingt gegen die herrschende Politik. Das hauptsächliche Ziel ihrer angeblichen Satire sind vielmehr echte Oppositionelle. Das sind dann die Partei Alternative für Deutschland, ›Klimaleugner‹, Querdenken-Demonstranten oder gelegentlich auch mal die FDP, wenn diese sich in wenigen

73 Hans-Joachim Heist, Wikipedia.de.

Ausnahmefällen einmal tatsächlich inhaltlich gegen die gemeinsame Linie von CDU, SPD, Grünen und Linken stellt.

Könnte man bis hierher noch meinen, wir würden in diesem Kapitel übertreiben, beispielsweise durch die Einordnung der »heute-show« als Aufruf zum Haß, so wird es nun explizit. Und damit wirklich erschreckend. Während den (rechten) politischen Gegnern deren angebliche Haßreden regelmäßig zum Vorwurf gemacht werden, setzen die Linken bzw. die politisch Korrekten ihrerseits den Haß offen, bewußt und ohne Scham ein. Frei nach dem Motto: Wenn wir es für die richtigen Zwecke einsetzen, ist auch dieses – eigentlich indiskutable – Mittel der politischen Auseinandersetzung erlaubt.

Beim Filmfestival Berlinale im März 2020 war eigentlich eine Schweigeminute für die Opfer des Terroranschlags von Hanau geplant gewesen. Wenige Wochen zuvor hatte ein Attentäter neun Menschen erschossen. Offensichtlich hatte er gezielt Menschen mit Migrationshintergrund als Opfer gewählt. Der Täter erschoß nach der Tat auch seine Mutter und schließlich sich selbst.

Statt daß aber die für die Opfer vorgesehene Schweigeminute eingelegt wurde, forderte die Moderatorin Annie Heger das Publikum auf, eine Minute lang zu schreien. »Schimpfen, pfeifen – sagt den Politikern und Politikerinnen und Sternchen, sagt ihnen, was ihr wollt, was ihr für die Zukunft für dieses Land und für diese Welt wollt!« Soweit im Video[74] der Veranstaltung erkennbar,

[74] 34. Teddy Award Ceremony 2020, YouTube, Teddy Award, ab ca. 10:00 min.

kam das Publikum dieser Aufforderung geschlossen nach. Die *Nordwest-Zeitung* bejubelte diese »Schrei-Minute« und den »Protestschrei« der aus Oldenburg stammenden Künstlerin.[75]

Das war zwar kein direkt gegen den Täter oder den politischen Gegner gerichtetes Haßgebrüll, aber das Ganze kam dem schon gefährlich nah.

Einen expliziten Aufruf zum Haß auf den politischen Gegner sendete dagegen der Deutschlandfunk. Angesichts von seiner Meinung nach allgegenwärtigem Haß und Rassismus fordert der Kolumnist Jens Balzer: »Wir müssen wieder hassen lernen – und zwar richtig. Und das heißt: nicht jene Menschen, die vermeintlich weniger wert sind als wir – sondern jene, die bestimmen wollen, wer mehr und wer weniger wert ist; die glauben, uns sagen zu dürfen, wie wir leben sollen, wen wir lieben, mit wem wir zusammenleben dürfen.«[76]

Diese Form des vermeintlich gerechtfertigten Hasses der angeblichen Guten, der politisch Korrekten ist beileibe kein Einzelfall. Denn solchen gab es auch bei einer großen Demonstration der Partei Alternative für Deutschland im Mai 2018 in Berlin. Von Hunderten Gegendemonstranten wurde dort gebrüllt: »Ganz Berlin haßt die AfD!«

Daß das widersprüchlich, ja geradezu schizophren ist, wenn derlei skandierte Parolen von einem Bündnis mit dem Namen »Stoppt den Haß« ausgehen, ist sogar der

75 Christoph Kiefer: Großes Echo auf Annie Hegers Protest-Schrei, NWZOnline.de, 11.3.2020.

76 Jens Balzer: Hassen? Ja, aber das Richtige!, DeutschlandfunkKultur.de, 31.10.2019.

Tageszeitung *taz* aufgefallen. »Tausende Demonstranten haben rund ums Brandenburger Tor skandiert: ›Ganz Berlin haßt die AfD!‹ Da sind wir doch wieder beim Haß, den Sie mit Ihrer Demo stoppen wollten«, sagte die *taz* zu einer der Organisatorinnen der Gegendemonstration. Die stupide Antwort darauf lautete: »Es ist etwas völlig anderes, Neonazis, Pegida und üblen Rassisten diesen Slogan entgegenzurufen.«[77] Die *taz* hakte sogar noch zweimal nach und fragte: »Warum?«, sowie: »Es steht also nicht im Widerspruch zu Ihrer Aufforderung, den Haß zu stoppen?« Aber es kam zu keinem Einsehen bei der Aktivistin, vielmehr rechtfertigte sie ihre Haßbotschaft wortreich.

Merke: Wenn die Falschen das Falsche tun, ist es falsch. Wenn aber die Richtigen aus vorgeblich guten Gründen das Falsche tun, so ist das in Ordnung. Welch krude Weltsicht, die aber für linke ›Aktivisten‹, die oftmals auch höchst gewaltaffin sind, normal zu sein scheint.

77 Bert Schulz: »Die Menschen waren wütend«, Interview mit der Aktivistin Nora Berneis, Taz.de, 28.5.2018.

Ministerium für Liebe

> Es ist durchaus denkbar, daß wir in ein Zeitalter hinabsteigen, wo zwei und zwei fünf ergibt, wenn unsere Führer es so sagen.
>
> George Orwell, »Macht«

1984

Sie bildeten den Sitz der vier Ministerien, unter die der gesamte Regierungsapparat aufgeteilt war: das Ministerium für Wahrheit, das sich mit dem Nachrichten-, Unterhaltungs- und Erziehungswesen sowie mit den schönen Künsten beschäftigte; das Ministerium für Frieden, das sich mit Krieg befaßte; das Ministerium für Liebe, das Gesetz und Ordnung aufrechterhielt. Und das Ministerium für Überfülle, das für Wirtschaftsbelange zuständig war. Ihre Namen in Neusprech: Miniwahr, Minipax, Minilieb und Minifülle.

Das Ministerium für Liebe war zweifellos das beängstigendste von allen. Es hatte überhaupt keine Fenster. Winston war weder je im Ministerium für Liebe gewesen, noch hatte er sich ihm je auch nur auf einen halben Kilometer genähert. Man konnte es lediglich in Dienstangelegenheiten betreten, und auch dann mußte man durch ein Gewirr von Stacheldrahtverhauen, Stahltüren und versteckten Maschinengewehrnestern hindurch. Und sogar in den Straßen, die zu seinen Außensperren führten, patrouillierten gorillagesichtige, schwarzuniformierte Wachen, die mit Gelenkschlagstöcken bewaffnet waren.

Jetzt wollte er sein Tagebuch beginnen. Das war nicht illegal (nichts war illegal, denn es gab ja keine Gesetzte mehr), aber wenn es herauskam, durfte man ziemlich sicher mit der Todesstrafe oder zumindest mit fünfundzwanzig Jahren Zwangsarbeitslager rechnen.

Er wußte nicht, wo er war. Vermutlich im Ministerium für Liebe; doch es gab keine Möglichkeit, sich Gewißheit zu verschaffen.

Er befand sich in einer hohen, fensterlosen Zelle mit glänzend-weißen Kachelwänden. Verborgene Lampen tauchten sie in kaltes Licht, und man hörte ein leises, gleichförmiges Summen, das, wie er vermutete, etwas mit der Luftversorgung zu tun hatte. Eine Bank oder Pritsche, gerade breit genug zum Sitzen, lief rings um die Wand und wurde nur von der Tür unterbrochen und am gegenüberliegenden Zellenende von einer Kloschüssel ohne Holzbrille. Es gab vier Teleschirme, in jeder Wand einen.

In seinem Magen zerrte ein dumpfer Schmerz. Winston fühlte ihn, seit man ihn in den geschlossenen Kombi verfrachtet und abtransportiert hatte.

»Bumstead!« röhrte die Stimme. »2713 Bumstead J! Lassen Sie das Brot fallen!« Der Kinnlose ließ das Brot zu Boden fallen.

»Bleiben Sie, wo Sie sind«, sagte die Stimme. »Gesicht zur Tür. Und keine Bewegung.« Der kinnlose Mann gehorchte. Seine großen Hängebacken bebten unkontrolliert. Die Tür sprang dröhnend auf. Als der junge Offizier hereinkam und beiseite trat, tauchte hinter ihm ein gedrungen-stämmiger Wärter mit gewaltigen Armen und Schultern auf. Er postierte sich vor dem kinnlosen Mann und landete auf ein Zeichen des Offiziers einen furchtbaren Faustschlag, in den er sein ganzes Körpergewicht legte, direkt auf den Mund des Kinnlosen. Die Wucht schien ihn fast vom Fußboden zu heben. Sein Körper wurde durch die Zelle geschleudert und vom Sockel des Klosettbodens gebremst. Einen Moment lag er wie betäubt, dunkles Blut sickerte ihm aus Mund und Nase. Er gab ein leises Wimmern oder Winseln von sich. Dann rollte er herum und stützte sich wackelig auf Hände und Knie. In einem Schwall von Blut und Speichel fielen ihm die beiden Hälften einer Gebißplatte aus dem Mund.

[...]

Die Tür ging auf. Mit einer knappen Bewegung wies der Offizier auf den Mann mit dem Totenkopfgesicht.

»Zimmer 101«, sagte er.

Keuchen und Panik neben Winston. Der Mann hatte sich tatsächlich auf die Knie geworfen und rang die Hände.

»Genosse!« schrie er. »Sie müssen mich nicht dorthin bringen! Ich hab' euch doch schon alles gesagt! Was wollt ihr denn noch wissen? Ich gestehe alles, alles. Ihr braucht mir nur zu sagen was, und ich gestehe es sofort. Schreiben Sie es auf, und ich werd's unterschreiben – alles! Nur nicht Zimmer 101!«

»Zimmer 101«, sagte der Offizier.

Das bereits leichenblasse Gesicht des Mannes nahm eine Färbung an, die Winston nicht für möglich gehalten hätte. Es wurde eindeutig und unverkennbar grün.

2020

Die Aufgaben des Ministeriums für Liebe in *1984* waren im wesentlichen die Verfolgung, Mißhandlung, Inhaftierung und Hinrichtung aller Gegner des Systems, und des weiteren war es auch mit der Umerziehung seiner Gegner betraut. Im Buch fragt Winston seinen Peiniger O'Brien, ob es bei der Folter darum geht, die Inhaftierten zu Geständnissen zu zwingen. Dies wird von O'Brien verneint. Es gehe vielmehr darum, die Menschen umzuerziehen. Selbst diejenigen, die für eine spätere Hinrichtung vorgesehen waren, wurden trotzdem mittels Folter und Gehirnwäsche vorher umerzogen. Niemand verlasse das Ministerium, der nicht geheilt sei, läßt O'Brien sein Opfer Winston wissen.

Es ist gerade einmal 30 Jahre her, daß es einen nicht ganz unähnlichen Apparat wie das Ministerium für Liebe in einem Teil Deutschlands gab, nämlich in der DDR.

»Er wußte nicht, wo er war. Vermutlich im Ministerium für Liebe; doch es gab keine Möglichkeit, sich Gewißheit zu verschaffen. [...] In seinem Magen zerrte ein dumpfer Schmerz. Winston fühlte ihn, seit man ihn in den geschlossenen Kombi verfrachtet und abtransportiert hatte.« Ehemalige Bürger der DDR, die das Pech hatten, von der Staatssicherheit der DDR (»Schild und Schwert der Partei« SED, heute Die Linke) verhaftet und ins Gefängnis, zum Beispiel nach Berlin-Hohenschönhausen, verschleppt worden zu sein, werden diese Zeilen nur allzu gut nachvollziehen können. Auch dort wurden die Opfer in fensterlosen Transportern mit knatterndem Zweitaktmotor in ein Gefängnis verschleppt, von dessen Existenz nur wenige wußten und das ähnlich abgeschirmt wurde wie im Buch *1984* beschrieben. Die Verhafteten hatten keinerlei Vorstellung, wo sie waren. Sie erhielten keinen Besuch, weder von Verwandten noch von Anwälten.[78]

Die Expertise, die man damals für den Betrieb einer solchen Einrichtung benötigte, ist noch vorhanden. Man kann das schon daran erkennen, daß einige der ehemaligen Schergen des DDR-Unrechtssystems inzwischen ganz offen und immer dreister auftreten und ihre damalige Tätigkeit – Mißhandlung, Verfolgung und teilweise auch Ermordung Oppositioneller – stolz rechtfertigen.[79]

Wir können den Besuch der Gedenkstätte Hohenschönhausen nur empfehlen.

Einen solchen Horror, wie Orwell ihn mit dem Ministerium für Liebe beschrieben hat, gibt es im Deutschland des Jahres 2021 gottlob nicht, noch nicht einmal annähernd. Daß das so bleibt, ist aber keine Selbstverständlichkeit. Es ist vielmehr wichtig, daß freiheitsliebende Bürger für Meinungsfreiheit und Rechtsstaatlichkeit eintreten und diese gegen anmaßende Politiker und manche dubiosen Vertreter der ›Zivilgesellschaft‹ (anderes Wort für bestimmte Lobbyverbände, siehe auch das Kapitel »Neusprech«) verteidigen.

Gegen Politiker wie etwa den SPD-»Gesundheitsexperten« Lauterbach, der im Windschatten der Corona-Krise bereits darüber räsonierte, ob es sinnvoll sein

78 Stiftung Gedenkstätte Berlin-Hohenschönhausen (www.stiftung-hsh.de).

79 Antonia Oettingen: »Die Täter klammern sich an ihre Lebenslüge«, Cicero.de, 12.10.2013.

könnte, die zeitweise (?) Aussetzung von Grundrechten auch »für das Klima« nach dem zu erwartenden Ende der Corona-Pandemie weiter anzuwenden.[80]

Ähnlich wie im Falle des Ministeriums für Wahrheit sind die Aufgaben des Ministeriums für Liebe heute auf verschiedene Akteure verteilt.

Zum einen gibt es natürlich die offiziellen Sicherheitsorgane, also die Polizeibehörden des Bundes und der Länder, sowie die Geheimdienste. Bei den Geheimdiensten sei hier insbesondere der sogenannte Verfassungsschutz genannt, denn dieser beschäftigt sich mit der Gefahrenaufklärung im Innern. Dazu zählt heutzutage der islamistische Terrorismus, in geringem Umfang auch immer noch der Linksextremismus. Nach dem ausdrücklichen Willen der Politik rückt aber der ›Kampf gegen rechts‹ immer mehr in den Fokus des Verfassungsschutzes. Dabei ist es wichtig zu wissen, daß unter dem Schlagwort ›rechts‹ mittlerweile fast alles subsumiert wird, was aus Sicht der Regierung an oppositionellen Bewegungen vorhanden ist. So werden auch die angeblichen ›Corona-Leugner‹, also jene Menschen, die sich gegen die zunehmende Einschränkung der Grundrechte und bürgerlichen Freiheiten wenden, als ›Rechte‹ oder sogar als ›Nazis‹ diffamiert.

Daher sehen sich diese Bürger bei der Teilnahme an absolut friedlichen Demonstrationen gegen die Corona-Maßnahmen mittlerweile kriminalisiert und teilweise sogar seitens der Polizei harten Repressionen ausgesetzt. Repressionen, die erheblich strenger sind als bei links-

80 Karl Lauterbach: Klimawandel stoppen? Nach den Corona-Erfahrungen bin ich pessimistisch, Welt.de, 27.12.2020.

extremistischen Demonstrationen mit zahlreichen verletzten Polizisten und Sachschaden in riesiger Höhe.

Welche Gruppierungen sind bei uns mit der Drangsalierung, Verfolgung und Mißhandlung mißliebiger Personen beschäftigt? Es sind die Vertreter_innen (m/w/d) der sogenannten Antifa. Diese beschäftigt sich mit der Bedrohung, Einschüchterung und Mißhandlung (bis hin zur versuchten Ermordung) von Menschen, die der Antifa aus unterschiedlichen Gründen verhaßt sind. Da wird auch schon einmal eine Mitarbeiterin eines Immobilienunternehmens in ihrer Wohnung (!) überfallen und zusammengeschlagen. Da die angewandte Gewalt weder ein Akt der Notwehr war noch sich unvermittelt aus einem Konflikt ergab, sondern wohl von vornherein als ›Bestrafung‹ geplant war, kann man durchaus von einer Art Folter sprechen. Die Notwendigkeit der Folter ergab sich aus Sicht der Leipziger Antifa aus der Tatsache, daß die Frau mit einem Bauprojekt in Verbindung stand, das die Antifa als unerwünscht markiert hatte. Dieses Bauprojekt wurde in vielfältiger Weise angegriffen, es gab Brandanschläge auf die Baustelle, es kam zu Explosionen und in der Folge zu Sachschäden in Millionenhöhe.

Überhaupt ist Leipzig mit dem Stadtteil Connewitz einer der Orte in Deutschland, in denen der ehemalige Rechtsstaat komplett abgemeldet ist und der von der Antifa beherrscht wird. Dort wird schon mal ein ganzes Polizeirevier angegriffen. (Siehe hierzu auch das Kapitel »Schon neun von zehn«.)[81]

81 Sven Eichstädt: »Bulle, dein Duldungsstatus ist aufgehoben«, Welt.de, 9.1.2015.

Für die Umerziehung von Oppositionellen und die ideologische Abrichtung des ganzen Volkes gibt es heutzutage neben vielen anderen ›zivilgesellschaftlichen Organisationen‹ wie Kirchen, Flüchtlingshilfeorganisationen und vielen Gewerkschaften auch selbsternannte Künstler wie etwa die vom Zentrum für Politische Schönheit (ZPS). Auf der Internetseite des ZPS findet sich die folgende Selbstdefinition:

> Sorgen Sie für Streß – Werden Sie Komplizin!
>
> Höcke lobt das Zentrum für Politische Schönheit als »terroristische Vereinigung«. Seien Sie dabei und werden Komplizin einer bislang leider nur von Höcke, Erdoğan und dem Freistaat Thüringen anerkannten Terrororganisation! Als Komplizin leisten Sie einen unschätzbaren Beitrag zur Erregung öffentlicher Unruhe – für den aggressiven Humanismus. Sie erhalten nirgends soviel Aufruhr und Dissens für jeden gespendeten Euro wie bei uns.[82]

Die tapferen Künstler des ZPS suchen auch das Ausland heim. So wollten sie die Schweiz »entköppeln«, eine Aktion, die sich gegen den Herausgeber der Zeitung *Weltwoche* und Abgeordneten des Schweizer Parlaments, Roger Köppel, richtete. Follower des ZPS konnten ihren Vernichtungsphantasien freien Lauf lassen und unterschiedlichste Todesarten für ihn vorschlagen.[83]

82 Zentrum für politische Schönheit (PoliticalBeauty.de). Siehe dazu auch: Vera Lengsfeld: Dürfen Holocaust-Opfer für politische Spielchen instrumentalisiert werden?, TheEuropean.de, 30.11.2017.

83 Daniel Haas: Künstler, macht es doch einfach wie Stalin!, NZZ.ch, 12.12.2018.

Eine andere Aktion sah vor, daß sich Flüchtlinge von Raubtieren fressen lassen sollten.[84] Letztlich blieben die Raubkatzen hungrig, aber dieses ›Kunstwerk‹ zeigt, wes Geistes Kind die Damen und Herren des ZPS sind.

Ungewohnten Gegenwind erhielt man, als vor dem Reichstag eine Stele mit der Asche von jüdischen Opfern des Holocaust errichtet wurde. Dafür habe man extra Asche aus Polen hergeschafft.[85] Nun ist die Totenruhe in der jüdischen Glaubenslehre heilig. Dies führte in der Vergangenheit zum Beispiel dazu, daß der Staat Israel verurteilte islamistische Terroristen gegen die sterblichen Überreste israelischer Soldaten austauschte, damit diese eine würdige letzte Ruhestätte finden konnten. Dies konnten die unterkomplexen Figuren des ZPS natürlich nicht wissen, denn dafür bedarf es eines Minimums an Bildung und humanistischer Gesinnung. Daher gab es ausnahmsweise harsche Kritik.[86]

84 Vera Lengsfeld: Das angekündigte Selbstmordattentat auf den Rechtsstaat, TheEuropean.de, 26.6.2016.

85 Aktivisten bauen umstrittene Gedenksäule für Nazi-Opfer ab, rbb24.de, 16.1.2020.

86 Ministerpräsident Kretschmer vergleicht Künstlergruppe ZPS mit Identitären, Göttinger-Tageblatt.de, 13.5.2019; »Stört Totenruhe«: Juden empört über Mahnmal mit Asche von NS-Opfern, RND.de, 3.12.2019.

Überwachungsstaat

1984

Im Roman werden die Menschen durch die allgegenwärtigen Teleschirme beinahe lückenlos überwacht, bis in die eigene Wohnung hinein. So sieht der Große Bruder respektive der Staat alles. Er hört alles. Er kontrolliert alles und jeden. Und er kann jeden jederzeit ansprechen und zu bestimmten Handlungen auffordern. So ist es beispielsweise beim staatlich verordneten Frühsport, bei dem die Trainerin Winston über den Teleschirm bei der Ausführung der Übungen sieht und über den Teleschirm mit Ermahnungen seine Bewegungen korrigiert.

Es gibt in seiner Wohnung nur einen kleinen toten Winkel, den der Teleschirm nicht erfaßt und wo er ungesehen ist. Aber auch dort werden selbstverständlich jedes Wort und jedes Geräusch aufgezeichnet.

Es existiert darüber hinaus eine Gedankenpolizei (eine Art Geheimpolizei), die über Agenten verfügt. Die Familie wird zu deren verlängertem Arm, da jeder bereits von Kind auf dazu angehalten wird, Angehörige oder Bekannte zu denunzieren. Die staatliche Kinderorganisation heißt »Spitzel«.

Auf die Behandlung in Gefängnissen der Geheimpolizei wird in diesem Buch ab Seite 254 eingegangen.

2020

Für das Vorstellungsvermögen der vierziger Jahre stellen die in *1984* geschilderten Methoden eine bis dato unvorstellbare Lückenlosigkeit der Überwachung dar. Diese wird allerdings von den heute gegebenen technischen Möglichkeiten längst in den Schatten gestellt.

Ein bemerkenswerter Unterschied ist dabei die Freiwilligkeit, mit der wir heute über soziale Netzwerke Einblicke in privateste Situationen unseres Lebens gewähren. Große Teile unserer Kommunikation via Telefon, E-Mail, WhatsApp oder andere Software können abgehört werden bzw. sie werden abgehört. Eine private amerikanische Firma wie Facebook kann über Algorithmen unsere Vorlieben ermitteln, Mobiltelefone zeigen unseren momentanen Standort an und übermitteln dem Netzbetreiber ein vollständiges Bewegungsprofil ihrer Besitzer. Die weite Verbreitung des bargeldlosen Zahlungsverkehrs macht einen großen Teil unserer Käufe und Verkäufe für Dritte sichtbar. Falls, wie manche befürchten, der bargeldlose Zahlungsverkehr die einzige Bezahlmöglichkeit werden sollte, würde uns das zum gänzlich gläsernen Bürger machen.

Das mag bis hierher noch etwas theoretisch und nicht wirklich bedenklich klingen. Anders wird es, wenn man sich einmal einen Überblick über sämtliche Möglichkeiten staatlicher Überwachung verschafft, die heute bereits in der Bundesrepublik Deutschland existieren und angewandt werden. Da hätten wir:

- Einführung von biometrischen Kontrollen und biometrischen Datenbanken
- Gesundheitskarte (GKV-Modernisierungsgesetz), teilweise Aufhebung der ärztlichen Schweigepflicht
- Erstellung von Bewegungsprofilen durch bargeldloses Bezahlen
- Pflicht zur Arbeitszeiterfassung

- Videoüberwachung mit biometrischen Identifikationsmethoden
- Ortung von Mobiltelefonen
- Vollerfassung bei Reisen (Flugzeug, Bahn, Schiff sowie beim Auto auf Autobahnen, an Grenzen und Tunneln)
- Lauschangriff (auch innerhalb der Wohnung dritter Personen), Online-Überwachung, Online-Durchsuchung
- Automatisiertes Abhören von Telefon- und Internetkommunikation im allgemeinen und E-Mail-Kommunikation im besonderen (Telekommunikations-Überwachungsverordnung)
- Bei E-Mail-Überwachung in Deutschland werden alle E-Mails, die mindestens eine zu überwachende E-Mail-Adresse im MIME-Header haben, als vollständige Kopie an ein Staatsorgan weitergeleitet. Dem stehen eigentlich das Brief- und das Postgeheimnis entgegen. Allerdings ist es legal, diese E-Mails zu verschlüsseln (Verschlüsselung); Mobiltelekommunikation: IMSI-Catcher, GTP (GPRS Tunneling Protocol), automatisierte Funkpeilung und Kreuzpeilung über die Sendemasten zur Erstellung und Auswertung von aktuellen oder historischen Bewegungsprofilen (geographische Funkzellendaten, Peilung, Signalstärke und Datum/Uhrzeit der Kommunikation werden gespeichert, siehe auch Vorratsdatenspeicherung), unterstützt durch den nicht legalen Einsatz von Silent Messages zur Auslösung einer Kommunikationsverbindung eines anzupeilenden Mobilfunkgerätes

- Vorratsdatenspeicherung bei Internetzugangs- und Telekommunikationsanbietern
- Anti-Terror-Datei
- Heimliches Betreten von Wohnungen (BKA-Gesetz)
- Raster- und Schleierfahndung
- Abnahme einer Speichelprobe bei schweren oder wiederholten Straftaten und dazugehörige Gendatenbanken
- Datenaustausch auf europäischer und weltweiter Ebene mit teilweise direktem Zugriff auf zahlreiche nationale Datenbanken wie DNA-Datenbanken, Fingerabdruckkarteien und Kfz-Register (geregelt im Prümer Vertrag), angedacht ist, Fahndern Einsicht in den innereuropäischen Zahlungsverkehr durch Zugriff auf SWIFT zu geben.

Diese beeindruckende – oder eher erschreckende – Liste findet sich so im Artikel »Überwachungsstaat« auf Wikipedia.[87]

Die Überwachung respektive das Ausspähen und Auswerten unserer persönlichsten Daten und Dinge findet nicht nur staatlicherseits statt, sondern wird auch durch die Hersteller der von uns genutzten Geräte oder Software betrieben.

So wurde 2019 eine Sicherheitslücke bei Android-Handys bekannt, mittels derer Apps Kamera und Mikrofon nutzen können, auch wenn der Besitzer dieses Zugriffsrecht für die Apps nicht erteilt hatte. Es wurden

87 Überwachungsstaat, Wikipedia.de.

also möglicherweise intimste Informationen übertragen.[88]

Und – man glaubt es kaum – auch die Denunziation von Eltern durch ihre eigenen Kinder ist mittlerweile in unserer Realität angekommen, so geschehen nach dem ›Sturm aufs Kapitol‹ in Washington im Januar 2021.[89]

Hier drängt sich der Gedanke an die Ende der sechziger Jahre von Mao Tse-tung ausgerufene chinesische Kulturrevolution auf, bei der ebenfalls Kinder ihre Eltern denunzierten.[90] Während der Kulturrevolution hat das Regime von Mao Tse-tung mehrere, vermutlich sogar zwanzig Millionen Menschen grausam umgebracht.[91]

88 Daniel A. J. Sokolov: Bug in vielen Android-Handys erlaubt Ausspionieren, Heise.de, 20.11.2019.

89 Nach Kapitol-Sturm in Washington: Kinder denunzieren ihre eigenen Eltern, RT.de, 11.1.2021; Clarissa-Jan Lim: An 18-Year-Old Saw Her Mom, Aunt and Uncle in D.C. in a Video – So She Named Them, BuzzFeedNews.com, 9.1.2021.

90 »Ich habe meine Mutter getötet« – Kulturrevolution in China, NOZ.de, 15.5.2016; Beat U. Wieser: Chinas barbarische Jugend, NZZ.ch, 4.8.2016.

91 Kulturrevolution – Zahl der Todesopfer, Wikipedia.de.

Neusprech

> Können wir nicht wenigstens Gott aus diesem ganzen Gender-Gaga heraushalten? [...] Solcher Irrsinn kann nur in einem pseudointellektuellen Biotop entstehen, das mit der realen Welt einer arbeitenden Bevölkerung und einer sinnsuchenden Menschheit nichts mehr zu tun hat.
>
> Peter Hahne

1984

In einem eigenen Kapitel, das dem eigentlichen Roman angehängt ist, befaßt sich Orwell mit dem Phänomen Neusprech, der für den fiktiven Staat Ozeanien eingeführten Amtssprache. Der Sinn dieser Amtssprache besteht darin, das Denken der Menschen zu formen. Ausgehend von der Annahme, daß nicht denkbar ist, was man nicht in Worte fassen kann, soll Neusprech die Formulierung unerlaubter Gedanken und damit auch diese Gedanken selbst verhindern.

Eingeteilt ist Neusprech in drei verschiedene Wortschatzklassen: Wortschatz A, bestehend aus für das tägliche Leben benötigten Wörtern; Wortschatz B, bestehend aus absichtlich zu politischen Zwecken gebildeten Wörtern; und Wortschatz C, bestehend aus Begriffen für den fachwissenschaftlichen Gebrauch.

Neusprech zeichnet sich durch einen deutlich reduzierten Wortschatz aus. So werden Eigenschaftswörter gebildet, indem man dem Hauptwort die Nachsilbe -voll, Umstandsworte, indem man -weise anhängt. Jedes Wort kann durch die Voranstellung von plus- oder doppelplus- gesteigert werden. Jedes Wort kann durch Voranstellung von un- in sein Gegenteil verkehrt werden. Orwell nennt als Beispiel aus Wortschatz A das Wort ›kalt‹: ›Unkalt‹ bedeutet warm, ›pluskalt‹ bedeutet sehr kalt und ›doppelpluskalt‹ bedeutet überaus kalt.

Wortschatz B, die Sprache des politischen Betriebs, zeichnet sich einerseits durch Abkürzungen aus (Beispiel: ›Miniwahr‹ = Ministerium für Wahrheit). Der Sinn der Verkürzung besteht darin, die durch einen Begriff hervorgerufenen Assoziationen zu verringern und damit ein gedankenloseres, unreflektiertes Sprechen zu ermöglichen. Ein Begriff wie ›Wahrheitsministerium‹ weckt mehr Assoziationen als die Abkürzung ›Miniwahr‹. Der Begriff ›Wahrheitsministerium‹ könnte zum Beispiel ein Nachdenken über den Sinn von ›Wahrheit‹ auslösen, während das bei ›Miniwahr‹ eher unwahrscheinlich ist. Darüber hinaus finden sich in Wortschatz B Begriffe, die man als Euphemismen bezeichnen könnte. So wird etwa ein Umerziehungslager ›Lustlager‹ genannt.

Wortschatz C schließlich besteht aus wissenschaftlichen und technischen Fachausdrücken, die den ehemals verwendeten Fachworten ähneln, jedoch strengstens von Nebenbedeutungen »gereinigt« wurden. Jeder wissenschaftliche Fachbereich verfügt über eine Liste seiner Fachwörter – es existiert jedoch kein Vokabular, das die Funktion der Wissenschaft unabhängig von ihren jeweiligen Zweigen als ›geistige Einstellung oder Denkungsart‹ ausgedrückt hätte. Kurz gesagt, der ›Wissenschaftler‹ Ozeaniens ist ein reiner ›Fachidiot‹!

Neusprech verhindert, daß verbotenen Gedanken über ein niedriges Niveau hinaus Ausdruck verliehen wird. Zwar ist es möglich zu sagen: »Der Große Bruder ist ungut« – aber es ist unmöglich, dies argumentativ zu begründen, es durch Vernunftargumente zu stützen. Begriffe wie ›frei‹ werden verengt. Im Neusprech kennt man es noch in seiner privativen Funktion, daß zum Beispiel ein Hund frei von Flöhen oder ein Feld frei von Unkraut ist, aber nicht mehr in positiver Konnotation, daß jemand beispielsweise geistig frei sein kann.

2020

Was ich nicht in Worte fassen kann, das kann ich auch nicht denken. Diese Behauptung ist keine Erfindung von Orwell, sondern sie ist seit je menschliche Realität.

Das Ziel des heutigen Staates scheint identisch zu sein mit dem des Großen Bruders bei Orwell: Er möchte das Denken seiner Untertanen kontrollieren. Dazu möchte er das Denken auch verändern.

Indem der Staat de facto die Medien kontrolliert,[92] kann er die Sprache kontrollieren und steuern. Er kann die Sprache beeinflussen und sie gezielt in bestimmte Richtungen ändern. Der Politiker Martin Renner for-

92 Die Kontrolle erfolgt teils direkt über die weitgehend politische besetzen Rundfunkräte der GEZ-finanzierten Sender, teils indirekt mittels Lizenzen beim privaten Radio und Fernsehen, über Anzeigenschaltung oder inzwischen gar mittels 2020 beschlossener direkter Zahlungen an die großen Printmedien. Diese Förderung soll 220 Millionen Euro für die Jahre 2020 bis 2022 betragen. Siehe Christoph Sterz und Michael Borgers: Deutschland steigt in die direkte Presseförderung ein, Deutschlandfunk.de, 29.10.2020.

mulierte dazu: »Wer die Hoheit über die Sprache hat, beherrscht den politischen Raum.«[93]

Es gibt in der Gegenwart zahlreiche Beispiele für Sprachregelungen und für Sprachpraxis, die das Denken beeinflussen sollen. Deren Intention ist mithin verwandt mit den dem Neusprech zugrundeliegenden Zielen. So ist ein ›bewaffneter Konflikt‹ letztlich natürlich ein Krieg, aber es klingt weniger bedrohlich. Ein ›weiches Ziel‹ für eine Waffe ist ein Mensch, auf den geschossen wird. Wer ›die Unwahrheit sagt‹, lügt, aber es klingt weniger drastisch.

Ganz offen propagiert die heute vorherrschende Political Correctness die Idee, das Denken durch Sprache in eine politisch erwünschte Bahn zu lenken. Hierzu gehört bereits der Versuch, durch Umbenennung das Image von Institutionen aufzubessern (aus ›Arbeitsamt‹ wird ›Agentur für Arbeit‹; aus der ursprünglich ›Hilfsschule‹ genannten Lehranstalt wurde zunächst ›Sonderschule‹ und schließlich ›Förderschule‹). Nur in bestimmten Fällen mag diese Praxis rücksichtsvoll, höflich und somit begrüßenswert sein. So wurde einst vom ›Krüppel‹ gesprochen, später vom ›Behinderten‹. Im offiziellen Sprachgebrauch wurde später der ›behinderte Mensch‹ und schließlich der ›beeinträchtige‹ oder ›gehandicapte Mensch‹ daraus. Ob diese sprachlichen Anpassungen tatsächlich zu einer positiveren, wertschätzenderen Denkweise über den so angesprochenen Personenkreis führen, ist schwer zu sagen.

93 Wer die Hoheit über die Sprache hat, beherrscht den politischen Raum. Stichwort: Event-Szene, Facebook, Martin E. Renner, 21.6.2020.

Eine klarere Anlehnung an Orwells berühmtes »Krieg ist Frieden. Freiheit ist Sklaverei« als das Motto des Grundsatzprogramms der Partei Die Grünen aus dem Jahr 2020 kann man sich kaum vorstellen. Denn dieses lautet doch tatsächlich: »Veränderung schafft Halt«.[94]

Wirklich problematisch wird es, wenn solche Begriffe, die die einzige Möglichkeit darstellen, einen Vorgang oder eine Entwicklung überhaupt zu benennen, auf den ›Index‹ gesetzt werden. So verhält es sich zum Beispiel mit der Tabuisierung der Begriffe ›Überfremdung‹, ›Bevölkerungsaustausch‹ oder ›Massenzuwanderung‹. Auf diese Weise wird versucht, Kritikern der aktuellen Migrationspolitik die Artikulationsmöglichkeit zu nehmen. Man verwehrt ihnen, das, was sie kritisieren, überhaupt in Worte fassen zu können, ohne in ein Fettnäpfchen zu treten. Hier befinden wir uns exakt bei der Intuition, die auch in der von Orwell geschilderten Neusprech-Praxis verfolgt wird. Es ist unmöglich, politisch unerwünschte Gedankengänge öffentlich zu äußern. Im Idealfall können sie nicht einmal gedacht werden.

In diesem Zusammenhang ist ein Blick auf die Wahl des Unworts des Jahres sehr aufschlußreich. Dieses wird seit 1991 gekürt. Der Begriff ›Unwort‹ allein erinnert nicht von ungefähr an die »Unperson« aus Orwells Roman. Ein Unwort ist ein Nichtwort – es soll nicht existieren, es soll aus dem Sprachgebrauch verbannt werden, um auch das mit ihm verbundene Denken zu verbannen.

So gehörte ein großer Teil der seit 1991 gekürten

94 Bündnis 90/Die Grünen: »... zu achten und zu schützen ...«. Veränderung schafft Halt. Grundsatzprogramm. Berlin 2020.

Unworte in den Bereich der Migrations- und Ausländerpolitik sowie zum Umgang mit Fremden:

1991 ausländerfrei
1992 ethnische Säuberung
1993 Überfremdung
2000 national befreite Zone
2006 freiwillige Ausreise (von Asylbewerbern)
2011 Döner-Morde
2013 Sozialtourismus.

Weitere Unworte zielten vor allem auf das Verpönen mehrerer von politisch konservativer, rechter Seite erhobenen Vorwürfe ab:

2003 Tätervolk
2014 Lügenpresse
2015 Gutmensch
2016 Volksverräter.

Auch die von feministischen und Gender-Aktivisten propagierten Schreibweisen bestimmter Wörter, die inzwischen vielfach von öffentlichen Institutionen übernommen worden sind, gehören in diesen Zusammenhang. Hinter der Propagierung einer Schreibweise wie zum Beispiel »LehrerInnen« steckt die Annahme, daß das Schreiben oder Aussprechen des Wortes ›Lehrer‹ für die Berufsgruppe als Ganzes dazu führen würde, daß dem Schreiber, Sprecher oder Hörer bzw. Leser ausschließlich männliche Vertreter der Berufsgruppe in den Sinn kommen, was ein Denken in ›patriarchalen‹ Bahnen zur Folge hätte.

Gender-Aktivisten wiederum haben Schreibweisen wie »ProfessorX« eingeführt, weil sie wiederum davon ausgehen, daß die Schreibweise »ProfessorInnen« dazu führen könnte, Personen auszuklammern, die sich keinem oder einem ›dritten‹ Geschlecht zugehörig fühlen. Auf diese Weise soll das Faktum, daß zwei biologische Geschlechter existieren, aus dem Denken verbannt werden.

Eine weitere Parallele zu *1984* ist die Umdeutung von Wörtern. Ein Beispiel ist die Umdeutung des Wortes ›Gleichberechtigung‹ zu ›Gleichstellung‹. Hier handelt es sich um zwei absolut verschiedene Begriffe. Aber indem ›Gleichstellung‹ dort verwendet wird, wo es früher ›Gleichberechtigung‹ hieß, wird der ursprüngliche Bedeutungsinhalt der Gleichberechtigung damit umgedeutet. Haben Sie schon einmal darüber nachgedacht, daß das Ergebnis von gleichen Rechten für alle in der Regel eben nicht Gleichheit im Sinne gleicher Ergebnisse ist oder sein muß? In der Folge wurden Minderheitenquoten erfunden und damit eine künstliche Gleichheit erzeugt. Das geschieht immer auf Kosten der Differenzierung von individuellen Fähigkeiten. Das neue Prinzip der Gleichmacherei nannte man ›Gleichstellung‹. Dabei wurde das Wort aber als Synonym der guten alten ›Gleichberechtigung‹ verwendet, die selbst in konservativsten Kreisen uneingeschränkte Unterstützung hat.

Ein anderes Beispiel ist die Ausweitung des ursprünglich nur über Völker, Hautfarben etc. definierten Begriffes ›Rassismus‹ auf alle möglichen Arten von Diskriminierung, zum Beispiel von Religionen oder sexuellen Identitäten. Eigentlich werden angeblich alle Menschen diskriminiert – außer heterosexuellen weißen Männern. Diese sind die einzige Gruppe, die angeblich nie diskriminiert wird.

Rassismus ist zu Recht geächtet, denn im Gegensatz zu seiner Religion kann sich niemand seinen Phänotyp, seine Hautfarbe oder seine ethnische Abstammung aussuchen. Aber Religionen müssen kritisierbar bleiben.

In *1984* werden der Staatsdoktrin zuwiderlaufende Gedanken als staatsfeindliche Delikte behandelt (»Gedankenverbrechen«). Die Verinnerlichung von Neusprech soll den Menschen die Möglichkeit nehmen, oppositionelles Gedankengut überhaupt zu hegen, da solche Gedanken ›neusprachlich‹ nicht in Worte zu fassen sind. Auch die heute im Rahmen der Political Correctness eingeführten Sprachregelungen verfolgen letztlich genau diesen Zweck, über die Sprache das Denken zu verändern, bestimmte Sachverhalte nicht mehr aussprechen und damit langfristig auch nicht mehr denken zu können.

In Orwells Dystopie gilt es auch als Verbrechen, nicht den je nach Anlaß geforderten ernsten, freudigen oder haßerfüllten Gesichtsausdruck zu tragen. Auch in diesem Punkt läßt sich zumindest eine gewisse Parallele zur Gegenwart aufzeigen – jedenfalls in den Medien. Man beobachte einmal Gesichtsausdruck und Tonfall der Moderatoren von Nachrichtensendungen und Politmagazinen, wenn sie über seitens des Establishments unerwünschte politische Parteien, Positionen oder Politiker sprechen. Auch die Begrifflichkeiten sind oft eindeutig manipulativ. So werden der bundesdeutschen Außenpolitik genehme Staats- und Regierungschefs in der Regel mit ihrem offiziellen Titel (Staatspräsident, Premierminister usw.) bezeichnet, während im umgekehrten Fall von

»Machthaber«, »Kremlchef«, »Führer« und dergleichen die Rede ist.

Auch wird versucht, den Gebrauch bestimmter, bisher unproblematischer Begriffe zu verhindern. In diesem Zusammenhang ließe sich das propagierte Ersetzen folgender Wörter erwähnen: ›Negerkuß‹ (heißt heute ›Schaumkuß‹ oder ›Schokokuß‹),[95] ›Zigeunerschnitzel‹ (›Balkanschnitzel‹), ›Martinsumzug‹ (›Lichterfest‹ oder ›Laternenumzug‹), ›Weihnachtsmarkt‹ (›Wintermarkt‹), ›deutsches Volk‹ (›Bevölkerung‹[96] oder gar »die schon länger hier Lebenden«). Wir sehen also, daß die Herrschenden über eine Veränderung der Sprache nicht nur Einfluß auf unser Denken nehmen wollen, sondern auch das Spektrum des Denkbaren zu reduzieren bemüht sind. All das passiert, wie so viele andere geplante Veränderungen, recht langsam. Mittels dieser Salamitaktik sind der Prozeß und vor allem die Absicht sehr viel weniger auffällig. Aber der Prozeß vollzieht sich dennoch konsequent Schritt für Schritt und eine Umkehrung scheint nur sehr schwer möglich zu sein.

Dem Philosophen Ludwig Wittgenstein zufolge kann eine Änderung des »Sprachspiels«, wie er es nennt, die Lebenswirklichkeit auf den Kopf stellen und damit auch die bisher gängige Welt der Wortbedeutungen uminterpretieren. In einem veränderten Sprachspiel ist das Leben ein anderes – dafür ist der Neusprech in Orwells *1984* ein beredtes Beispiel.[97]

95 »Negerkuß« bestellt – gekündigt, Focus.de, 19.7.2016.

96 Bevölkerung, Wikipedia.de.

97 Die Tagespost, 17.12.2020, S. 21.

Unperson

> Immer wenn A und B im Gegensatz zueinander stehen, wird derjenige, der A angreift oder kritisiert, beschuldigt, B zu helfen und zu unterstützen. Und oft stimmt es, objektiv und kurzfristig gesehen, daß er die Dinge für B tatsächlich einfacher macht. Darum, sagen die Anhänger von A, haltet den Mund und kritisiert nicht: oder, wenn ihr schon kritisieren müßt, dann wenigstens »auf konstruktive Weise«, was in der Praxis immer gleichbedeutend ist mit günstig. Und von da ist es nur ein kleiner Schritt zu der Folgerung, daß die Unterdrückung und Entstellung bekannter Tatsachen die höchste Pflicht eines Journalisten ist.
>
> George Orwell, »Wahrheit«

1984

Im Roman gibt es die sogenannten Unpersonen. Eine Unperson ist ein politischer Gegner, dessen Existenz schlichtweg geleugnet wird: Es hat diese Person per Definition nie gegeben, sie hat nie existiert. »Die Leute verschwanden ganz einfach. [...] Der Name wurde aus den Registern gestrichen, alle Tätigkeitsspuren wurden gelöscht, die ehemalige individuelle Existenz geleugnet und dann vergessen. Man wurde getilgt, annulliert, vaporisiert, so lautete die offizielle Sprachregelung dafür.«

Die herrschende Partei und Regierung erklären damit jegliche Opposition gleichzeitig für illegal wie auch für nahezu nicht existent. Damit sichern sich die Herrscher ihre Macht. Mit der andauernd berichteten vermeintlichen staatsfeindlichen Gefahr rechtfertigen sie außerdem die extremen Überwachungsmaßnahmen. Diese führen dazu, daß selbst die ergebensten Bürger in ständiger Angst vor Denunzierung leben.

2020

Eine solche Vorgehensweise existiert heute in Deutschland nicht. In anderen Ländern dagegen schon, zum Beispiel in Nordkorea. Überhaupt dürfte Nordkorea das Land sein, das die Ideen Orwells am umfassendsten umgesetzt hat. Das System dort gleicht einem einzigen Alptraum. Zumindest ist das der Eindruck, den die spärlichen Informationen hinterlassen, die es von dort in die übrige Welt schaffen. Vielleicht war das auch der Grund, warum die Schriftstellerin Luise Rinser das System dort lobte. Rinser fühlte sich zeitlebens zu politischen Extremisten hingezogen, erst zu den Nationalsozialisten, später, als diese aus der Mode kamen, zu Kommunisten und Linksextremisten.[98] Sie befindet sich damit in der Gesellschaft zahlreicher linker Schriftsteller, Kulturschaffender sowie Politiker insbesondere der Linkspartei und der Grünen. Warum viele ›PolitikerInnen‹ der Grünen und auch der Linkspartei (die im übrigen rechtsidentisch mit der früheren SED der DDR ist) früher (?) offenbar ein Faible für kommunistische Massenmörder wie Mao oder Pol Pot oder für kommunistische Diktatoren wie Fidel Castro hatten, bleibt unklar.[99]

98 Luise Rinser – Politische Positionen, Wikipedia.de.

99 Armin Fuhrer und Hartmut Kistenfeger: Einst Kommunist, heut' grün, Focus.de, 7.3.2016.

In den etablierten Medien wird diese geistige Nähe vieler linker Politiker zu kommunistischen Ideen und ihren mit roher Gewalt herrschenden Führern allerdings so gut wie nie thematisiert oder wahlweise verharmlost, so in der *Frankfurter Rundschau* vom 12. Mai 2016.[100] Dort erfährt der geneigte Leser, daß der Ministerpräsident von Baden-Württemberg, Winfried Kretschmann, den Maoismus heute für eine »ideologische Verirrung« hält. In Anbetracht der Tatsache, daß diese ideologische Verirrung mindestens zwischen 50 und 60 Millionen Tote gefordert hat, ist das eine etwas fragwürdige Einschätzung. (Manche Schätzungen sprechen von bis zu 80 Millionen Toten. Mao gebührt damit die zweifelhafte Ehre, der größte Massenmörder aller Zeiten zu sein, noch vor Stalin, dem Platz 2, und Hitler, dem Platz 3 zukommt.) Nun waren die unfaßbaren Verbrechen des großen Vorsitzenden Mao und seines Regimes durchaus schon in den sechziger und siebziger Jahren bekannt, so daß sich die Frage stellt, wann genau und warum erst so spät Herr Kretschmann seine Erkenntnis gewonnen hat.

Herr Kretschmann ist mit seiner Vergangenheit als maoistischer Marxist bei den Grünen allerdings nicht allein. So waren etliche prominente spätere Mitglieder der Grünen vorher Mitglied im Kommunistischen Bund bzw. im Kommunistischen Bund Westdeutschland, so unter anderem Jürgen Trittin, Rainer Trampert, Angelika Beer und Thomas Ebermann.[101]

Allerdings muß zugestanden werden, daß grüne Politiker*_Innen ihren Mangel an Distanz zu Diktatoren

100 Finn Mayer-Kuckuk: Einmal Mao und zurück, FR.de, 12.5.2016.

101 Kommunistischer Bund, Wikipedia.de.

und Folterregimen nicht auf kommunistische Systeme beschränken. Die aktuelle Bundestagsvizepräsidentin, Claudia Roth, zeigt eine auffällige Nähe zum islamistischen Regime des Iran und herzt zum Beispiel sehr gern den iranischen Parlamentssprecher und notorischen Antisemiten Ali Laridschani.[102]

Dies gilt in allen linken Parteien zum Teil bis heute. Die Zuneigung von Politikerinnen der Linkspartei zum kommunistischen Diktator Maduro und dem von ihm, seinem Amtsvorgänger Hugo Chavez und deren Regime völlig ruinierten Land Venezuela ist befremdlich. Wenn Venezuela der »Sozialismus des 21. Jahrhunderts« sein soll, dann bekommen wir eine Vorstellung davon, wie sich die SED – pardon, die Linkspartei, den Umbau unseres Landes vorstellt.[103]

So weit eine kleine Einführung in das Kapitel »Unpersonen«, die deshalb hier steht, weil derart fragwürdige Ansichten und Verhalten ›linker‹ Politiker *gerade nicht* dazu führen, daß diese aus dem gesellschaftlichen Diskurs ausgeschlossen werden und damit zu ›Unpersonen‹ werden.

Ganz anders verhält es sich mit ›rechten‹ Politikern. Wenn man bei diesen eine Nähe zu Positionen des Nationalsozialismus vermutet – und das geht heute sehr, sehr schnell; es reicht schon aus, die niedrige Geburtenrate ethnischer deutscher Frauen zu benennen –, wird umgehend die Chimäre einer angeblich

102 Antje Schippmann: Claudia Roth: Bundestags-Vizepräsidentin herzt Israel-Hasser, Bild.de, 20.10.2019; »Die Frauen der Website My Stealthy Freedom«: Protest gegen Roths Kopftuch!, Emma.de, 27.1.2015.

103 Tobias Käufer: Die Linke und ihre Liebe zum Massenmörder Maduro, Welt.de, 9.12.2020.

drohenden rechten ›Machtergreifung‹ an die Wand gemalt.

›Rechte‹ Politiker sind daher heute fast schon Unpersonen. Sie treten in den staatsfinanzierten öffentlich-rechtlichen Programmen und den staatlich unterstützten privaten Medien so gut wie nie auf. Sie werden nur selten interviewt und noch seltener in die großen Talkshows genannten Propaganda- und Unterhaltungssendungen wie die einer Anne Will oder Maybrit Illner eingeladen. Zur Begründung heißt es meist, man wolle den umstrittenen Personen und Positionen ›keine Bühne bieten‹ oder ›keinen Raum geben‹. Dem Bürger und Wähler wird damit die Möglichkeit genommen, sich selbst ein Bild zu machen. Hält man in ARD und ZDF und zum Beispiel bei der *Süddeutschen Zeitung* die Bürger für unmündige Kinder, die man an die Hand nehmen und vor Falschmeinungen schützen muß? Offenbar ja (siehe dazu auch etwas weiter oben den Hinweis auf die Moderatorin Anja Reschke).

Natürlich gab es in Deutschland auch nach 1945 Fans von Adolf Hitler. In seltenen Fällen gibt es auch heute noch welche. Nur sind sie heute ohne jede Bedeutung. Sie haben weder irgend etwas zu sagen noch die geringste Aussicht, daß es je dazu kommen könnte. Das unterscheidet die verirrten Hitler-Anhänger von Teilen der Grünen und Linken, denn diese sind im heutigen Deutschland sogar sehr mächtig. Sie stellen Ministerpräsidenten, sind an vielen Landesregierungen beteiligt, und kaum ein Gesetz wird verabschiedet, das sie ablehnen, da sie über den Bundesrat mitbestimmen. In den Medien sind sie die absolut dominierende Kraft.[104] Man kann mit Fug und Recht feststellen, daß Grüne und Linke die kulturelle Hegemonie ausüben und daher ganz entscheidende politische Gruppierungen sind. Die derzeitige Rolle als kleine Oppositionsparteien im Bundestag kann man daher durchaus als Theater ansehen.

Daher ist auch die Politik der Bundeskanzlerin eindeutig dem links-grünen Spektrum zuzuordnen. Ehemals konservative, typische CDU-Positionen hat Frau Merkel über die Jahre konsequent abgeräumt (Atomausstieg: erst nein und dann ja; Eurobonds: erst ›nur über meine Leiche‹ und jetzt unter neuem Namen ›Corona-Bonds‹ oder ›Green New Deal‹ doch; Bundeswehr: de facto demilitarisiert; Zuwanderung: erst Parallelgesellschaften beklagen und heute das genaue Gegenteil vom damals Gesagten).[105]

Bei uns gibt es das bewußte Verschweigen von Personen und Positionen. Dieses Phänomen ist unter dem Begriff ›Schweigespirale‹ bekannt. Es ist vielleicht sogar noch wirksamer, als einen politischen Gegner negativ zu erwähnen. Statt dessen erwähnt man ihn einfach gar nicht. Zur Begründung heißt es, man will ihm ›kein Forum bieten‹, seinen Namen in den Medien nicht nennen, seine Positionen nicht bekanntmachen.

Im Ergebnis haben wir damit doch eine Unperson. Mit solchen sollte ein ›anständiger Mensch‹ nichts zu tun haben. Mit ihnen sollte man nicht zusammen gesehen wer-

104 Michael Rasch: Das Herz des deutschen Journalisten schlägt links, NZZ.ch, 8.11.2018.

105 Angela Merkel über Flüchtlinge / Migration 2000 - 2019, YouTube, Fantastic-Life.

den oder auf Facebook befreundet sein. Das wären sonst sozusagen ›Kontaktverbrechen‹.

Ein Beispiel: Herr A ist bekanntes NPD-Mitglied. Herr A und Herr B kennen sich nicht. Beide nehmen unabhängig voneinander an einer Demonstration zum Beispiel gegen Gewalt gegen Frauen teil. Dann berichten interessierte Medien nicht etwa logisch, daß Herr B sich gegen Gewalt gegen Frauen ausspricht. Statt dessen konstruieren sie bei ihm eine Nähe zum Nationalsozialismus, weil er an einer Veranstaltung teilgenommen hat, die auch von Herrn A besucht wurde, von dem aufgrund seiner bekannten Parteimitgliedschaft eine solche Nähe zum Nationalsozialismus anzunehmen ist.[106]

Darüber hinaus werden Personen, die staatlicherseits unerwünschte Meinungen vertreten, durch Begriffe wie ›Verschwörungstheoretiker‹, ›Klimaleugner‹ oder ›Corona-Leugner‹ gebrandmarkt. Auch auf diese Weise sollen diesen Personen und den von ihnen vertretenen Standpunkten Glaubwürdigkeit und Seriosität abgesprochen werden.

Ein interessantes Beispiel für Unpersonen im heutigen Deutschland, ja in Europa, ist der Österreicher Martin Sellner. Er ist der führende Kopf der Identitären Bewegung. Dabei handelt es sich um eine zahlenmäßig recht kleine Gruppierung, die sich – so ihre Selbstdarstellung – insbesondere gegen die Überfremdung Europas durch unkontrollierte Massenzuwanderung aus außereuropäischen Kulturkreisen richtet. Wenig überraschend wird

106 Siehe etwa Sabine Beikler: CDU-Abgeordnete: »Ich bin alles andere als fremdenfeindlich«, Tagesspiegel.de, 10.5.2016.

diese Gruppierung vom deutschen Verfassungsschutz als rechtsextremistisch eingestuft. Diese Einstufung kann der Verfassungsschutz selbständig vornehmen. Sie bleibt so lange gültig, bis der Verfassungsschutz die Einstufung seinerseits ändert oder bis die Bewegung gegen diese Einstufung erfolgreich vor Gericht klagt. Eine solche Klage der Bewegung wurde im November 2020 nach einem dreijährigen Verfahren vom Bundesverfassungsgericht abgelehnt. Dabei hat es der Bewegung offensichtlich auch nicht geholfen, daß ihr exakt null Gewaltdelikte vorgeworfen werden konnten – vielmehr erklärt sich die Gruppierung auf ihrer Webseite als ausdrücklich gewaltfrei und sie betont ihr uneingeschränktes Bekenntnis zur freiheitlich-demokratischen Grundordnung.[107]

Es scheint, daß es Medien und Establishment besonders wütend macht, daß die Identitären Aktionsformen nutzen, die bisher scheinbar exklusiv von linken Gruppierungen benutzt wurden.[108]

Ob diese Einstufung durch den Verfassungsschutz nun richtig oder falsch ist und ob diese Bewegung gefährlich oder ungefährlich ist, soll hier nicht das Thema sein. Vielmehr geht es um den Umgang des ›Systems‹ mit dem Bürger Martin Sellner. Denn er ist ein Bürger Österreichs mit (theoretisch) allen Rechten und Pflichten wie jeder andere Österreicher auch. In mehreren Gerichtsverfahren wurde er von dem Vorwurf

107 Stellungnahme der Identitären Bewegung Deutschland e. V. zur Beobachtung der IBD durch den Bundesverfassungsschutz, Identitaere-Bewegung.de, 12.8.2016; Interview mit Martin Sellner, *Junge Freiheit* 44/2020, 23.10.2020, S. 3.

108 Klage gegen den Verfassungsschutz. Ein Prozeßbericht, Identitaere-Bewegung.de, 12.11.2020.

der ›Verhetzung‹ (so nennt man in Österreich das, was in der Bundesrepublik Deutschland ›Volksverhetzung‹ heißt) oder sonstiger rechtswidriger Handlungen stets freigesprochen. Trotzdem ist er eine Persona non grata. Ihm wurden mehrfach Bankkonten gekündigt, ohne daß die jeweiligen Geldhäuser irgendwelche illegalen Transaktionen auch nur behauptet hätten. Er wurde auf allen großen sozialen Medien gesperrt (Facebook, YouTube, Twitter), um ihn so aus der Öffentlichkeit auszuschließen. Großbritannien verhängte ein Einreiseverbot gegen ihn.

Wer das nicht glaubt, kann den Wahrheitsgehalt dieser Behauptung sehr einfach selbst überprüfen. Er oder sie möge für alle offen sichtbar Kontakt mit Herrn Sellner aufnehmen, ihn zum Beispiel bitten, seine Positionen kurz und knapp zu erläutern, und anschließend die Antwort über die üblichen Online-Kanäle weiterverbreiten. Das kann durchaus mit einer kritischen oder distanzierenden Einordnung gemacht werden. Trotzdem wird er oder sie danach vielleicht überrascht zur Kenntnis nehmen, was mit ihm oder ihr geschieht. Wer schon immer mal einsam sein wollte, hat so die Möglichkeit, diesen Wunsch in Erfüllung gehen zu lassen.[109]

Aus aktuellem Anlaß nehmen wir nun auch noch die ›Unperson des Jahres 2021‹ hier mit in die Liste auf. Dieser erste Platz gebührt eindeutig dem ehemaligen Präsidenten der USA, Donald Trump. Es reichte nicht, daß Herr Trump schon vor Beginn und vor allem während der vier Jahre seiner Amtszeit in den meisten amerikanischen und

109 8. und 15. Februar 2020, Klonovsky.de.

erstaunlicherweise vor allem in deutschen Mainstream-Medien mit Kübeln von Haß übergossen wurde. Nein, nach der Wahl im November 2020 und dem ›Sturm aufs Kapitol‹ am 6. Januar 2021, der erwiesenermaßen zumindest zum Teil von Linksextremisten ausgeführt wurde,[110] läßt man ihn ›verschwinden‹. Die Demokraten wollten ein erneutes Amtsenthebungsverfahren, wenige Tage bevor er sowieso gehen mußte. Bemerkenswert ist vor allem die Tatsache, daß die mächtigen Internetkonzerne Twitter, Google, Amazon & Co. ihn gesperrt und damit von seinen 75 Millionen Followern abgeschnitten haben. Völlig unabhängig davon, was man von Herrn Trump hält, müßte es jeden demokratischen und rechtsstaatstreuen Bürger mehr als nur wundern, wenn ein mächtiger Privatkonzern den zu diesem Zeitpunkt noch amtierenden (!) Präsidenten der USA praktisch mundtot machen konnte!

110 Kornelia Kirchweger: Beim Sturm auf das Kapitol: Weitere Hinweise auf Antifa-Beteiligung, Wochenblick.at, 9.1.2021.

Bücher

> Falls Freiheit überhaupt etwas bedeutet, dann bedeutet sie das Recht darauf, den Leuten das zu sagen, was sie nicht hören wollen.
>
> George Orwell,
> Vorwort zu *Farm der Tiere*

1984

Eine freie Literatur gibt es in der Welt von *1984* nicht. Es wird nur veröffentlicht, was von staatlicher Stelle produziert und folglich akzeptiert wurde.

Ältere Bücher, Zeitschriften und Zeitungen werden vom Ministerium für Wahrheit laufend auf ihre politische Korrektheit geprüft und gegebenenfalls umgeschrieben (siehe »Wahrheitsministerium). »Es war höchst unwahrscheinlich, daß irgendwo in Ozeanien ein Exemplar eines vor 1960 geschriebenen Buches existierte.« Das erspart Bücherverbrennungen. Diese gibt es 1984 trotzdem. Sie haben allerdings vor allem symbolischen Charakter.

Und schließlich ist da noch »*das* Buch«. Das hat der Oppositionelle und Staatsfeind Nummer eins, Emmanuel Goldstein, geschrieben. Jedermann kennt das Buch nur vom Hörensagen oder aus der abfälligen Berichterstattung über Goldstein. Das Buch selbst ist nirgends zu bekommen.

Winston Smith wird von einem vermeintlichen Mitglied der Goldstein-Bewegung höchst vertraulich ein Exemplar übergeben. Dies passiert aber offensichtlich nur, um ihn damit wenig später als Gedankenverbrecher überführen und festnehmen zu können.

2020

Heute gibt es eine geradezu unüberschaubare Vielfalt an Büchern sowie eine Vielzahl von Verlagen. Also gerade das Gegenteil der Orwellschen Welt? Leider nein. Denn ähnlich wie bei Rundfunk und Presse wird auch der Buchmarkt heute von wenigen großen Konzernen dominiert. Allerdings existieren daneben zahllose Klein- und Kleinstverlage mit zum Teil sehr beachtlichen Erfolgen.

Wenigen ist bewußt, daß auch bei uns heute versucht wird, politisch unerwünschte Schriften zu unterdrücken. Dazu werden sogar Bestenlisten und Bestsellerlisten im Sinne der Political Correctness manipuliert.

Großes Aufsehen erregte Anfang 2017 das Buch *Finis Germania* von Rolf Peter Sieferle. Sieferle, der sich im Jahr 2016 das Leben nahm, war renommierter Historiker. Er lehrte zuletzt Allgemeine Geschichte als ordentlicher Professor der Universität St. Gallen. Während seines Studiums gehörte er dem Sozialistischen Deutschen Studentenbund an. In seiner Dissertation beschäftigte er sich mit Karl Marx. Als Forscher zu Umweltgeschichte, Industrialisierung und Energieversorgung hat er sich einen Namen gemacht und war zu diesen Themen auch Mitglied in Forschungsgruppen der Bundesregierung. Seit der Veröffentlichung seines Buchs *Die Konservative Revolution* im Jahr 1995 gilt er als ›umstritten‹. Spätestens mit dem Erscheinen von *Das Migrationsproblem* 2015 wird er der neurechten Szene zugeordnet. Ein Autor mit einer beeindruckenden persönlichen und ebenso spannenden inhaltlichen Entwicklung.

Sieferles postum veröffentlichtes Buch *Finis Germania* wurde vorgeworfen, es verbreite ›rechtslastige Verschwörungstheorien‹. Trotzdem war es im Juni 2017 auf Platz 9 der Liste der »Sachbücher des Monats«, die vom NDR und der *Süddeutschen Zeitung* herausgegeben wird. Diese Plazierung eines Buches mit ›umstrittenen‹ Inhalten löste einen öffentlichen Skandal aus. Es wurde hinterfragt, wie es dazu kommen konnte. Der Grund war das Bewertungssystem für die Bestenliste. Jeder Juror kann eine bestimmte Anzahl an Punkten nach Belieben auf verschiedene Bücher aufteilen. *Finis Germania* hatte genügend Punkte für Platz 9 erreicht, weil ein Juror – anders als üblich – all seine Punkte für dieses eine Buch vergeben hatte. In der Folge sah sich dieser Juror gezwungen, aus der Jury auszuscheiden. Außerdem änderte die Jury daraufhin ihr Reglement, womit künftig eine derartige Möglichkeit zur Auszeichnung eines Buches ausgeschlossen wurde.

Aber damit nicht genug. Nach der Auszeichnung in der Sachbuchliste war das Buch wochenlang auf führenden Plätzen, teilweise auf Platz 1, verschiedener Bestsellerlisten. Wenig später hat der *Spiegel* das Buch, nachdem es auf Platz 6 der *Spiegel*-Bestsellerliste rangierte, still und heimlich von seiner Liste gelöscht. Dies sei aus einer »besonderen Verantwortung« geschehen, wurde später zur Begründung angegeben. Wir sehen also, wie ein Buch mit politisch unerwünschtem Inhalt, wenn es zu erfolgreich wird, unterdrückt wird. Und zwar völlig ohne Mitwirkung staatlicher Organe, sondern in freiwilliger Selbstzensur von Zeitungen, Verlagen und Juroren. Immerhin hat dieses Vorgehen dann seinerseits einen Skandal ausgelöst. Selbst Kritiker, die *Finis Germania* als »schreckliches Buch« bezeichneten, haben das Vorgehen des *Spiegel* dagegen als einen journalistischen Skandal bezeichnet.[111]

Immerhin war Sieferles Buch weiterhin uneingeschränkt erhältlich. Dem Autor Akif Pirinçci wurde das versagt. Sein 2014 erschienenes Buch *Deutschland von Sinnen* galt gleich nach Erscheinen als umstritten. Vollkommen zu einer Persona non grata wurde Pirinçci aber nach einer Rede bei einer Dresdner Pegida-Demonstration im Jahr 2015. Den Demonstranten hatte seine Rede zwar nicht gefallen, die auch vom Veranstalter vorzeitig abgebrochen wurde. Aber darum geht es hier nicht. Pirinçci unterstellte den die Migration befürwortenden Politikern, daß diese ihre Gegner, wenn sie denn könnten, am liebsten in Konzentrationslager stecken würden. Er meinte also ganz klar, daß beispielsweise CDU- oder SPD-Politiker – wie einst die Nationalsozialisten ihre Gegner – Kritiker wie die Pegida-Demonstranten am liebsten in Konzentrationslager einliefern würden, wenn sie die Möglichkeit dazu hätten. Er hat also die ›guten‹ Politiker mit den bösen Nazis verglichen. Das wurde ihm zum Verhängnis. In der Berichterstattung der großen Medien wurde diese Aussage in ihr Gegenteil verkehrt (siehe dazu das Kapitel »Rundfunk«). Damit war der Skandal perfekt: »Pirinçci fordert KZs«. Obwohl er genau das Gegenteil gesagt hatte. Und nirgends in den etablierten Medien wurde diese Verdrehung korrigiert. Dabei hätte es viele gute Gründe gegeben, diese Rede auch ohne die Verdrehung zu kritisieren. Aber den Medien und den etablierten Politikern ging es offensichtlich um die maxi-

111 Finis Germania, Wikipedia.de; Christian Schröder: Rauswurf für rechtsradikales Buch: Bestsellerliste ohne ›Finis Germania‹, Tagesspiegel.de, 25.7.2017.

male Skandalisierung und somit den maximalen Schaden für den Redner und Autor – und sei es auf Kosten der Wahrheit. Die Folge dieses von den Medien somit vorsätzlich inszenierten Skandals war nicht die Korrektur von Bestsellerlisten. Vielmehr hat der Buchhandel, allen voran der bedeutendste Händler, Amazon, den Vertrieb von Pirinçcis sämtlichen Büchern – inklusive seiner früheren, völlig unpolitischen Romane, der berühmten Katzenkrimis – eingestellt. Der Goldmann-Verlag hat seine Romane aus dem Programm gestrichen. In der Liste der Verlagsautoren fehlt der Name Pirinçci im Mai 2020. Seine Bücher sind im Online-Shop von Thalia nicht auffindbar. Amazon listet die Bücher noch, verkauft sie aber selbst nicht mehr. Man kann sie nur noch via Amazon Marketplace bei Drittanbietern bestellen.

Fassen wir den Fall Pirinçci zusammen: Wegen einer angeblichen Aussage, die er so nicht (!) getätigt hat – vielmehr hatte er das genaue Gegenteil behauptet –, wurde ein Autor gesellschaftlich geächtet und ihm wurde seine wirtschaftliche Basis entzogen. All das vermutlich, weil man den wegen seiner provozierenden Aussagen unbeliebten Autor aus dem Weg räumen wollte. Da er keinen echten Anlaß dazu bot, hat man diese Gelegenheit genutzt und ihm das Wort im Munde verdreht. Von wem auch immer dieser Plan ausging – ausnahmslos alle Mainstream-Medien und Politiker haben diese Formulierung übernommen. Das bedeutet entweder, daß die betreffenden Journalisten diese Verfälschung bewußt mittragen, oder aber, daß sie den absoluten Grundsatz ihres Berufes, Behauptungen und Quellen immer zu überprüfen, sträflich mißachtet haben. In einem Land, das neben der Pressefreiheit auch die Meinungsfreiheit und die Kunstfreiheit für wichtig und schützenswert hält und das sich als vorbildlicher Rechtsstaat versteht, ist das doch sehr irritierend.

Geradezu abenteuerlich mutet die Geschichte an, die Thorsten Schulte über die Veröffentlichung seines Buches *Fremdbestimmt* im Jahr 2019 berichtet.[112] Zwei Verlage haben die Veröffentlichung seines Buches jeweils entgegen vorigen Zusagen abgelehnt. Die Ablehnung erfolgte in beiden Fällen ohne Angabe von Gründen. Wirtschaftliche Gründe sind so gut wie ausgeschlossen, da Schulte bereits mehrere Bestseller veröffentlicht hatte und die Verlage so auch für das neue Buch mit guten Umsätzen und Gewinnen rechnen durften. Es müssen also gravierende Gründe bei den Verlegern vorgelegen haben, wenn sie sich ein absolut sicheres, sehr ertragreiches Geschäft entgehen lassen. Es ist anzunehmen, daß die Entscheidungen mit dem politisch nicht korrekten Inhalt des Buches zu tun hatten. Nach den zwei Absagen hat Schulte das Buch dann im Selbstverlag veröffentlicht. Und auch das war alles andere als einfach. Schulte berichtet, daß die Eintragung des Unternehmens beim Amtsgericht von besonderen Schwierigkeiten gekennzeichnet war. Und warum all das? Es müssen also die Inhalte sein. Schulte sagt, daß er in seinem Buch die Geschichtsschreibung demaskiert, indem er Unwahrheiten, Halbwahrheiten und das Weglassen wichtiger Fakten aufdeckt und unser bisheriges Geschichtsbild so als verzerrt entlarvt.

112 Thorsten Schulte. Wie das Buch unterdrückt werden sollte, Fremdbestimmt.com, o. D.

Ein weiteres Beispiel ist das Buch *So beherrscht man die Welt* des Spaniers Pedro Baños. Dieses ist in Deutschland 2019 beim Heyne-Verlag erschienen. Es wurde aber – ebenso wie die englische Übersetzung bei Penguin Books – wenig später aus dem Programm gestrichen. Auf der Webseite des Heyne-Verlags sind das Buch wie auch der Autor heute nicht mehr auffindbar. Warum ist das so? Denn zunächst wurde das Werk ja ins Verlagsprogramm aufgenommen und wenig später bereits von dem renommierten Politikwissenschaftler Herfried Münkler in der *Frankfurter Allgemeinen Zeitung* rezensiert.[113] Münkler übt dabei heftige Kritik an dem Buch. Er wirft ihm unter anderem innere Widersprüche und eine Nähe zu Verschwörungstheorien vor. Antisemitische Inhalte hat er aber offensichtlich nicht festgestellt. Es ist wohl anzunehmen, daß Münkler hier erfahren und aufmerksam ist. Solche problematischen Inhalte hätte er also mit Sicherheit erkannt, und er hätte sie dann garantiert in seiner Buchbesprechung erwähnt. Auch die Videobesprechung von Markus Gärtner für das Magazin *Privatinvestor* findet keine antisemitischen Inhalte.[114] Um so mehr erstaunt, daß der Heyne-Verlag wie auch Penguin Books das Werk aus dem Programm gestrichen haben und als Begründung auf antisemitische Inhalte verweisen. Der Grund dafür ist laut der Zeitung *Die Welt*, daß Baños über einen ganz anderen Grund für den Zweiten Weltkrieg spekuliert, wonach Hitler sich vom internationalen Finanzkapitalismus habe unabhängig machen

113 *Frankfurter Allgemeine Zeitung*, 27.7.2019, S. 12.

114 Die geheimen Geostrategien der Weltpolitik, YouTube, Politik Spezial – Stimme der Vernunft.

wollen, weshalb sein Finanzsystem zerschlagen werden mußte.[115]

Das ist eine sehr gewagte These, fürwahr. Und es ist mehr als verständlich, daß solche Behauptungen Irritationen und auch großen Widerspruch hervorrufen. Trotzdem bleibt es verwunderlich und bemerkenswert, daß in Ländern, denen die Meinungs- und Pressefreiheit ein hohes Gut ist, verhindert wird, solche Überlegungen öffentlich anzustellen. Dabei ist der Effekt solcher Zensur bzw. Selbstzensur der Verlage gerade in diesem Falle eher kontraproduktiv. Denn schon wenig später ist das Buch bei einem anderen Verlag erschienen. Herausgegeben hat es nun der Kleinverlag Der Schelm. Mit wenigen Klicks im Internet, unter anderem auch über die Drittanbieter bei Amazon, gelangt man zum Buch – und wird damit nun tatsächlich auf Bücher mit fragwürdigen Inhalten gestoßen. Denn der Schelm-Verlag vertreibt unter anderem auch Nachdrucke der Bücher von Joseph Goebbels und bewirbt diese auf den letzten Seiten von Baños' Werk.

Wir möchten darauf hinweisen, daß wir hiermit keine inhaltliche Position zu den Büchern und Thesen von Schulte, Sieferle, Pirinçci oder Baños beziehen. Uns sind diese Fälle bekannt geworden. Wir haben dazu recherchiert und uns die Bücher natürlich auch selbst angeschaut, bevor wir hier darüber berichteten. Wir wollen mit diesen Beispielen lediglich auf den Umgang von Medien, Verlagen und Buchhandel mit diesen Autoren hinweisen. Dieses Vorgehen ist höchst bedenklich, und es ist eine erschreckende Parallele zu den von George

115 Alan Posener: Nach der Lektüre seines Buchs fühlt man sich beschmutzt, Welt.de, 13.8.2019.

Orwell in seinem Roman geschilderten Vorgängen. Für diese Einschätzung ist es für uns unerheblich, ob die genannten Autoren mit ihren Aussagen recht oder unrecht haben bzw. ob ihre Aussagen und ihr Gebaren höflich oder unhöflich, politisch korrekt oder politisch nicht korrekt sind. Die Freiheit der Meinung, der Rede und der Kunst, durch die auch die Veröffentlichung von Büchern geschützt ist, gelten grundsätzlich. Sie sind nicht vom Inhalt der Bücher oder Reden abhängig. Wer sollte auch die Kompetenz und die Zuständigkeit haben, diese zu beurteilen? Daß wir hier ausschließlich Beispiele von konservativer Seite anführen, liegt daran, daß wir für vergleichbare Zensurmaßnahmen gegen eher linke Bücher trotz intensiver Recherche keine Beispiele finden konnten.

Allgemein etwas bekannter als diese Maßnahmen gegen politisch unkorrekte Bücher und Autoren sind die Korrekturen von Kinderbüchern. In den meisten Medien wurde über die Änderungen in Astrid Lindgrens *Pippi Langstrumpf* berichtet. Den Vater von Pippi Langstrumpf beschreibt die Autorin als einen »Negerkönig«. Der Verlag hat diesen Ausdruck nun in »Südseekönig« geändert. Anlaß hierzu war, daß das Wort ›Negerkönig‹ heute als rassistisch verstanden wird. Doch damit nicht genug. Auf Drängen des Integrationsrates der Stadt Bonn wurden sämtliche ältere, originale Ausgaben des Buches – also mit dem »Negerkönig« – aus der Bonner Stadtbibliothek entfernt.

Nun werden damit natürlich keine historischen politischen Ereignisse verdreht. Aber die Methodik und der Effekt sind doch sehr ähnlich mit dem Vorgehen in Orwells Roman. Es wird von politischer Seite – mehr oder weniger direkt, gar nicht unbedingt in Gesetzesform – eine notwendige Änderung des Buches beschlossen. Diese wird vom Verlag entsprechend vorgenommen. Außerdem werden alte Versionen vernichtet. Zunächst ist dieser letzte Schritt nur von der Bibliothek in Bonn bekannt. Es ist aber zu vermuten, daß andere Bibliotheken dem Beispiel folgen werden. So wird nur stark beschleunigt, was sonst die Zeit sowieso erledigen würde. Nach und nach werden in den Bibliotheken alte Bücher wegen ihres schlechten Zustandes aussortiert. Nach einigen Jahren werden dann sowohl in Bibliotheken als auch in privatem Besitz keine ursprünglichen Versionen mehr vorhanden sein. Vielleicht kennen oder finden einzelne Menschen dann dieses hier vorliegende Buch, die hier dargestellte Entwicklung und Diskussion, oder sie haben oder entdecken noch eine alte Ausgabe von *Pippi Langstrumpf* mit der ursprünglichen Wortwahl der Autorin. Aber vielleicht ab dem Jahr 2040 wird nahezu jedermann – und jede Frau – davon ausgehen, daß bei Astrid Lindgren der »Südseekönig« genauso selbstverständlich original und authentisch ist wie das Taka-Tuka-Land.[116]

Pippi Langstrumpf ist dabei nur das prominenteste Beispiel. Berichtet wurde bereits auch über die Umschreibung des »schwarzen Mohren« im Kinderbuchklassiker *Der Struwwelpeter*. Noch weiter geht es, wenn die Genderwissenschaftlerin Prof. Antje Hornscheidt (die sich selbst mittlerweile genderneutral

116 Henning Hübert: Südseekönig statt Negerkönig, Deutschlandfunk.de, 3.3.2011.

mit Vornamen »Lann« nennt[117]) das Buch *Tim im Kongo* aus der Reihe *Tim und Struppi* generell für fragwürdig hält.[118] Immerhin scheint sie mit ihrem Verbotsansinnen nicht erfolgreich gewesen zu sein. Im Mai 2020 war dieses Buch noch erhältlich.

117 Lann Hornscheidt, Wikipedia.de.

118 Ist »Pippi Langstrumpf« rassistisch? »Negerkönig« sorgt für Ärger, n-tv.de, 24.2.2011.

Zensur???

> Bertrand Russell weist nach, daß das Riesensystem organisierter Lüge, auf das sich Diktatoren stützen, ihre Anhänger von den Fakten abschneidet und sie gegenüber denen benachteiligt, die diese Fakten kennen.
>
> George Orwell, »Macht«

1984

Die Weisungen, die er [Winston Smith] erhalten hatte, bezogen sich auf Artikel oder Nachrichtenmeldungen, die aus diesem oder jenem Grund geändert oder, wie die offizielle Wendung lautete, richtiggestellt werden sollten. So ließ sich z. B. der *Times* vom 17. März entnehmen, daß der Große Bruder in seiner Rede vom Vortag prophezeit hatte, es werde an der Südindien-Front ruhig bleiben, in Nordafrika aber in Kürze eine eurasische Offensive erfolgen. Nun hatte jedoch das eurasische Oberkommando seine Offensive in Südindien gestartet und Afrika unbehelligt gelassen. Deswegen mußte ein Absatz in der Rede des Großen Bruders so umgeschrieben werden, daß er das tatsächliche Geschehen vorausgesagt hatte. Die *Times* vom 19. Dezember hatte die offiziellen Prognosen verschiedener Konsumgüter im vierten Quartal 1983 publiziert, das gleichzeitig auch das sechste Quartal des IX. Dreijahresplanes war. Die heutige Ausgabe brachte eine Aufstellung der tatsächlichen Produktion, aus der hervorging, daß die Prognosen für alle Sparten danebenlagen. Winstons Job bestand darin, die ursprünglichen Zahlen so richtigzustellen, daß sie mit den späteren übereinstimmten.

2020

Im Teil »Kurz und knapp« haben wir eine Reihe von Beispielen für Zensur erwähnt. Diese empfehlen wir dem geneigten Leser zur eigenen Recherche. Schauen Sie jeweils, was die ausgewiesenen Qualitätsmedien wie ARD, ZDF, *Der Spiegel*, die *FAZ*, die *Süddeutsche Zeitung*, die *taz* oder *Die Zeit* über Anti-Corona-Demonstrationen, Merkel-muß-weg-Demonstrationen, die Gelbwesten-Proteste in Frankreich oder über den Musiker Xavier Naidoo berichten. Und dann begeben Sie sich in die Tiefen des Internets. Meist führt schon die Eingabe des entsprechenden Themas in die Suchmaschine Ihres Vertrauens, zumindest auf den weiter hinten liegenden Seiten der Ergebnisliste, zu höchst interessanten Einsichten. Sie werden vermutlich keine rechtsradikalen oder antisemitischen Äußerungen von Xavier Naidoo finden. Sie werden (viel zu) zahlreiche Videos finden, die massive und mutwillige Gewalt der Polizei gegen die Gelbwesten-Demonstranten in Frankreich genauso wie gegen die Querdenken-Demonstrationen in Deutschland zeigen.

Interessant ist es auch bei Nachrichten zur aktuellen Inflation. Sie werden in sämtlichen Qualitätsmedien kaum einen kritischen Hinweis auf die aktuelle Inflation oder die Entwicklung der letzten Jahre finden. Aber Sie werden in alternativen Medien, vor allem in der libertären Szene und der sogenannten Österreichischen Schule der Nationalökonomie, zahlreiche Artikel finden, die auf die Problematik unseres Geldsystems eingehen und die

Inflation als staatlich gemacht und gewollt beschreiben. Die Ursache dafür ist ganz einleuchtend: Inflation reduziert den relativen Wert von Schulden. Und der Staat als der größte Schuldner profitiert davon am meisten.

Hier wollen wir uns einem Thema ausführlich widmen: der Manipulation der Online-Enzyklopädie Wikipedia. Wikipedia ist eine der Top-Ten-Seiten im Internet mit den meisten Aufrufen weltweit. Bei fast allen Suchbegriffen verweisen die verschiedenen Suchmaschinen fast immer auf den entsprechenden Wikipedia-Eintrag als einen der ersten Treffer in der Ergebnisliste. Und stimmen Sie uns zu, daß Wikipedia bei den meisten Menschen ein hohes Ansehen genießt? Das Lexikon gilt als zuverlässig und kompetent. Schließlich werden alle Artikel in der Regel von ausgewiesenen Experten des jeweiligen Fachgebietes geschrieben. Und jedermann kann einen Artikel ändern und verbessern, wenn er darin Fehler feststellen sollte.

Das ist die Idee der Schwarmintelligenz. Diese ist sehr gut und hat sich zigfach allerbestens bewährt. Insbesondere unzählige Online-Foren zu den unterschiedlichsten Themen, aber auch zahlreiche Webseiten, die das Wissen vieler verschiedener Nutzer zusammenstellen, belegen das. Auch die Wikipedia war als Schwarmintelligenz gedacht und somit in der Theorie ebenfalls eine sehr gute Idee. Aber leider funktioniert die Wikipedia heute eben nicht mehr nach dem Prinzip der Schwarmintelligenz. Denn es wird von interessierter Seite, zumindest bei bestimmten – zumindest bei den ›politisch korrekten‹ – Themen, in die Inhalte der Wikipedia eingegriffen.

Daß genau das massiv und sehr gezielt passiert, haben die Filmemacher Markus Fiedler und Frank Michael Speer aufgedeckt. Ihre zweistündige Dokumentation hatte auf YouTube bereits über eine Million Aufrufe, als die Plattform den Film dann sperrte. Bei Redaktionsschluß war ein neuer Upload des Videos auf YouTube wieder verfügbar.[119] Unabhängig davon, ob dieser Film dort noch verfügbar ist oder nicht, empfehlen wir den Besuch der Webseite von Markus Fiedler, auf der er gegebenenfalls sicher auf alternative Möglichkeiten, den Film anzuschauen, hinweisen wird.[120]

Ausgangspunkt für den Film war der Wikipedia-Eintrag über den Schweizer Historiker und Friedensforscher Daniele Ganser. Bei diesem Artikel handelte es sich offensichtlich um einen gezielten Versuch, Rufmord zu betreiben. Es gab falsche Zitate, sinnentstellende Zitate, Verweise auf unsachliche, meinungsmachende Zeitungsartikel (was eigentlich gegen die Wikipedia-Regeln verstößt). Auf diese Weise wurde Ganser unter anderem eine Nähe zu Holocaustleugnern nachgesagt, ohne daß es dafür Beweise gibt. Mithin wird so eine Lüge über Ganser verbreitet.

Nun sollte man meinen, daß aufgrund der offenen Struktur der Wikipedia Ganser selbst oder andere den Artikel über ihn mit Leichtigkeit korrigieren und richtigstellen könnten. Dem ist aber nicht so. Wobei – natürlich kann Ganser oder jedermann sonst das tun. Allerdings wird er feststellen, daß diese Änderung nur sehr kurze Zeit aktuell bleibt. Denn dann werden besonders enga-

119 Die dunkle Seite der Wikipedia, YouTube, fiedleraudio.

120 Dokumentarfilm: »Die dunkle Seite der Wikipedia«, Wikihausen.de.

gierte Wikipedia-Autoren mit Administrator-Rechten aktiv, um diese Änderungen sogleich wieder rückgängig zu machen. Das geht bei manchen Artikeln, wie auch in diesem speziellen Fall, oft sehr schnell: innerhalb von Minuten oder wenigen Stunden.

Markus Fiedler spricht auf seiner Webseite daher davon, daß es »totalitäre bzw. mafiöse Sozialstrukturen« in der Wikipedia gibt, »die in Teilen der Online-Enzyklopädie eine sachliche Diskussion bzw. Editierung von Artikeln unmöglich machen. Besonders in politischen und sozialwissenschaftlichen Themenfeldern agieren einige besonders problematische Sichter und Administratoren.« Dieses einseitige und schnelle Eingreifen, um eine Änderung der Ausrichtung oder der Kernaussagen der Artikel zu verhindern, erfolgt anscheinend bei nahezu allen Themen, die im weitesten Sinne von der heutigen Political Correctness betroffen sind. Das gilt also beispielsweise für alles rund um das Gender-Mainstreaming, den Klimawandel oder die aktuelle Migrationskrise. Es betrifft neben Daniele Ganser aber auch zahlreiche weitere Personen, die der Political Correctness öffentlich widersprechen. Dazu zählen Politiker – für die deutschsprachige Wikipedia vor allem jene der Partei Die Republikaner, der Alternative für Deutschland und der österreichischen FPÖ oder beispielsweise der holländische Politiker Geert Wilders und der ungarische Präsident Viktor Orbán.

IN LETZTER MINUTE …
CORONA

Während der Arbeit an diesem Buch überschlagen sich die Ereignisse. Der Umgang mit dem Covid-19-Virus hat tief in unsere Lebensverhältnisse eingegriffen. Klopft man die von George Orwell geschilderten Phänomene der dystopischen ozeanischen Gesellschaft auf das Thema Umgang der Politik mit Covid-19 ab, ergeben sich gewisse Parallelen.

Meinungsherrschaft

Es herrscht eine weitgehende Einheitsmeinung vor, daß die von der Regierung ergriffenen Maßnahmen (Schutzmaßnamen genannt, was impliziert, daß sie tatsächlich schützen) nahezu alternativlos seien. Kritiker der Maßnahmen, mögen sie auch selbst Ärzte oder andere Fachleute sein, werden als nicht ernstzunehmend und gefährlich dargestellt. Eine wirklich offene Diskussion für und wider die Maßnahmen findet nicht statt. So weigerte sich WDR-Programmdirektor Jörg Schönenborn, Wissenschaftler und Ärzte mit abweichenden Meinungen zum Thema Corona in eine Talkshow einzuladen.[121]

Einfluß auf das Sozial- und Sexualverhalten

In Orwells *1984* wird eine Gesellschaft beschrieben, in der Sexualität und überhaupt menschliche Nähe streng reglementiert sind. Die Corona-Politik hat uns Ausgehbeschränkungen, Kontaktverbote und andere Reglementierungen beschert, die bis in den Bereich der Sexualität vordringen. Darf ich überhaupt noch Geschlechtsverkehr

121 WDR-Programmchef lehnt von Corona-Kritikern geforderte Talkshow ab, RND.de, 2.12.2020.

haben, selbst innerhalb einer festen Partnerschaft?[122] Diese Frage wurde ernsthaft in der Presse aufgeworfen. Die Anbahnung von Beziehungen ist erschwert. Treffen müssen heimlich stattfinden, da sie einen Verstoß gegen Ausgangs- und Kontaktverbote darstellen können. Von einem Rückgang spontaner Sexualkontakte wird berichtet, Bordelle wurden geschlossen, Prostitution wurde sehr streng reglementiert.[123] Wie immer man dies moralisch bewerten mag: dies alles ist eine Auswirkung der Corona-Politik auf das Sexualverhalten. Eine Steigerung der Zugriffe auf pornographische Inhalte im Internet wurde nachgewiesen.[124] Auch jenseits des Sexuellen sind körperliche Nähe und Zuwendung eingeschränkt.[125]

Goldstein-Bewegung

Kritiker der Covid-19-Maßnahmen werden in Politik und Medien regelmäßig als gefährliche, hassenswerte Subjekte vorgeführt, zum Beispiel die ›Querdenker‹ – vielfach auch unter dem Vorwand der ›Lustigkeit‹ und der ›Satire‹.

Haß-Sendung

Man schaue sich die ›Vorführung‹ demonstrierender Gegner der Corona-Politik zum Beispiel in der »heute-show« des ZDF an. Ziel ist es, sämtliche Kritiker durch Fokussierung auf möglichst schrille Aussagen von mög-

122 Melanie Büttner und Sven Stockrahm: Der Corona-Survival-Guide für Ihre Beziehung, Zeit.de, 24.3.2020.

123 Sex in Corona-Zeiten – Das müssen Sie jetzt beachten, MDR.de, 31.5.2021.

124 Therapeutin: Corona verändert auch das Sexualverhalten, RND.de, 28.5.2020.

125 Frühstart-Corona-Spezial mit Dr. Barbara Rothmüller. Corona, Sex und Zärtlichkeit, RTL.de, 20.11.2020.

lichst unbeholfenen Teilnehmern lächerlich zu machen. Auch wird häufig der Vorwurf in den Raum gestellt, die Demonstrationen seien Ereignisse, durch die das Virus stark verbreitet würde, so daß die Kritiker als Verantwortliche für den Tod von Menschen hingestellt werden und als diejenigen, bei denen man sich ›bedanken‹ könne, wenn noch schärfere Maßnahmen ergriffen werden ›müssen‹. Auch werden ausländische Politiker, die in der Corona-Politik eine andere Linie fahren, etwa US-Präsident Trump und Brasiliens Präsident Bolsonaro, gern in den Medien vorgeführt.[126]

»Krieg ist Frieden«

»Krieg ist Frieden« ist das berühmteste Zitat aus *1984* für die Verdrehung von Sprache bzw. Tatsachen. Dem kommt die Behauptung des bayerischen Ministerpräsidenten Söder gleich, der die Maske – zu deren Tragen die Bürger unter Androhung von staatlicher Gewalt de facto gezwungen werden – als »Instrument der Freiheit« bezeichnete.[127]

Neusprech: Kontrolle der Sprache, Framing

Kritiker der regierungsseitigen Maßnahmen werden mit abwertenden Begriffen belegt: ›Covidioten‹, ›Corona-Leugner‹ (in dieser Form erstmals angewandt als ›Holocaustleugner‹, später ›Klimaleugner‹ – ein Begriff, der im-

126 Lisa Schönhaar und Sabrina Hoffmann: Kommentar: Die Corona-Assis: Eure Dummheit bringt Deutschland an den Abgrund, bw24.de, 27.11.2020.

127 Jacques Schuster: Masken als »Instrument der Freiheit«? Das ist des Pathetischen zu viel, Welt.de, 13.10.2020.

pliziert, jemand verbreite wider besseres eigenes Wissen Zweifel am Wahrheitsgehalt eines Gegenstandes).[128]

Losungen im öffentlichen Raum

Orwell benennt als ein Kennzeichen der dystopischen Verhältnisse der ozeanischen Gesellschaft das Vorhandensein staatlich ausgegebener Parolen und Losungen im öffentlichen Raum. Diese waren Orwell aus seiner Erfahrung mit totalitären Staaten zu seinen Lebzeiten bekannt. Auch heute werden großangelegte Kampagnen zum Erzielen des erwünschten Bevölkerungsverhaltens im Umgang mit dem Virus betrieben – teilweise von der Bundesregierung und den Landesregierungen selbst,[129] teilweise von Organisationen, die sich in deren Dienst stellen: »Wir bleiben zuhause« (entsprechende Kampagnen mit dieser Parole sind Legion), »Corona-Helden«.[130] Damit ist – nachdem schon in den achtziger Jahren Arbeitsminister Norbert Blüm seine Falschaussage »Die Rente ist sicher« auf Litfaßsäulen plakatierte – die Sichtagitation, mittels derer das herrschende System in der DDR seine Botschaften und Parolen im öffentlichen Raum verbreitete, endgültig in der Bundesrepublik angekommen.[131]

128 Matthias Schiermeyer: Strafanzeigen gegen SPD-Chefin Esken: »Covidioten« bleibt folgenlos, Stuttgarter-Zeitung.de, 8.9.2020.

129 Wir bleiben zuhause, ZusammenGegenCorona.de, Bundesministerium für Gesundheit.

130 Google-Suche »Wir bleiben zuhause«; Diskussion um Videoclips der Bundesregierung zu Corona-Helden, WDR.de, 16.11.2020.

131 Hubertus Knabe: Die Sichtagitation kehrt zurück, NZZ.ch, 21.12.2020.

Überwachung

»Auch in der EU greift man immer mehr in die tiefe Kiste der Überwachungstechnologien,« berichtet die Wiener Tageszeitung *Der Standard.*[132] »Etwa übermittelte die teilstaatliche [Betreibergesellschaft der Autobahn] A1 der heimischen Regierung Bewegungsströme von Nutzern, damit diese prüfen kann, ob die Ausgangssperre Wirkung zeigt.« Das Wiener Blatt weiter:

> Plötzlich ging es schnell mit der Massenüberwachung. Es braucht nur einen kurzen Blick nach Südkorea oder China, und selbst George Orwell würde staunen: Durch die Standortüberwachung des Smartphones, kombiniert mit einem rigorosen Netz an Überwachungskameras, die mit Gesichtserkennungstechnologie ausgestattet sind, werden Nutzer auf Schritt und Tritt überwacht. Dadurch soll der Kontakt zu Infizierten nachgewiesen werden. Bürger werden im Falle eines Zusammentreffens mit einer nachweislich erkrankten Person per SMS oder Push-Nachricht in die Quarantäne geschickt. Orwells *1984* wird 2020 teilweise zur Realität. Wer unter Corona-Verdacht steht, darf nicht heraus, wer die Öffis nutzt, muß belegen, daß er oder sie »sauber« ist. Diese Strategie zeitigt offenbar Erfolg: Südkorea wird für seine Maßnahmen gelobt, wobei das wohl auch mit der hohen Zahl der Testungen zu tun hat. In China flauen die Neuinfektionen völlig ab – allerdings mit einem schalen Beigeschmack. Denn die Krise zeigt die enorm invasiven Möglichkeiten auf,

132 Muzayen Al-Youssef: Massenüberwachung in der Corona-Krise: Die Zukunft darf nicht 1984 werden, DerStandard.de, 19.3.2020.

die Staaten heute haben. Der gläserne Bürger ist längst keine dystopische Vorstellung mehr.[133]

Wahrheitsministerium

Regierung und ›Leitmedien‹ sind schnell damit bei der Hand, von ihrer Linie abweichende Meinungen (auch wenn diese von erfahrenen und renommierten Forschern stammen!) als ›Fake News‹ abzutun. Statt offen zu debattieren, übt sich der größte Teil der Medien als Vollstrecker einer von oben vorgegebenen ›Staatsräson‹. Über Richtigkeit oder Falschheit, Seriosität oder Unseriosität eines Standpunktes entscheidet – die Regierung![134]

133 Matthew Holmes: Coronavirus Is Making Society Like George Orwell's 1984, StroudNewsAndJournal.co.uk, 8.4.2020.

134 Andrej Reisin: Kommentar: Corona-Krise: Staatsräson als erste Medienpflicht?, UeberMedien.de, 17.3.2020.

SCHON NEUN VON ZEHN

oder Warum das Buch
Wie zerstört man eine Demokratie
der Amerikanerin Naomi Wolf
Sie interessieren sollte

Naomi Wolf ist die Tochter jüdischer Holocaustüberlebender. Sie ist eine linke Feministin, Schriftstellerin und politische Aktivistin.

Unter dem Eindruck rasanter Einschränkungen der in der Verfassung der Vereinigten Staaten garantierten Grundrechte in der Folge des ›Krieges gegen den Terror‹ (vgl. das Kapitel »Krieg« in diesem Buch) unter der Regierung von George W. Bush verfaßte sie im Jahr 2007 eine eindrückliche Warnung, die sich vor allem an die jungen Menschen in Amerika richtete.

Einige Gedanken aus ihrem Buch und dieser Reflexion dazu werden Sie schon an anderer Stelle in unserem Buch in ähnlicher Form gelesen haben.

Möglicherweise haben Sie Vergleichbares auch schon im Internet gelesen. Denn selbstverständlich sind wir nicht die ersten, denen bedenkliche Parallelen zu der Entwicklung bei uns aufgefallen sind. Wir sind auch keine Hellseher, sondern nur Beobachter. Beispielhaft sei hier ein Beitrag in einem libertär-konservativen Blog erwähnt.[135] Wir sind trotzdem der Meinung, daß dies hinnehmbar ist, weil Naomi Wolfs Buch dringend bekannter werden sollte.

Wolf zufolge gibt es Gesetzmäßigkeiten, die den Wandel einer Demokratie zu einer Diktatur kennzeichnen. Daher lautet der Untertitel ihres Buches auch *Das 10-Punkte-Programm*. Zehn Punkte, die sie als allgemeingültig ansieht auf dem Weg einer vormaligen Demokratie zu einer Diktatur.

Welche Merkmale sind das?

135 ›Fragolin‹: Neun von zehn, Le Penseur, 7.2.2019.

1. Die Beschwörung einer äußeren und einer inneren Gefahr
2. Die Einrichtung von Geheimgefängnissen
3. Die Entwicklung einer paramilitärischen Truppe
4. Die Überwachung der Bürger
5. Die Infiltration von Bürgerbewegungen
6. Die willkürliche Verhaftung und Freilassung von Bürgern
7. Die Verfolgung einzelner Bürgerbewegungen
8. Die Einschränkung der Pressefreiheit
9. Die Diffamierung der Kritik als ›Spionage‹ und der abweichenden Meinung als ›Verrat‹
10. Die Unterhöhlung des Rechtsstaats

Nun fragen Sie sich vielleicht, was das mit Ihnen oder mit den Verhältnissen in Deutschland und Europa im Jahre 2020 zu tun hat. Wir haben doch einen Rechtsstaat, die freie Meinungsäußerung wird durch das Grundgesetz garantiert, Geheimgefängnisse gibt es nicht …?

Leben wir etwa nicht in einem freien Land, dem »besten Deutschland, das es je gab«?

Nun, schauen wir uns diese zehn Punkte einmal genauer an. Mit Punkt 2 werden wir uns am Ende dieses Kapitels beschäftigen.

1a. Die Beschwörung einer äußeren Gefahr

Nach der äußeren Gefahr, die unsere Demokratie und unser Land bedrohen soll, muß man nicht lange suchen. Lange waren es Rußland und Putin. Inzwischen ist auch noch ein Virus hinzugekommen.

Rußland mische sich in Wahlen und Volksabstimmungen ein. Die Wahl Donald Trumps zum Präsidenten der USA, die Brexit-Abstimmung in Großbritannien – diese Ereignisse seien auch auf das finstere Wirken russischer Geheimdienstler und Hacker zurückzuführen, so ist es in unseren Medien immer wieder zu hören und zu lesen. Tenor: Beide Abstimmungen beruhten quasi auf Irrtümern der Wähler, hervorgerufen durch Putin.

›Lustig‹ ist in diesem Zusammenhang die Tatsache, daß sich die USA oder ›der Westen‹ ganz selbstverständlich das Recht herausnehmen, in anderen Ländern die politische Meinung zu beeinflussen. Das diene der Verbreitung der Demokratie, sagen sie.

Daß mehrere Untersuchungen in den USA zu dieser Frage in keinem Fall den Nachweis erbracht haben, daß Rußland in relevantem Umfang die Wahl 2016 beeinflußt hat oder es gar eine Kooperation des Teams von Trump mit den Russen gab – geschenkt. Wie heutzutage üblich, wird die Behauptung einfach aufrechterhalten. Wen schert schon die Wahrheit, solange die Mehrheit der Lüge glaubt?

Sehr besorgniserregend sei auch, daß Putin die Armee Rußlands modernisiere, zum Beispiel durch die Einführung des Iskander-Raketensystems oder des vermutlich besten Kampfpanzers der Welt, des T-14 Armata. Diese Aufrüstung ruft durchaus in einigen Staaten des ehemaligen Ostblocks Besorgnis hervor, so etwa in den baltischen Staaten oder in Polen.

Ob Putin wirklich der »lupenreine Demokrat« ist, als den ihn der ehemalige Bundeskanzler Schröder sieht, sei mal dahingestellt. Daß Rußland ernsthaft plant, die Nato anzugreifen, ist jedoch wenig glaubhaft. Das Militärbudget Rußlands ist deutlich kleiner als das der USA oder Chinas, der beiden anderen Großmächte. Und den Russen die Modernisierung ihrer Streitkräfte vorzuwerfen, während die Chinesen dies in gewaltigem Umfang auch tun und die Amerikaner mit ihrem größten Militärbudget der Welt ebenfalls, erscheint doch sehr fragwürdig. Es war übrigens die Nato, die entgegen eigenen Zusagen aus den neunziger Jahren durch die Osterweiterung immer näher an russisches Territorium herangerückt ist, nicht umgekehrt.

1b. Die Beschwörung einer inneren Gefahr

Da muß man nicht lange suchen, denn die innere Gefahr schreit uns täglich auf allen Kanälen in Radio, Fernsehen und den ›seriösen‹ Tageszeitungen entgegen: Es sind ›die Rechten‹.

Glaubt man den Verlautbarungen der Mainstream-Medien, dann droht eine Machtübernahme der Alternative für Deutschland und damit von angeblichen ›Faschisten‹. Dieser Rückkehr des Faschismus stemmen sich aber gottlob tapfere Demokratinnen und Demokraten entgegen, die unter großen persönlichen Risiken ›Gesicht zeigen‹.

›Rechte‹ zeigen sich demnach auch anderswo. In Dresden demonstrieren sie unter dem Label ›Pegida‹, in Chemnitz unternehmen sie angeblich Menschenjagden (siehe Kapitel »Ministerium für Wahrheit«), verführte junge Leute sammeln sich bei der Identitären Bewegung.

Auf die Glaubwürdigkeit des Narrativs von der drohenden rechten Machtergreifung und dem tapferen Kampf gegen rechts soll hier nicht allzu detailliert eingegangen werden. Nur soviel: Weder in irgendeinem Bundesland noch im Bund ist derzeit eine Machtbeteiligung der AfD absehbar. Die Partei bewegt sich bei Wahlen und Umfragen zwischen 6 und 13, in einigen Bundesländern im Osten vielleicht bei etwas über 20 Prozent. Da aber alle anderen Parteien eine Zusammenarbeit mit ihr in Koalitionen kategorisch ausschließen, ist auf dieser Basis eine direkte Beeinflussung der Regierungspolitik durch die AfD derzeit nicht zu erwarten.

Wie lächerlich die Behauptung ist, diese Partei bedrohe die Demokratie und die anderen Parteien würden sie schützen, zeigen die Ereignisse in Thüringen. Dort wurde im Februar 2020 ein Politiker der FDP in einer geheimen Wahl zum Ministerpräsidenten gewählt. Da dies offensichtlich auch mit Stimmen der AfD geschah, wurde die Wahl von Bundeskanzlerin Merkel, die zu diesem Zeitpunkt im fernen Südafrika weilte, für »unverzeihlich« und für quasi ungültig erklärt – ein klarer Verfassungsbruch der Kanzlerin, wenn auch beileibe nicht ihr erster. Diesem Tenor folgten alle Medien. Ja sogar von einem »Zivilisationsbruch« war die Rede. Der frisch gewählte Ministerpräsident, Thomas Kemmerich, sah sich sofort massiven Anfeindungen ausgesetzt. Er selbst und seine Familie wurden von der Antifa bedroht (dazu auch weiter unten). Die laut der Verfassung Thüringens eigentlich in ihren Entscheidungen freien Abgeordneten von CDU und FDP wurden von Berlin aus unter Druck gesetzt. Die Folge war, daß der rechtmäßig gewählte Ministerpräsident Kemmerich schon zwei Tage später wieder zurücktrat.

Die Corona-Pandemie zeigt zudem im Jahr 2020 überdeutlich, daß die Gefahr für die Verfassung eher nicht von ›rechts‹ ausgeht, sondern von der Regierung Merkel. Nach Ansicht vieler Kritiker waren die Corona-Maßnahmen vollkommen übertrieben und vielfach unnötig. (Näheres siehe unter 7.) Der Bundestag wurde an den Beschlüssen kaum beteiligt. Als die Regierung das Thema dann nachträglich in den Bundestag einbrachte, wurden ihr durch die Koalitionsfraktionen von CDU und SPD weitgehende Vollmachten erteilt. Die Regierung hielt an diesen Maßnahmen fest bzw. sie verschärfte diese nochmals, auch nachdem sich die Protestbewegung ›Querdenken‹ längst bundesweit ausgedehnt hatte und mehrere Großdemonstrationen mit (mindestens) mehreren zehntausend Teilnehmern organisiert hatte.

Der Umgang mit dieser Gegenbewegung spricht Bände. Die Medien bemühten sich zunächst, sie möglichst weitgehend zu ignorieren. Wenn dann doch berichtet wurde, so wurden die Vertreter generell verächtlich gemacht und als Spinner und zunehmend als Nazis dargestellt. Daß es sich bei diesen Menschen in vielen Fällen um erfahrene Ärzte, Professoren, Rechtsanwälte oder ehemalige Abgeordnete von Bundestag oder Europaparlament handelte, hinderte die Journalisten nicht an ihren abfälligen Verurteilungen von Meinungen, Argumenten und Personen.

Dies führt mitunter sogar bei überzeugten Linken zu erstaunlichen Erkenntnissen. Ein Journalist der linken Wochenzeitung *Der Freitag* nahm im November 2020 zusammen mit drei anderen, ebenfalls linken Bürgern an einem Schweigemarsch (!) der Kritiker der Corona-Politik teil. Fassungslos mußte er feststellen, daß er und die anderen von Gegendemonstranten und der Antifa übelst beschimpft, beleidigt und bespuckt wurden und nur die Präsenz der Polizei Schlimmeres verhinderte. ›Nazi‹ zu sein geht heute ganz schnell, viele wissen nicht einmal, daß sie welche sind![136]

Das Anliegen der Querdenken-Demonstrationen war insbesondere, auf die Einschränkung der Grundrechte hinzuweisen und deren umgehende vollständige Wiederherstellung zu fordern. Denn die Lockdown-Maßnahmen haben zur Einschränkung der freien Berufsausübung, der Ausübung der Religion, des Demonstrationsrechts und der Freizügigkeit der Person geführt. Regierung, etablierte Parteien und staatliche bzw. staatsnahe Medien sind auf diese Argumente in der Regel gar nicht eingegangen. Es gab immer wieder Versuche, die Demonstrationen zu verbieten, obwohl Gerichte diese häufig trotzdem erlaubten. Konsequenzen für die Regierenden, die diese offensichtlich verfassungswidrigen Maßnahmen erlassen hatten, gab es nicht. Vielmehr wurde den Demonstranten dann übel mitgespielt. Die Polizei ging vielfach willkürlich und mit massiver, vollkommen unnötiger Gewalt gegen die Demonstranten vor. Berichte von Augenzeugen und Videos dieser Polizeigewalt, die auf YouTube und in sozialen Medien geteilt wurden, wirkten exakt wie die Beschreibungen der Nachrichten über Gewalt gegen regierungskritische Demonstranten beispielsweise in Weißrußland. Der Unterschied dazu war allerdings, daß

136 Nachlese Schweigemarsch 22.11.20 in Berlin, Freitag.de, 22.11.2020.

die gleichen Medien, die diese Gewalt in Weißrußland und anderswo berichteten und anprangerten, bei den gleichen Vorgängen im eigenen Land konsequent schwiegen.

Zusammenfassend läßt sich also zu den Demonstrationen gegen die Corona-Maßnahmen 2020 sagen: Wenn die Demonstranten und insbesondere ihre prominenten, gerade auch medizinischen Sprecher recht haben sollten, so wird die Gefahr durch das Coronavirus von etablierten Politikern wie auch von den staatsnahen Medien mindestens massiv überschätzt. Es läßt sich auch zweifelsfrei feststellen, daß Politik und Medien bewußt Panik schüren[137] und die Gefahr absichtlich übertrieben groß darstellen. Somit kann das Virus als eine wenn nicht künstlich geschaffene, so doch zumindest als eine künstlich zu einem inneren Feind aufgebauschte Gefahr eingeordnet werden.

Fazit: Punkt 1 ist in Deutschland allemal erfüllt. Es gibt sowohl einen äußeren als auch einen inneren Feind.

2. Die Einrichtung von Geheimgefängnissen

Wie bereits weiter oben angekündigt, wird dieser Punkt an das Ende des Textes verlegt.

137 Strategiepapier der Bundesregierung, Punkt 4a: »Um die gewünschte Schockwirkung zu erzielen, müssen die konkreten Auswirkungen einer Durchseuchung auf die menschliche Gesellschaft verdeutlicht werden: Viele Schwerkranke werden von ihren Angehörigen ins Krankenhaus gebracht, aber abgewiesen, und sterben qualvoll um Luft ringend zu Hause. Das Ersticken oder nicht genug Luft kriegen ist für jeden Menschen eine Urangst …« Siehe auch: Das interne Strategiepapier des Innenministeriums zur Corona-Pandemie, AbgeordnetenWatch.de, 7.4.2020.

3. Die Entwicklung einer paramilitärischen Truppe

Die Antifa hat inzwischen quasi offiziell, jedenfalls mit dem Segen höchster Politiker (z. B. der SPD-Vorsitzenden Saskia Esken, der Grünen Bundestagsabgeordneten Renate Künast sowie zahlreicher Politiker der SED = Linkspartei) und Journalisten des Mainstreams die Rolle einer ›Terrortruppe gegen Oppositionelle‹ übernommen. Dabei kann sie inzwischen auf die Expertise der DDR-Stasi zurückgreifen. Denn sie ist eng mit Strukturen verbunden, die aus der ehemaligen Stasi hervorgingen (z. B. die Amadeu-Antonio-Stiftung, die von der ehemaligen Stasi-IM Anetta Kahane geleitet wird). So ist es nur folgerichtig, wenn der Präsident des Landesamtes für Verfassungsschutz in Thüringen, wo ja wieder die SED regiert, auch Mitglied des Stiftungsrates der Amadeu-Antonio-Stiftung ist. Hier wächst zusammen, was zusammengehört.[138]

Wer von der Amadeu-Antonio-Stiftung ins Visier genommen wird, kann sich getrost auf einen Hausbesuch der Antifa einstellen. Wenn er oder sie Glück hat, wird nur eine Scheibe eingeworfen oder die Hauswand beschmiert, gern mit Fäkalien.

Zwar bezeichnet sich die Antifa als ›autonom‹, doch nichts ist weiter von den Tatsachen entfernt als diese Selbstzuschreibung. Autonom ist man, wenn man unabhängig von Dritten ist, sich selbst versorgen kann und frei in seinem Denken und Handeln ist. Nichts dergleichen trifft auf die vermummten Personen zu, die auf den Straßen Andersdenkende jagen und verprügeln, Autos Oppositioneller abfackeln, Schaufenster und

138 Stephan J. Kramer, Wikipedia.de.

Bushaltestellen »entglasen«, Frauen in ihren Wohnungen überfallen und niederschlagen[139] und Mordanschläge auf Gewerkschafter verüben.[140] Man wird vermutlich sehr lange suchen müssen, um bei der Antifa Aktivisten zu finden, die tatsächlich selbst für ihren Lebensunterhalt aufkommen, das heißt, die nicht direkt oder indirekt von »Staatsknete« leben (Hartz IV, Bafög, vielleicht noch Gehalt als ›wissenschaftlicher Mitarbeiter‹ an einer geisteswissenschaftlichen Fakultät oder als Mitarbeiter eines Bundestagsabgeordneten einer linken Partei). Diese Menschen lehnen den Staat meist ab, verachten den größten Teil der wertschaffenden Bevölkerung (das sind die steuerzahlenden Mitarbeiter in der freien Wirtschaft, in Handel und Industrie), nehmen aber gern deren steuerfinanzierte Sozialleistungen an. Ohne diese würde die Antifa schlichtweg verhungern, denn noch nie hat man davon gehört, daß diese Leute irgend etwas Positives oder Produktives geschaffen hätten. Bemerkenswert ist auch, daß diese Leute stets *gegen* irgend etwas, vorzugsweise ›gegen rechts‹, sind. Aber noch nie haben sie etwas Nützliches entwickelt, geschaffen, gebaut oder geerntet (mit Ausnahme von Marihuana für den Eigenbedarf vielleicht).[141]

Soviel zur ökonomischen Autonomie der Antifa. Die geistige Autonomie erfährt, wer einmal ihre Texte zum Beispiel auf ihrer Internetseite *Indymedia* liest. Selten findet man anderswo ein derartig engstirniges Denken

139 Faustschläge ins Gesicht und »Grüße aus Connewitz«, RTL.de, 5.11.2019.

140 Julian Baumann: Versuchte Tötung von Daimler-Betriebsrat: SEK und Polizei sind auf der Spur eines radikalen Netzwerks, bw24.de, 8.7.2020.

141 Boris Reitschuster: Die »Staats-Antifa«. Die heimliche Machtergreifung der Linksextremisten, Reitschuster.de, 31.10.2020.

und die immer gleichen gestanzten Formulierungen. Ein eigener Gedanke jenseits von Haß- und Vernichtungsphantasien scheint in den Köpfen solcher Leute nicht vorzukommen.

Es handelt sich somit nicht um ›Autonome‹, sondern um nützliche Idioten des Systems, das sie zu bekämpfen vorgeben. Die Finanzierung ihrer Aktivitäten erfolgt zum einen direkt über die oben erwähnten Sozialleistungen (gut, manche wohnen mit 29 noch bei Muttern, aber auch diese Leute leben eben nicht von eigener Arbeit). Zum anderen sind vom Staat bisher mindestens 100 Millionen Euro – mit stetig steigender Tendenz – inzwischen für den ›Kampf gegen rechts‹ ausgegeben worden. Die Antifa ist wie eine SA des 21. Jahrhunderts, also das Pendant zur Sturmabteilung der Nationalsozialisten.

Die Journalistin Bettina Röhl, Tochter der RAF-Terroristin Ulrike Meinhof, hat in einem Text in der *Neuen Zürcher Zeitung* auf Kontinuitäten hingewiesen, die von den ›Achtundsechzigern‹ über die RAF bis zur heutigen Antifa führen:

> Der militanten Antifa fehlen im Vergleich zur RAF nur die prominenten Gesichter. Sie pflegt aus Feigheit die Praxis, ihre Gesichter zu vermummen und ihre Namen geheim zu halten. Was sich oft Antifa nennt, droht ununterbrochen mit Gewalt und Anschlägen etwa gegen Politiker oder Polizisten, sie steht für sinnlose Sachbeschädigungen in enormer Höhe. Gleichwohl monierte die ehemalige Bundesministerin Renate Künast (Grüne) jüngst im Bundestag, daß die Antifa in den letzten Jahrzehnten nicht ausreichend vom Staat finanziert worden sei. Sie sei es leid, seit

> Jahrzehnten dafür zu kämpfen, »daß NGO und Antifa-Gruppen, die sich engagieren, nicht [sic!] immer um ihr Geld ringen müssen und nur auf ein Jahr befristete Arbeitsverträge abschließen können«. Dafür gab es Beifall von Bündnis 90/Die Grünen, von der Linken und von Abgeordneten der SPD. Man darf die Frage stellen, ob die Antifa so etwas ist wie eine verbeamtete RAF, eine Terrorgruppe mit Geld vom Staat unter dem Deckmantel »Kampf gegen rechts«.[142]

Inzwischen hat die Bundesregierung beschlossen, die Gelder für den ›Kampf gegen rechts‹ mit über einer Milliarde Euro für die Jahre 2021 bis 2024 fast zu verdreifachen. Mit diesem Geld werden vermutlich Überwachungsstrukturen sowie die Antifa finanziert. Ein jeder mag für sich selbst die Frage von Frau Röhl beantworten, ob die sogenannte Antifa eine Art »verbeamteter RAF« geworden ist.

Fazit: Punkt 3 ist in Deutschland eindeutig erfüllt!

4. Die Überwachung der Bürger

Hierzu sei auf den Abschnitt »Überwachungsstaat« im Kapitel »Ministerium für Liebe« in diesem Buch verwiesen.

Daraus geht als Fazit hervor: Punkt 4 ist in Deutschland in hohem Maße erfüllt.

142 Bettina Röhl: Die RAF ist tot. Es lebe die Antifa?, NZZ.ch, 2.6.2020.

5. Die Infiltration von Bürgerbewegungen

Für den Staat ist jede Bewegung, jede Gruppierung, jede Partei, die seine Ziele nicht mitträgt, verdächtig. Daher ist es wichtig, potentiell oppositionelle Gruppierungen zu identifizieren und zu markieren. Wahlweise und je nach thematischem Schwerpunkt handelt es sich dann um Spinner, Verschwörungstheoretiker oder um ›Rechte‹. Rechts geht auch immer dann, wenn man anders nicht weiterweiß.

Aktuell sieht man das am Beispiel der Demonstrationen, die sich gegen die Einschränkungen der Bürgerrechte im Zusammenhang mit Corona wenden. Da das Publikum dort derart bunt gemischt ist, daß die schlichte Einsortierung in die Kategorie ›Rechte‹ etwas zu lächerlich wäre, zieht man die Karten ›Spinner‹, ›Verschwörungstheoretiker‹ oder ›Aluhut-Träger‹. Aber ganz ohne ›rechts‹ soll es anscheinend trotzdem nicht sein. So wird aus der Sichtung einzelner Demonstrationsteilnehmer, die im weitesten Sinne als ›rechts‹ gelten, den Organisatoren der Vorwurf gemacht ›rechtsoffen‹ zu sein. Von Politikern und Medien ergeht zudem der besorgte Hinweis an die Bürger: Geben Sie acht, mit wem Sie da gemeinsam demonstrieren! So werden Menschen, die in großer Sorge um das Gemeinwesen und wegen der massiven Einschränkungen der Bürgerrechte demonstrieren, lächerlich gemacht.[143]

Natürlich ist diese Bewegung noch zu jung und zu heterogen, um schon schlüssige Beweise für eine

143 Jörn Lauterbach: Und dann pöbeln die Impfpflichtgegner gegen die Aluhutträger, Welt.de, 17.5.2020; Michael Rabba: Rabba regt sich auf über … Aluhutträger, Weser-Kurier.de, 28.5.2020.

Unterwanderung durch staatliche Stellen liefern zu können. Daß dies geschieht, erscheint aber aufgrund der Erfahrungen in der Vergangenheit als sehr wahrscheinlich.

Seltsam mutet hier zum Beispiel an, daß der Versuch, eine neue Partei mit Bezug auf dieses Thema zu gründen, schon gescheitert war, bevor sie richtig angefangen hatte. Es kam zum Streit.[144]

Gegen die rechtsradikale Partei NPD wurde zweimal vor dem Bundesverfassungsgericht ein Verbotsverfahren beantragt. Beide Male hat das Gericht die Anträge auf Verbot der Partei abgelehnt. Sehr interessant war die Begründung im ersten Verfahren. Das Gericht hatte nämlich festgestellt, daß die Partei bis in die höchsten Ämter hinein von Informanten der deutschen Sicherheitsdienste durchsetzt war. Und auffällig häufig stammten die bedenklichsten Äußerungen, die als Begründung für das Verbotsverfahren genannt wurden, von ebendiesen Spitzeln. Daher könne nicht hinreichend geklärt werden, in welchem Umfang volksverhetzende und verfassungswidrige Aussagen der Partei tatsächlich aus dieser kommen oder nicht indirekt vom Staat dorthin eingebracht wurden.[145]

(Zur Klarstellung, da dies heute aus Gründen, um die es in diesem Buch geht, dringend nötig erscheint: Hier soll weder die NPD gegen Kritik in Schutz genommen werden, noch soll die Partei mit anderen Bürgerbewegungen gleichgesetzt werden. Es geht hier ausschließlich um die Methoden, die der Staat einsetzt. Daß diese sich auf die

144 Jan Sternberg: »Widerstand 2020« schrumpft weiter, FR.de, 5.6.2020.

145 NPD-Verbotsverfahren (2001–2003), Wikipedia.de.

Causa NPD beschränken, glaubt nur, wer auch an den Storch als Lieferanten neugeborener Kinder glaubt.)

Ein weiteres Beispiel für die Unterwanderung und Zersetzung einer neuen Partei ist die Partei Die Republikaner. Diese hatte in den späten achtziger und frühen neunziger Jahren einige Wahlerfolge erzielt. Das störte nun die etablierten Parteien, insbesondere CDU und CSU, weil die Republikaner als rechtskonservative Kraft auftraten und damit zum Teil in deren Wählerreservoir fischten.

In der Folge wurde der Verfassungsschutz gegen die Partei in Stellung gebracht. Wie gewünscht behauptete dieser, zahlreiche Belege für eine rechtsradikale und gegen die Verfassung gerichtete Ausrichtung der Partei gefunden zu haben. Ob diese Einschätzung zutraf oder nicht, soll hier aber nicht weiter diskutiert werden. Tatsache ist, daß der Verfassungsschutz schon sehr frühzeitig einen gewissen Dr. Robert N. in der Partei plazierte. Dieser gab sich offenbar zunächst gemäßigt, stieg in der Parteihierarchie auf und fiel dann mit zunehmend radikaleren Sprüchen auf. Und genau solche Sprüche dienten dann auch dazu, die Partei unter Druck zu setzen und sie für gemäßigte Konservative zunehmend unattraktiv zu machen.

Heute ist die Partei nahezu bedeutungslos.[146]

Sehr fragwürdig waren auch Berichte in den Medien zu Rechtsradikalen, die auf den Demonstrationen in Chemnitz (siehe Kapitel »Miniwahr«) den Hitlergruß

146 ›keinreporter‹: Geheimdienste gegen Terrorismus?: Nazi Rock Verlag mit Hilfe des...na kommste drauf?, Heise.de, 28.1.2015; Die Republikaner, Wikipedia.de.

gezeigt haben sollen (Anheben des rechten Arms, dies ist in Deutschland eine Straftat!). Es stellte sich heraus, daß zumindest ein Teil jener Rechtsradikalen in Wirklichkeit wohl eher Linksradikale waren, also Agents provocateurs der Gegenseite.[147]

Fazit: Punkt 5 ist in Deutschland im 21. Jahrhundert mit hoher Wahrscheinlichkeit zumindest in Teilen erfüllt.

6. Die willkürliche Verhaftung und Freilassung von Bürgern

Naomi Wolf beschreibt in ihrem Buch, daß es zum Wesen einer Diktatur oder einer geschwächten Demokratie auf dem Wege zu einem autoritären Staat gehört, daß Bürger mit willkürlichen Verhaftungen rechnen müssen. Ein in unserem ›Qualitätsfernsehen‹ oft präsentiertes Beispiel für ein solches Vorgehen ist das der Sicherheitskräfte ist Rußland.

Wie sieht es bei uns aus? Nun, so schlimm wie in Rußland gewiß noch nicht. *Noch* nicht.

Die Bürgerrechtlerin, ehemalige DDR-Dissidentin, Gründungsmitglied der DDR-SPD (zunächst unter dem Namen SDP) im Jahre 1989 und spätere Bundestagsabgeordnete Angelika Barbe besuchte im Mai 2020 eine Demonstration gegen die Corona-Maßnahmen auf dem Alexanderplatz in Berlin. Dort wurde sie nach kurzer Zeit von der Polizei festgenommen – obwohl sie sich absolut nichts hatte zuschulden kommen lassen. Sie hatte weder randaliert noch Personen beleidigt

147 In eigener Sache: Korrektur zu unserer Chemnitz-Berichterstattung, T-Online.de, 7.9.2018; Vera Lengsfeld: Der linke Führergruß, AchGut.com, 13.8.2019.

oder dergleichen. Sie wurde äußerst grob behandelt und von den Polizeibeamten weggezerrt, obwohl sie auf körperliche Einschränkungen aufgrund einer kürzlich erfolgten Operation hinwies und darum bat, sie langsamer mitgehen zu lassen. Angelika Barbe weiß, wovon sie spricht, wenn eine solche Behandlung sie an das Vorgehen von Volkspolizei und Stasi in der DDR erinnert.[148]

Inzwischen (2021/22) hat sich die Lage in diesem Punkt massiv verschlechtert. Der Staat verfolgt nun völlig friedliche ›Spaziergänger‹, die schweigend durch ihre Städte und Ortschaften gehen, um ein Zeichen gegen den Corona-Wahnsinn oder die drohende Impfpflicht zu setzen. Offiziell angemeldete Demonstrationen werden verboten, weil ein kleiner Teil der Teilnehmer sich weigere, die im Freien völlig sinnlosen Masken zu tragen. In der niedersächsischen Landeshauptstadt Hannover werden von der Polizei bereits drei (!) Personen, die zufällig oder weil sie sich kennen, zusammenstehen, zu einer ›Versammlung‹ erklärt und auseinandergetrieben oder erhalten sogar Bußgeldbescheide. Das ist DDR pur und hat mit einem funktionierenden Rechtsstaat nichts mehr zu tun.

Und in Bayern – einem ehemals erzkatholischen Land – treibt die Polizei auf Geheiß des ›Bürgermeisters‹ Dieter Reiter (SPD) die Muttergottes anbetende Christen auseinander![149]

148 Vera Lengsfeld: Bürgerrechtler werden verhaftet, TheEuropean.de, 19.5.2020.

149 Vera Lengsfeld: Gefährliche Gebete?, AchGut.com, 9.1.2022; Boris Reitschuster: Einkesselung, Verfahren und Platzverweis wegen eines Spaziergangs: Dreiste Willkür der Polizei, Reitschuster.de, 4.1.2022.

Heutzutage muß sich auf Hausdurchsuchungen, Verhaftung und Beschlagnahmung von IT-Geräten gefaßt machen, wer zum Beispiel in einer geschlossenen (!) Facebook-Gruppe Äußerungen tätigt, die nach Ansicht der Staatsmacht ›Haß und Hetze‹ sind. Die zu erwartenden Strafen für falsche Meinungsäußerungen oder Haßpostings können inzwischen höher sein als die für gefährliche Körperverletzung.[150]

Fazit: Punkt 6 ist zumindest in Teilen erfüllt. Es ist mit einer Zunahme solcher Vorgänge zu rechnen.

7. Die Verfolgung einzelner Bürgerbewegungen

Das beherrschende Thema im Jahre 2020 ist die ›Corona-Krise‹.

An dieser Stelle soll es nicht um diese globale Pandemie gehen. Es soll um die sich bildende Bürgerbewegung gehen, die sich gegen die Einschränkungen von Bürger- und Freiheitsrechten wendet. Diese steht beispielhaft für Bewegungen, deren Agenda nicht mit der der Regierung übereinstimmt.

Entgegen der Darstellung in den Mainstream-Medien sind Art, Umfang und Dauer der Maßnahmen, die der Staat aus Anlaß der Corona-Pandemie erlassen hat, keineswegs unumstritten. Sie werden auch nicht nur von seiten sogenannter Verschwörungstheoretiker angezweifelt. Hier sei nur auf das Buch *Corona Fehlalarm? Zahlen, Daten und Hintergründe* von Dr. Karina Reiss und Dr. Sucharit Bhakdi verwiesen.

150 Dutzende Hausdurchsuchungen wegen Haß-Postings, FutureZone.at, 6.6.2019.

Eine der wesentlichen Aussagen des Buches ist, daß die erste Welle der Pandemie sich bereits dem Ende zuneigte, *bevor* der Staat die zahlreichen grundrechtseinschränkenden Maßnahmen in Kraft gesetzt hatte.

Gegen diese wandten sich Bürger, indem sie zum Beispiel an einer der Demonstrationen in Stuttgart oder in Berlin teilnahmen. Die größten Demonstrationen fanden am 1. und 29. August in Berlin sowie am 7. November 2020 in Leipzig statt.

Die Angaben über die Zahl der Teilnehmer schwanken stark. Die Polizei, die Bundesregierung und fast alle Mainstream-Medien sprechen für den 1. August in Berlin von »17- bis 20 000«. Von seiten der Veranstalter werden Zahlen von mehreren 100 000 bis zu 1,3 Millionen genannt. Auch wenn letztere Zahl sicher deutlich zu hoch angesetzt sein dürfte – die von der Regierung genannte Zahl 17 000 ist geradezu lächerlich und fällt in die Kategorie ›Fake News/Propaganda‹.[151]

Um sich einen eigenen Eindruck von der Zahl der Teilnehmer zu machen, empfehlen wir ein Video auf YouTube.[152] Falls das Video bald verschwunden sein sollte – vielleicht noch vor Erscheinen dieses Buches? –, sollten Sie einmal darüber nachdenken, warum und in wessen Auftrag es zensiert wurde. Es zeigt, wie der Zug der Demonstranten an der Kamera vorbeizieht. Vom ersten Teilnehmer bis zum Ende des Zuges dauert es ca. anderthalb Stunden!

151 Peter Hahne: Großdemo Berlin: Wieviele Teilnehmer? Faire Medien?, TichysEinblick, 2.8.2020.

152 Berlin Demo 1.8.2020 - Der komplette Aufzug zur Kundgebung, YouTube, Addi Habibi.

Diese Demonstrationen sind dem Staat auch deshalb ein Dorn im Auge, weil die Teilnehmer offenbar aus allen Schichten der Bevölkerung kommen. Dies hat wohl zu einer Verunsicherung der Politik geführt (der natürlich von den Sicherheitsbehörden realistischere Angaben zur Zahl der Teilnehmer genannt wurden). So erklärt sich die massive Reaktion der Antidemokraten, die von der Fälschung der Teilnehmerzahlen über die willkürliche Festnahme von Teilnehmern bis hin zur Verbreitung von falschen Nachrichten reichte. Es wurde beispielsweise über die Medien bereits die Auflösung der Kundgebung bekanntgegeben, als dies von der Polizei noch gar nicht verkündet war.[153]

In den Tagen danach wurde von mehreren Politikern gefordert, solche Demonstrationen grundsätzlich zu verbieten – angeblich natürlich aus Sorge um die Gesundheit der Bevölkerung!

Fazit: Bürgerbewegungen, deren Ausrichtung der Kanzlerin, den Medien oder der herrschenden Politik nicht gefallen, müssen immer stärkeren Gegenwind aushalten. Wir wagen die Prognose, daß sich diese Tendenz massiv verschärfen wird. Zukünftig könnten etwa Anmelder von Demonstrationen, deren Thema nicht regierungskonform ist, mit Schadenersatzforderungen, Strafbefehlen oder sogar Haft rechnen müssen, basierend auf fadenscheinigen Vorwürfen. Dann wird sich jede(r) zweimal überlegen, ob er oder sie dieses Risiko eingehen mag. Und ohne offiziellen Anmelder kann jede Demonstration sofort verboten werden.

153 Vera Lengsfeld: Meine Eindrücke und Erlebnisse auf der großen Demonstration in Berlin am 1.8.2020 – Tag der Freiheit, Vera-Lengsfeld.de, 5.8.2020.

8. Die Einschränkung der Pressefreiheit

Zunächst sollte geklärt werden, was wir hier unter Presse verstehen: Radio und Fernsehen, insbesondere ARD, ZDF, RTL oder n-tv sowie die ›seriösen‹ Printmedien, also Zeitungen wie zum Beispiel *FAZ, Welt, Süddeutsche Zeitung, Tagesspiegel* oder *Spiegel.*

Ja, auch, aber nicht nur. Formal fallen TV-Sender nicht unter den Begriff ›Presse‹, aber im allgemeinen Sprachgebrauch werden sie meist zusammen mit den Printmedien als solche subsumiert.

In Zeiten des Internets und freier Medien zählen wir auch Medienanbieter abseits des Mainstreams dazu. Seien es nun Zeitschriften wie *Tichys Einblick* oder *eigentümlich frei* oder die Wochenzeitungen *Junge Freiheit* und *Preußische Allgemeine.* Aber auch die zahlreichen Blogger, YouTuber und Podcaster gehören heute zur Presse dazu.

Während die zuerst genannten Medien sich des Wohlwollens und der finanziellen Unterstützung der Politik sicher sein können, gilt dies für die Zweitgenannten überhaupt nicht. Das mag damit zusammenhängen, daß oppositionelle Stimmen praktisch nur noch dort vorkommen. Die sich selbst als ›seriös‹ bezeichnenden Medien sind zu Lakaien der Macht herabgesunken. Sie geben sogar selbst ganz offen zu, daß sie nicht mehr an neutraler, faktenbasierter Berichterstattung interessiert sind, sondern daß sie ›Haltung‹ zeigen. Sprich, sie versuchen dem für dumm befundenen Bürger einzupauken, was er denken soll.[154]

154 Roland Tichy: Auf dem Weg zur Staats-Presse, TichysEinblick.de, 2.7.2020; Oliver Zimski: Georg Restle, Meister des Mattscheiben-Muts, AchGut.com, 18.6.2020.

Ganz anders ergeht es den unabhängigen Medien. Auf YouTube werden einzelne Videos gesperrt oder auch ganze Kanäle mit Hunderten oder Tausenden von Videos und Zigtausenden von Abonnenten gelöscht. Der Autor dieses Kapitels setzt gern Lesezeichen für als interessant befundene Videos. Etwa ein Drittel dieser Videos aus den letzten fünf Jahren ist inzwischen verschwunden.

Seriösen und wohl eher noch der Wahrhaftigkeit verpflichteten Medien wie *Tichys Einblick* wird teils mit existenzbedrohenden Klagen gedroht, wenn sie über das millionenschwere Medienimperium und damit auch über die Meinungsbeeinflussung einer ehemals großen deutschen Partei berichten. Als Folge sind entsprechende Artikel schon mal schneller verschwunden (= zensiert), als ein Hase Haken schlagen kann. Wahlweise werden diese auch von politischen Jüngelchen ohne Berufsausbildung, Lebensleistung oder Erwerbsbiographie wie beispielsweise einem Kevin Kühnert von den Jusos bzw. der SPD faktenfrei verleumdet.[155]

Eine Bundestagsvizepräsidentin Claudia Roth von den Grünen, wie Kühnert ohne Ausbildung und Qualifikation, die – von einem kurzen Intermezzo als Managerin einer linken Band abgesehen – nie wirklich produktiv gearbeitet hat, wirft Publizisten freier Medien vor, ein »Geschäftsmodell zu betreiben, das auf Haß und Hetze beruht«. Das sagt ausgerechnet eine Frau Roth, die selbst zusammen mit Linksextremisten in der ersten

155 Der seriöse Herr Kühnert und wer was wo schreiben darf, TichysEinblick.de, 9.8.2020.

Reihe unter dem Motto »Nie wieder Deutschland!« demonstriert hat.[156]

Fazit: Freie und tatsächlich unabhängige Medien sehen sich in diesem Land inzwischen massiv zensiert und unter Druck gesetzt. Die Pressefreiheit im Sinne des Grundgesetzes ist gefährdet.

9. Die Diffamierung der Kritik als ›Spionage‹ und der abweichenden Meinung als ›Verrat‹

Nun, Naomi Wolf hat ihr Buch im Amerika des Präsidenten George W. Bush und unter dem Eindruck des ›Krieges gegen den Terror‹ zu Beginn der 2000er Jahre geschrieben. Die dort beschriebenen Zustände lassen sich natürlich nicht eins zu eins auf Deutschland im Jahre 2020 übertragen. So ist der Vorwurf der ›Spionage‹ bei uns etwas aus der Mode gekommen. Auch von ›Verrat‹ hört man selten.

Aber Diffamierungen von Kritik und Kritikern – das kommt inzwischen jeden Tag vor. Schauen Sie dazu gern noch einmal in die Punkte 7 und 8. Kritiker der Corona-Maßnahmen werden als ›Covidioten‹ tituliert. Eltern, die sich weigern, Corona-verdächtige (!) Kleinkinder zu Hause einzusperren und von der Familie zu trennen, wird Kindesentzug angedroht. Und Kritiker der Massenzuwanderung aus außereuropäischen Ländern werden schon längst als Nazis und Untermenschen abgestempelt. Sie müssen mit Besuch von der Antifa rechnen (siehe Punkt 3) und lernen wahlweise die Behandlung in deutschen

156 Robert von Loewenstern: Broder verliert gegen Roth. Das Recht auch, AchGut.com, 21.5.2020.

Krankenhäusern schätzen oder können sich nach einem neuen Auto umsehen.[157]

Fazit: Kritiker müssen heute mit dem Verlust des Arbeitsplatzes rechnen, mit der Aufkündigung von Freundschaften bis hin zu Mordanschlägen, dem Abbrennen des Autos, mit Diffamierung und Bloßstellung durch Politiker und Medien. Noch nie in der (zunächst west-, später gesamt-) deutschen Geschichte seit 1945 war es so gefährlich, eine vom Mainstream abweichende Meinung zu vertreten.

10. Die Unterhöhlung des Rechtsstaats

In Artikel 20 Absatz 1 des Grundgesetzes steht: »Die Bundesrepublik Deutschland ist ein demokratischer und sozialer Bundesstaat.«

In Absatz 3 heißt es weiter: »Die Gesetzgebung ist an die verfassungsmäßige Ordnung, die vollziehende Gewalt und die Rechtsprechung sind an Gesetz und Recht gebunden.«

Deutschland ist ein Rechtsstaat, davon geht gewiß die übergroße Mehrheit des Volkes aus. Doch diese Rechtsstaatlichkeit ist bedroht. Die Bedrohung geht leider von den Kreisen aus, die die Rechtsstaatlichkeit in Sonntagsreden scheinbar hochhalten.

Das Bundesverfassungsgericht als höchstes deutsches Gericht ist mehr und mehr von ehemaligen Politikern besetzt, die dann zumindest indirekt über Klagen gegen Gesetze zu befinden haben, die sie selbst mitverantwortet hatten. 2020 wurde der CDU-Politiker Stephan Harbarth zum Vorsitzenden des Bundesverfassungsgerichts ge-

157 Riesen-Aufregung um Briefe an Familien: Trennung von Eltern und Kindern in Quarantäne? Behörden fühlen sich »mißverstanden«, Focus.de, 10.8.2020.

wählt. Harbarth war noch unmittelbar vorher stellvertretender Vorsitzender der CDU-Bundestagsfraktion. Weitere Richter sind im Jahr 2020 Peter Müller (CDU, ehemaliger Ministerpräsident des Saarlandes) und Peter Michael Huber (CDU, ehemaliger Innenminister des Landes Thüringen). Da die Richter nach Parteienproporz im Bundestag ausgewählt und besetzt werden, haben die Grünen mittlerweile zwei Richter nominieren können. Eine ist Susanne Baer, die sich in ihrer Karriere als Hochschullehrerin sehr früh auf Geschlechterstudien spezialisiert hat und sich mit Themen wie Genderstudien, Antidiskriminierungsrecht, feministische Rechtswissenschaft und Gleichstellungsrecht beschäftigt hat. Das Vorschlagsrecht der Parteien in allen Ehren – wenngleich man sich bessere, neutralere Besetzungen wünschen würde –, aber bei mehreren direkten Wechseln aus führender Mandats- oder Regierungstätigkeit in ein solches Richteramt sind doch erhebliche Bedenken angebracht. Echte Gewaltenteilung sieht anders aus.[158]

Noch bedenklicher ist es, wenn Juristen mit womöglich fragwürdiger Qualifikation sich offenbar von ihnen nahestehenden Organisationen Klagen vorlegen lassen – wie auf Bestellung? –, um dadurch de facto neue Rechte zu erfinden. So geschehen bei der Einführung des ›dritten Geschlechts‹. Fragwürdig ist dabei, daß in solchen Fällen das Gericht sich anmaßt, eigenes Recht zu setzen. Es interpretiert also nicht vorhandenes Recht oder verteidigt dieses gegen Angriffe, sondern es setzt eigenes Recht.

158 Heike Anger und Volker Votsmeier: Stephan Harbarth zum obersten Verfassungshüter gewählt, Handelsblatt.com, 15.5.2020; Volker Boehme-Neßler: Politiker als Richter?, Zeit.de, 25.12.2018.

Dies geschieht, ohne daß darüber in den eigentlich gesetzgebenden Organen – Bundestag und Bundesrat – abgestimmt oder auch nur debattiert würde. Bedrohlich wird es, wenn Richterinnen wie Susanne Baer ihre private politische Agenda auf diesem Wege durchsetzen.[159]

Im Zuge der Öffnung der Grenzen und der Massenzuwanderung von Migranten seit dem Jahr 2015 sprach Bundesinnenminister Horst Seehofer von einer »Herrschaft des Unrechts«. Der Mann hatte recht – nur leider ließ er seinen Worten keine Taten folgen, um das Unrecht wieder zu beenden.

Die Bundeskanzlerin hat mit Unterstützung der sie im Bundestag tragenden Parteien mit ihrer – einsamen (?) – Entscheidung sowohl deutsches (Art. 16a GG) als auch europäisches Recht (Dublin-Regelungen) gebrochen und tut dies bis heute. In einem Rechtsstaat würde solches Regierungshandeln von Gerichten überprüft werden. Nicht so in Deutschland. Das Bundesverfassungsgericht weigerte sich mit einer fadenscheinigen Begründung, Klagen gegen die Politik der Grenzöffnung überhaupt anzunehmen.[160]

Ähnlich verhält es sich mit den Regelungen zur europäischen Währungsunion. Gegen nahezu alle Regeln und Grundsätze wurde seit 2008, dem Beginn der letzten ›Finanzkrise‹ verstoßen (z. B. gegen die No-Bail-Out-Klausel). Die Verstöße waren derart gravierend, daß zuletzt sogar das Bundesverfassungsgericht ein Urteil fäll-

159 Christl R. Vonholdt: Gender-Theorien am Bundesverfassungsgericht, DIJG.de, 21.2.2011.

160 AfD scheitert mit Klage gegen Merkels Flüchtlingspolitik in Karlsruhe, Welt.de, 18.12.2018.

te, mit dem Teile der ›Euro-Rettung‹ kritisch hinterfragt wurden.

Ändern wird dies die rechtswidrige Politik aber nicht, davon darf ausgegangen werden. Und warum ist das so? Weil sehr vielen Politikern Recht und Gesetz, sprich die rechtsstaatliche Verfaßtheit unserer Republik, völlig gleichgültig sind.

Noch weiter ausgehebelt wurde der Rechtsstaat durch die weitreichenden Corona-Beschränkungen, die unter anderem das Recht auf Freizügigkeit, die Versammlungsfreiheit, die Berufsfreiheit und das Recht auf Ausübung der Religion beschränken. Manche halten zudem die weitreichende Maskenpflicht – die, wie fast jede Vorschrift, bei genauer Betrachtung ein Masken*zwang* ist – für einen Verstoß gegen die Menschenwürde. Zahlreiche Klagen gegen die Corona-Maßnahmen vor dem Bundesverfassungsgericht wurden langwierig verschleppt und bisher allesamt abgewiesen.

Im Frühjahr 2021 wurden die Grundrechte dann durch ein bahnbrechendes Urteil des Bundesverfassungsgerichts noch einmal eingeschränkt bzw. in Teilen abgeschafft.

Das Erreichen einer angeblichen ›Klimaneutralität‹ bis zum Jahr 2050 und ein genau definiertes Grad-Ziel für die Erdtemperatur werden damit in Verfassungsrang erhoben. Demnach ist ein ›unbegrenztes‹ Fortschreiten der Erderwärmung nun nicht mehr mit dem Grundgesetz vereinbar. Von allen wissenschaftlichen Zweifeln, insbesondere dem unmöglich zu erbringenden Beweis für die konkrete Auswirkung eines bestimmten CO_2-Verbrauchs auf das Klima einmal ganz abgesehen, werden hier für die angeblich dadurch mögliche Erreichbarkeit dieses Klimaziels Freiheitsrechte abgeschafft. Man darf gespannt sein, wie sich das in konkreter Rechtsprechung und Gesetzgebung künftig zeigen wird. Jedenfalls sind weitreichende Grundrechtseingriffe gegen die Bürger zugunsten eines behaupteten Einflusses auf das Wetter in zwanzig oder mehr Jahren nun möglich.

Fazit: Der Rechtsstaat in Deutschland gerät in eine bedenkliche Schieflage und muß verteidigt bzw. wiederhergestellt werden!

Wie zu Beginn dieses Kapitels angekündigt, kommen wir am Schluß nun auf das von Naomi Wolf an zweiter Stelle beschriebene Merkmal einer totalitären Gesellschaft zu sprechen.

Warum am Schluß?

Nun, weil wir davon ausgehen, daß dieser Punkt noch (!) nicht bei uns verwirklicht ist. Vor allem aber weil es der einzige Aspekt aus Naomi Wolffs 10-Punkte-Liste ist, der in Deutschland im Jahre 2020 – hoffentlich – noch Fiktion ist. Wobei – zum Wesen von ›Geheimgefängnissen‹ gehört es ja, geheim zu sein. Sicher können wir ihre Existenz also nicht ausschließen.

Man sollte sich nicht der Illusion hingeben, daß dergleichen in einer ›Demokratie‹ nicht möglich wäre. Genau das hat Frau Wolf in ihrem Buch ja beschrieben.

Die Einrichtung von Geheimgefängnissen, in denen gefoltert wird und in denen Regimegegner verschwinden – von Guantanamo auf Kuba haben Sie sicher schon mal gehört. Dort sperren die USA Leute ein, die in ihren Augen Terroristen sind. Zumindest in den ersten

Jahren der Existenz dieser gar nicht mehr so geheimen Einrichtung wurde dort auch gefoltert. Den Insassen wird jedes Recht auf ein rechtsstaatliches Verfahren verwehrt. Amerikanische Gesetze gelten dort einfach nicht, Punkt.

Weniger bekannt ist, daß die USA solche Gefängnisse auch in anderen Ländern betreiben oder betrieben haben, etwa in Polen – wohlgemerkt, einem Mitgliedsland der Europäischen Union.[161]

Und wenn eine solche Einrichtung irgendwann nicht mehr ganz so geheim ist, dient auch das dem System. Denn dann bewirkt es Einschüchterung. Das haben die Nazis mit Dachau so gehalten und die Kommunisten mit dem Gulag-Lagersystem. Es ist immer das gleiche.

Fazit: Neun von zehn der von Frau Wolf beschriebenen Merkmale sind in diesem Land bereits ganz oder teilweise verwirklicht. Zeit, aufzuwachen!

161 Michał Kokot: In Polen getan, was in den USA verboten war, Zeit.de, 12.12.2014.

BIOGRAPHIE
GEORG ODERGUT

Ich wurde am 25. Juni 1965 in Karl-Marx-Stadt (dem heutigen Chemnitz) in der DDR geboren.

Mein Vater, Jochen, arbeitete in einem Volkseigenen Betrieb (VEB), dem Fahrzeug- und Motorenwerk der IFA (Industrieverband Fahrzeugbau) Barkas. Ab 1974 war er als Schichtleiter tätig.

Meine Mutter, Gabriele, hatte Hauswirtschafterin gelernt und arbeitete in der Küche der Werkskantine. Dort hatten meine Eltern sich auch kennengelernt. 1974 ermöglichte meinen Eltern die Erschließung eines Neubaugebietes die Zuweisung einer neuwertigen Wohnung in einem Plattenbau (55 m^2) im Wohngebiet »Fritz Heckert«. Wohnraum war immer knapp in der DDR, die Zuteilung einer Neubauwohnung war daher ein Glücksfall.

Meine Eltern waren keine fanatischen Kommunisten und auch nie Mitglied der Partei gewesen. Dennoch glaubten sie an die propagierten Ideen des Sozialismus mit Gleichheit und Brüderlichkeit und Arbeit für alle. Sie bemerkten die Mängel im System sehr wohl, hofften aber darauf, daß diese durch Reformen und durch ein Sich-Einbringen der ehrlichen Menschen beseitigt werden konnten.

Die grundsätzlich positive Einstellung meiner Eltern bekam erste Risse, als mein Vater zunächst milde, dann aber zunehmend gedrängt wurde, Mitglied der SED zu werden. Er sei ja Schichtleiter, trage damit eine besondere Verantwortung für das Kollektiv und die Erfüllung der Planvorgaben. Außerdem müsse seine Karriere mit dieser Stelle ja noch längst nicht zu Ende sein, wurde ihm gesagt, aber dafür sei die Parteimitgliedschaft unabdingbar.

Hinzu kam, daß meine Mutter Christin war und Mitglied einer evangelischen Kirchengemeinde. Zwar ließ man sie damit in der Regel in Ruhe, doch gelegentlich mußte sie sich Sprüche der Art anhören, wieso sie auf das Paradies im Himmelreich hoffe, wo doch in der DDR daran gearbeitet werde, ein menschenwürdiges Leben im Hier und Jetzt zu verwirklichen.

Eine Zäsur in Leben und Einstellung meiner Eltern kam im Jahre 1976, genauer gesagt im November 1976. Es war der Monat, in dem der Liedermacher Wolf Biermann ausgebürgert wurde. Er befand sich gerade auf einer Tournee durch Westdeutschland (die DDR hatte ihm ganz bewußt erlaubt, in die Bundesrepublik zu reisen) und erhielt dort die Nachricht von seiner Ausbürgerung. Meine Eltern mochten Biermanns Musik und waren entsetzt. Zum ersten Mal kamen ihnen Zweifel, daß die DDR überhaupt reformierbar war.

Ich selbst war damals Schüler an der Polytechnischen Oberschule »Dr. Salvador Allende« und besuchte die fünfte Klasse. Bis dahin verbrachte ich eine nach DDR-Maßstäben ganz normale Kindheit. Meine Eltern versuchten ihre Sorgen und ihren Ärger über die Entwicklung der DDR von mir fernzuhalten. Es mußte ja nicht sein, daß ich irgendwelche ›gefährlichen‹ Äußerungen mitbekam und das versehentlich in der Schule ausplapperte.

In der Gemeinde meiner Mutter löste die Ausbürgerung Biermanns große Empörung aus und wurde heftig diskutiert. Offenbar nahm meine Mutter dort kein Blatt vor den Mund und schlug vor, ein Schreiben an den Staatsratsvorsitzenden Erich Honecker zu senden. Leider hatte die Stasi auch in den verschiedenen

Gruppen der Gemeinden ihre Spitzel sitzen, und so kam es, daß meine Mutter eines Tages eine Vorladung in die Kreisdienststelle der Stasi im Ortsteil Siegmar erhielt – »zur Klärung eines Sachverhaltes«.

Als sie von dort wiederkam – der Termin war morgens um neun, wieder zu Hause war sie nach 20 Uhr; ich erinnere mich genau, denn die »Aktuelle Kamera« war schon zu Ende –, da schien mir, daß sie ein anderer Mensch geworden war. Eingeschüchtert, irgendwie geschrumpft. Meine Eltern flüsterten in ihrem Bett bis spät in die Nacht. Ich hörte nicht, was sie sagten, aber daß sie nicht schliefen, habe ich mitbekommen.

Unsere Lebensbedingungen verschlechterten sich in den Folgejahren. Ende der siebziger Jahre wurde mein Vater vom Schichtleiter zum normalen Arbeiter degradiert. Meine Mutter verlor ihre Stelle in der Küche und arbeitete fortan als Putzfrau in einem anderen Betrieb. Urlaub im sozialistischen Ausland wurde für uns unmöglich.

Ich selbst entschied mich, mit vierzehn Jahren nicht Mitglied der FDJ (Freie Deutsche Jugend) zu werden. Damit wurde das Leben für mich auch nicht leichter. Als ich in der zehnten Klasse der POS war, rief mich eines Tages mein Schulleiter zu sich. Er eröffnete mir, daß ich für die höheren Klassen und das Abitur nicht geeignet sei. Aber ich wollte doch studieren! Nein, das sei unmöglich. Die DDR ermögliche jungen Menschen ein Studium, wenn diese fest an der Seite des Staates ständen und die nötige Klassenmentalität mitbrächten. Daß dies bei mir der Fall sei, daran gebe es Zweifel.

So erlernte ich den Beruf des Bäckers und arbeitete in einer Großbäckerei.

Ende der siebziger, Anfang der achtziger Jahre führte der Nato-Doppelbeschluß – eine Reaktion auf die Aufstellung von sowjetischen SS-20-Raketen in der DDR – zu einer Verschärfung des Kalten Krieges. Im Westen protestierte die Friedensbewegung gegen den Nato-Beschluß – eng begleitet und teilweise finanziert von der Stasi, wie man heute weiß –, und im Osten bildeten sich Friedensgruppen unter dem Dach der Kirchen. Da machte ich mit.

Dort lernte ich dann auch meine spätere Frau, Vanessa, kennen.

Die Verhältnisse in der DDR wurden nicht besser, der Verfall der Bausubstanz und die Mangelwirtschaft waren überall zu spüren. Wegen unseres Engagements in der Friedensgruppe erhielten auch wir mehrfach Vorladungen.

Etwa ab Mitte der achtziger Jahre wurde Michail Gorbatschow in der UdSSR Chef der KPdSU. Er verkündete einen Wandel, genannt Glasnost. Dies löste auch in der DDR Hoffnungen auf Reformen aus, die jedoch ausblieben. Der Druck im Kessel stieg. Es kam 1989 zu so dreisten Fälschungen bei den Kommunalwahlen, daß es Proteste gab.

Über einen engen Vertrauten in unserer Friedensgruppe erhielten wir einen Tip: Wir sollten unseren Urlaub im August unbedingt in Ungarn machen, und zwar in der Nähe von Sopron nahe der österreichischen Grenze. Am 19. August 1989 fand dort ein »Paneuropäisches Picknick« statt, in dessen Verlauf die Grenze für einige Stunden geöffnet wurde. Wir flohen nach Österreich, zusammen mit etwa 700 anderen Bürgern der DDR.

Es war der glücklichste Tag unseres Lebens.

Wir zogen nach Mainz. Dort arbeitete ich in einer Bäckerei und legte auf dem zweiten Bildungsweg das Abitur ab. Dann studierte ich Geschichte und Germanistik und wurde schließlich Lehrer an einem Gymnasium. Ich genoß die Freiheit – die inzwischen auch in den neuen Bundesländern erkämpft worden war – in vollen Zügen. Aufgrund meiner Erfahrungen mit Unfreiheit und Unterdrückung und aus Bewunderung für Hans-Dietrich Genscher wurde ich Mitglied der FDP.

2005 wurde mit Angela Merkel eine ehemalige Bürgerin der DDR Bundeskanzlerin des wiedervereinigten Deutschlands.

Heute – im Jahre 2021 – erkenne ich mein Land nicht wieder. Die Öffnung der Grenzen 2015 und die damit verbundenen Tabus in der Diskussion der Folgen irritierten mich sehr. Der Bruch völkerrechtlich verbindlicher Verträge im Rahmen der ›Euro-Rettung‹ machte mich fassungslos. Leider gab es in meiner Partei nur wenig Widerstand gegen diesen permanenten Rechtsbruch.

Und dann kam 2020, Corona. Seitdem gelten unsere Grundrechte nur noch unter Vorbehalt. Das von namhaften Verfassungsrechtlern angerufene Bundesverfassungsgericht übt sich in Arbeitsverweigerung und bereitet unter seinem aktuellen Präsidenten, einem Herrn Harbarth, der Regierung keine Scherereien. Kein Wunder, kommt er doch selbst wie auch andere Mitglieder des Gerichts aus der Politik.

Ehemalige Bürgerrechtlerinnen aus der DDR, wie Vera Lengsfeld oder Angelika Barbe, bestätigen meinen Eindruck, daß wir auf eine ›DDR 2.0‹ zusteuern. Eine ehemalige (?) Mitarbeiterin der Stasi, Anetta Kahane, entscheidet heute mit darüber, was als ›Haß und Hetze‹ gilt.

Dies ist meine Geschichte und der Grund, warum ich dieses Buch geschrieben habe. Für ›Wehret den Anfängen!‹ ist es bereits zu spät, wir sind mittendrin in einem Prozeß, der unsere Grundrechte dauerhaft zu beschneiden droht und die Meinungsfreiheit zunehmend als Farce erscheinen läßt.

Schließen möchte ich mit einem Zitat eines früheren afrikanischen Diktators, des ugandischen Präsidenten Idi Amin: »There is freedom of speech, but I cannot guarantee freedom after speech.«

Hinweis: Diese Biographie ist frei erfunden. Ähnlichkeiten mit tatsächlich lebenden oder früher lebenden Personen wären rein zufällig.

ANHANG

Tips zur vertiefenden Beschäftigung mit den im Buch angesprochenen Inhalten

Romane

Huxley, Aldous: *Schöne neue Welt* (Leipzig 1932)

Neben Orwells *1984* gilt der 16 Jahre zuvor erschienene Roman von Aldous Huxley als absoluter Klassiker der Darstellung eines totalitären Staates in der Literatur. Die totale Steuerung und Kontrolle des Lebens der Menschen geht hier noch weiter und beginnt bereits bei der Fortpflanzung bzw. Zeugung. Die Gesellschaft ist in Kasten eingeteilt. Die Menschen werden über Konsum, Sex und die Droge Soma gesteuert. So ist für alles gesorgt in dieser schönen neuen Welt – nur die Freiheit bleibt dabei außen vor. Nicht nur die Möglichkeit, sondern auch das Bedürfnis nach kritischem Denken ist den Menschen aberzogen. Vielmehr lieben sie die Herrschenden und ihre Kontrolleure. Dann kommt die Hauptperson, John, der diese totale Planwirtschaft mit gesundem Menschenverstand betrachtet und durchschaut. Nachdem John erfolglos versucht hat, einen Aufstand anzustiften, endet der Roman mit seinem Selbstmord.

Jordan, Frank: *Das Attentat* (Grevenbroich 2019); *Ares* (Grevenbroich 2020)

Die Politthriller von Frank Jordan – Carl Brun und sein Team vom Schweizerischen Auslandsgeheimdienst müssen diverse Fälle lösen – bieten erschreckend realistische Einblicke in Geheimdienstaktivitäten und lenken die Aufmerksamkeit auf die heimlichen Machthaber hinter den Politikern. Im Fokus steht dabei Geld- und Wirtschaftspolitik. Brillant sind die gelegentlichen ökonomischen Analysen, die leicht verständlich in die Romane eingeflochten sind.

Das Attentat, erschienen im Frühjahr 2019, war mit der Schilderung einer – künstlich erzeugten – Viruspandemie geradezu prophetisch. In dem im November 2020 veröffentlichten Folgeband *Ares* ermittelt Carl Brun im Deutschland nach überwundener Pandemie und mit einem neuen Bundeskanzler.

Kafka, Franz: *Der Prozeß* (Berlin 1925)

Der Bankprokurist Josef K. wird am Morgen seines 30. Geburtstages verhaftet – er ist sich keiner Schuld bewußt. Seiner Festnahme zum Trotz darf K. sich frei bewegen und zur Arbeit gehen. Es gelingt ihm nicht zu ergründen, wessen er angeklagt ist und wie er sich rechtfertigen sollte. Dabei stößt er auf ein für ihn nicht greifbares Gericht, dessen Räumlichkeiten sich auf den Dachböden großer ärmlicher Mietskasernen befinden. Josef K. versucht erfolglos, sich Zugang zum Gericht zu verschaffen. Obwohl er zunächst das genaue Gegenteil beabsichtigte, beschäftigt er sich doch immer öfter mit seinem Prozeß, der sein Leben zu bestimmen beginnt. Josef K. gerät so immer weiter in das alptraumhafte Labyrinth einer zutiefst surrealen Bürokratie. Ob tatsächlich heimlich ein Gerichtsprozeß gegen ihn voranschreitet, erfährt weder Josef K. noch der Leser. Auch erfährt K. kein Urteil, er fühlt aber, daß seine Zeit abgelaufen ist, und fügt sich in dieses nicht greifbare, mysteriöse Urteil. Am Vorabend seines 31. Geburtstages wird er von zwei Herren abgeholt und in einem Steinbruch »wie ein Hund« erstochen.

Erstmals 1925 posthum erschienen. Es existieren verschiedenste Ausgaben, ferner mehrere Hörbuch- und Hörspielversionen.

Lem, Stanisław: *Der futurologische Kongreß* (Frankfurt am Main 1974)

Vor dem Hintergrund einer angeblich drohenden Überbevölkerung werden diverse Werkzeuge eines totalitären Regimes geschildert. Dazu gehören Zusätze zum Trinkwasser, um die Bevölkerung zu beruhigen und Aufstände zu verhindern, oder weltweiter Frieden und Wohlstand dank allgemeiner Kontrolle der menschlichen Psyche mittels Psychopharmaka. In der verschachtelten Handlung bleibt unklar, inwieweit die Erlebnisse der Hauptperson real, geträumt oder gar halluziniert sind.

Der futurologische Kongreß ist eine weitere der bekannten im 20. Jahrhundert verfaßten Dystopien.

Orwell, George: *Farm der Tiere* (Zürich 1946)

Unter dem Eindruck seiner Erlebnisse als Kämpfer im Spanischen Bürgerkrieg schrieb Orwell den ersten seiner zwei Klassiker, die Fabel *Farm der Tiere*. Sie handelt von einer Revolution der Tiere auf einer Farm gegen den ausbeuterischen Besitzer Mr. Jones. Eines Nachts versammeln sich die Tiere um den alten Eber Old Major, der ihnen eine Vision eines Lebens in Selbstverantwortung und Freiheit vermittelt. Als es der betrunkene Farmer danach wieder einmal versäumt, die Tiere zu füttern, kommt es zum Aufstand. Sie verjagen Mr. Jones und übernehmen selbst die Farm.

Die Leitungsfunktionen übernehmen die Schweine, da sie die intelligentesten Tiere auf dem Hof sind. Schnell entwickelt sich das Schwein Schneeball, das als intellektueller Kopf der Revolution gilt, zum Alleinherrscher.

Seine Macht sichert es mit von ihm gezüchteten blutrünstigen Hunden ab, die quasi als seine Geheimpolizei arbeiten.

Das Buch ist eine Allegorie der Russischen Revolution und deren ›Verrat‹ durch Josef Stalin. Daher sind die Figuren im Buch diversen Protagonisten der Oktoberrevolution zuzuordnen; so ist Schneeball das Pendant zu Leo Trotzki. Das Buch wurde zu einer der erfolgreichsten politischen Satiren des 20. Jahrhunderts. Da England sich zum Zeitpunkt der Fertigstellung im Krieg mit Hitler-Deutschland befand und mit der Sowjetunion verbündet war, fand Orwell zunächst keinen Verleger. Auch nachdem er endlich einen gefunden hatte, wurde das geplante Vorwort herausgestrichen. Aus diesem stammt sein berühmtes Zitat: »Falls Freiheit überhaupt etwas bedeutet, dann bedeutet sie das Recht darauf, den Leuten das zu sagen, was sie nicht hören wollen.«

Der einzige Vorwurf, den man dem Buch aus heutiger Sicht machen könnte, ist Orwells Annahme, daß die ›an sich gute‹ Oktoberrevolution von Stalin ›nur‹ verraten worden sei. Wie man heute weiß, begannen Terror und Unterdrückung unmittelbar nach Beginn der Revolution, noch unter der Herrschaft von Lenin. Und der geistige Vater des Kommunismus, Karl Marx, sah den Terror ebenfalls als legitimes Mittel an. Insofern war Stalin vielleicht einfach nur konsequent.

Rand, Ayn: *Der Streik* (München 2012; deutsche Erstausgabe: *Atlas wirft die Welt ab*, Baden-Baden 1959)

Die russisch-amerikanische, konsequent libertäre Schriftstellerin Ayn Rand zeichnet in ihrem berühmtesten Roman eine dystopische Vision der USA, nachdem eine immer sozialistischer werdende Politik das Land heruntergewirtschaftet hat. In dieser Situation ergreifen die bedeutendsten Unternehmer einer nach dem anderen die Flucht in ein freieres Land, ein geheimes, verstecktes Utopia. Dadurch verschlechtert sich die Lage im Land weiter rapide. Dies veranlaßt staatliche Planwirtschaftler zu noch mehr Eingriffen in den Markt – mit noch schlimmeren Folgen.

Samjatin, Jewgeni: *Wir* (Köln 1958)

Der 1920 vollendete dystopische Roman des russischen Autors spielt im »Vereinigten Staat« (in Übersetzungen auch »die Union« genannt), einem nach zweihundertjährigem Kriegszustand und einer »allerletzten Revolution« entstandenen Staatsgebilde. »Die Union« besteht aus einer Stadt voller gläserner Gebäude, die von einer Mauer umgeben ist. Das Leben der namenlosen Einwohner (»Nummern« genannt) ist bis in kleinste Details reglementiert und wird von »Beschützern« überwacht. An der Staatsspitze steht der übermächtige »Wohltäter«. »Nummern«, die sich gegen diese »Fürsorge« wehren, werden öffentlich hingerichtet. Es zählt einzig das Kollektiv. Im Laufe der Handlung wird unter anderem eine Gehirnoperation entdeckt, die das Phantasiezentrum entfernt und auf diese Weise oppositionelle Gedanken unmöglich macht. Der Roman schildert die Ereignisse in Form eines Tagebuchs der Nummer »D-503«. Dieser ist Konstrukteur eines Raumschiffes, das den Weltraum erobern und die Errungenschaften der »letzten

Revolution« exportieren soll. D-503 verherrlicht die »Union« so lange, bis er auf die Staatsfeindin I-330 und andere Rebellen trifft.

Sachbücher

Courtois, Stéphane; Werth, Nicolas u. a.: *Das Schwarzbuch des Kommunismus. Unterdrückung, Verbrechen und Terror* (München 1998)

Das Standartwerk über 100 Jahre Kommunismus und die 80 bis 100 Millionen Tote, die diese Ideologie bereits gefordert hat und bis heute fordert.

Esders, Michael: *Sprachregime. Die Macht der politischen Wahrheitssysteme* (Lüdinghausen, Berlin 2020)

Michael Esders inspiziert das Schlachtfeld der Begriffe und Metaphern, das sich auf alle Lebensbereiche ausgeweitet hat. Der Literaturwissenschaftler dechiffriert die »Wahrheitssysteme« (Michael Kretschmer) der deutschen Politik, die sich über alle diskursiven Gepflogenheiten hinwegsetzen. Er entziffert die Narrative der Willkommenskultur und des menschengemachten Klimawandels, in denen Haltungen über den Common Sense, Mythen über Theorien triumphieren. Das mächtigste Sprachregime der Gegenwart hat die postmoderne Linke etabliert, die das in der Deutung von Texten erprobte Verfahren der Dekonstruktion auf die Politik überträgt. In der »Matrix der Differenz« stehen alle Formen der Identität und des kollektiven Selbst nicht nur unter Generalverdacht, sondern werden undenkbar. Nur wer das semantische Betriebssystem des

Sprachregimes entschlüsselt, kann seine Macht brechen. Dazu möchte dieses Buch beitragen.

(Aus der Originalbeschreibung des Verlags Manuscriptum).

Funder, Anna: *Stasiland* (Hamburg 2004)

Die Australierin Anna Funder bereiste ab 1994, dem fünften Jahr nach dem Fall der Mauer, das Gebiet der ehemaligen DDR. Sie sprach mit Opfern der kommunistischen Unterdrückung und mit Tätern, also ehemaligen Mitarbeitern der Staatssicherheit der DDR. Sehr deutlich wird, wie heimtückisch das System der SED die Menschen bis in die intimsten Winkel ihres Lebens ausspionierte, sie verfolgte und in manchen Fällen sogar ermordete. Die Autorin wohnte während ihrer Recherchen in Berlin bei einer Frau mit Namen Julia zur Untermiete. Julia erzählte ihr zum ersten Mal überhaupt von ihrer Begegnung mit der Stasi und mit welchen perfiden Methoden diese sie überwachte und in ihr Leben eingriff. Fast schon gruselig ist der Passus, in dem sie von einem Stasi-Offizier in ein »Zimmer 118« vorgeladen wurde. Im Gegensatz zu Orwells Zimmer 101 wird sie dort zwar nicht gefoltert, aber vom Offizier mit intimsten Details aus ihrem Leben konfrontiert und psychisch unter Druck gesetzt. Als sie Zimmer 118 wieder verließ, war nichts mehr in ihrem Leben wie vorher. Die Paranoia des kommunistischen Systems ging so weit, daß am Ende praktisch die gesamte Bevölkerung der DDR unter Verdacht stand. Der verurteilte Mörder Erich Mielke war Chef der »Firma Horch & Guck«[162] von deren Anfang

162 Volkstümliche Bezeichnung des Ministeriums für Staatssicherheit der DDR.

bis zum Ende. Er schwor 1989 seine Leute darauf ein, notfalls auch mit äußerster Gewalt gegen das eigene Volk vorzugehen, denn er wußte, daß galt: »die oder wir«.

Krall, Markus: *Wenn schwarze Schwäne Junge kriegen* (München 2018)

Als schwarze Schwäne werden höchst unwahrscheinliche Ereignisse bezeichnet, die aber doch nicht ganz ausgeschlossen werden können. Wie ein Wirtschafts- oder Währungs-Crash beispielsweise. Markus Krall schildert solche Ereignisse der vergangenen Jahre und führt eine in der Politik ebenso wie in der Bevölkerung stark vorherrschende Tendenz zur Risikovermeidung als Erklärung an. Doch ohne Risiko gibt es keinen Fortschritt und keine Erkenntnis.

Krall ist Volkswirt und war Top-Berater im Risikomanagement großer Finanzkonzerne. Er erklärt, wie Verwerfungen in Wirtschaft und Politik, eine rasende technologische Entwicklung und geostrategische Entwicklungen zu Katastrophen führen können.

Krall, Markus: *Die bürgerliche Revolution* (Stuttgart 2020)

Nach einer umfassenden Analyse einer Politik, die jegliches Maß verloren hat, von Kirchen, die ihre Wurzeln verloren haben, und einer stark vom Kulturmarxismus der Achtundsechziger geprägten Gesellschaft präsentiert Markus Krall seine Idee einer bürgerlichen Revolution. Familie, Eigentum, Individualität, Religion und Kultur bilden dabei die Basis.

Kunkel, Thor: *Das Wörterbuch der Lügenpresse* (Rottenburg 2020)

Anhand von circa 300 zum Teil illustrierten Beispielen erklärt der Bestsellerautor Thor Kunkel, wie durch Begriffsumdeutungen der gesunde Menschenverstand ausgeschaltet werden soll.

Lawson, Robert; Powell, Benjamin: *Sozialismus ist zum Kotzen. Zwei Ökonomen trinken sich durch die unfreie Welt.* (Grevenbroich 2020)

In der Theorie ist Sozialismus zum Kotzen, und Ökonomen wissen wieso. Hier sind zwei Ökonomen, die sich weit aus dem Elfenbeinturm gewagt haben, um in der Praxis herauszufinden, daß die Theorie korrekt ist. Dies ist die tragische Geschichte der Massenverelendung im Namen einer wahnsinnigen Idee, erzählt mit Sympathie, Einsicht und einer nicht geringen Menge schwarzen Humors. Lesen Sie und weinen Sie, lesen Sie und lachen Sie und lernen Sie.

Steven Landsburg, Wirtschaftsprofessor, Universität von Rochester. *(Aus dem Umschlagtext des Buches).*

Löw, Konrad: *Das Rotbuch der kommunistischen Ideologie. Marx & Engels – Die Väter des Terrors* (München 1999)

Der Autor Konrad Löw, ein profunder Kenner der Geschichte des Marxismus, Sozialismus und Kommunismus, beschäftigt sich mit den Urvätern dieser Ideologie und ihren geistigen Grundlagen. Das Scheitern aller bisherigen Versuche, eine erfolgreiche sozialistische Gesellschaft zu errichten, ist so offensichtlich, daß heutige Linke ein Problem damit haben. Dieses versuchen sie dadurch zu lösen, daß behauptet wird, der Sozialismus sei noch nicht richtig versucht worden, Karl Marx & Co. hätten aber recht gehabt.

Löw weist nach, daß das Totalversagen dieser Ideologie mit all ihren Begleiterscheinungen, etwa dem Terror, von Anfang an in der Ideologie angelegt war. Marx war kein Weltverbesserer oder Menschenfreund, sondern der Begründer einer der mörderischsten Ideologien der Weltgeschichte, ein Antisemit sowie ein Schnorrer und Ausbeuter seiner Freunde und Familie.

Meinhardt, Birk: *Wie ich meine Zeitung verlor* (Berlin 2020)

Birk Meinhardt hat lange für *Die Süddeutsche Zeitung* gearbeitet. Er schildert, wie er 1992 als erster Journalist der gerade untergegangenen DDR in die Redaktion der *Süddeutschen* kommt und lange blind bleibt für die Widerstände, auf die seine Arbeit zunehmend trifft, die schließlich aber zu Ernüchterung und einer Trennung vom Verlag führen. Ein spannender Diskussionsbeitrag im Spannungsfeld von Meinungsfreiheit und Haltungsjournalismus.

Schulte, Thorsten: *Fremdbestimmt* (Bautzen 2019)

Mit zahlreichen Quellen und Originaldokumenten belegt Thorsten Schulte Unwahrheiten, Halbwahrheiten und das Weglassen wichtiger Fakten in der deutschen Geschichte seit Beginn des 20. Jahrhunderts. Damit scheinen die Motive und Charaktere unserer Vorfahren gar nicht mehr so kriegslüstern und unmenschlich, wie sie in Schulen und Universitäten, aber auch in Büchern, Museen und Politikerreden vermittelt werden.

Ist das ›rechter‹ Geschichtsrevisionismus? Thorsten Schulte belegt alle seine Aussagen mit Quellen. Er möchte mit seinem Buch über die Fremdbestimmung der Deutschen aufklären, um der Wahrheit frei von Haß zum Durchbruch zu verhelfen und dadurch Frieden und Freiheit zu erreichen.

Filme

1984
Es gibt eine ganze Reihe von Adaptionen von Orwells berühmtem Buch.

Fernsehspiele
Die erste Adaption des Stoffes *1984* erfolgte 1953 als Fernsehspiel für die amerikanische CBS und 1954 für die britische BBC – letztere erzielte großen Publikumserfolg und eine breite gesellschaftliche Diskussion, auch im britischen Parlament. Von der BBC-Version existiert ein Mitschnitt. Drehbuch von Nigel Kneale, Regie: Rudolph Cartier, in der Hauptrolle als Winston Smith: Peter Cushing.

Kinofilme
1984 wurde 1956 unter der Regie von Michael Anderson in Großbritannien als Kinofilm (schwarzweiß) gedreht, mit Edmond O'Brien in der Hauptrolle als Winston Smith.

Im ›Orwell-Jahr‹ 1984 erfolgte eine zweite Verfilmung unter der Regie von Michael Radford mit John Hurt in der Hauptrolle und Richard Burton als O'Brien. Diese Filmversion wurde für ihre Vorlagentreue gelobt, die auch auf Orwells Erben zurückging, die mit der freieren Filmversion von 1956 nicht einverstanden gewesen waren.

Oper

Im Jahr 2005 wurde die von Lorin Maazel komponierte Oper *1984* im Royal Opera House uraufgeführt. Regie: Robert Lepage.

Parodien

1955 entstand für die Fernsehsendung »The Goon Show« der BBC eine Parodie unter dem Titel *1985*, die Szenen aus Orwells *1984* auf den Konkurrenzkampf der damaligen zwei britischen Fernsehanstalten, BBC TV und Independent Television (ITV), bezieht.

1984 wurde auch ein Werbespot (*1984*) zur Promotion des Macintosh-Computers unter der Regie von Ridley Scott produziert. In dem Spot zerstört eine Frau die Macht des Großen Bruders. Die Erben von George Orwell und die Inhaber der Fernsehrechte des Romans verklagten die Firma Apple daraufhin wegen Verletzung des Urheberrechts. Apple zog den Spot zurück.

Die Matrix-Tetralogie (USA 1999, 2003, 2003, 2021) mit Keanu Reeves und Carrie-Anne Moss. Regie: Die Wachowskis

Im Film *Matrix* wird der Hauptfigur Neo von Rebellenführer Morpheus die Wahl zwischen einer roten und einer blauen Pille angeboten. Die rote Pille bedeutet eine ungewisse Zukunft – sie befreit von der versklavenden Kontrolle durch die maschinengenerierte Traumwelt und ermöglicht das Erkennen der realen Welt. Aber die »Wahrheit der Realität« zu leben ist härter und schwieriger. Die blaue Pille führt zurück in die Unwissenheit und ermöglicht es, weitgehend ohne Angst und Mangel in der simulierten Realität der Matrix zu leben. Morpheus erklärt Neo: »Du nimmst die blaue Pille – die Geschichte endet, du wachst in deinem Bett auf und glaubst, was immer du glauben willst. Du nimmst die rote Pille – du bleibst im Wunderland und ich zeige dir die tiefsten Tiefen des Kaninchenbaus.« Neo wählt die rote Pille und schließt sich dem Aufstand an.

Könnte es sein, daß die blaue Pille die heute von unseren Mainstream-Medien gezeichnete und trotz aller Unwägbarkeiten und Krisen doch weitgehend scheinbar klare und verläßliche Welt darstellen soll?

Demolition Man (USA 1993) mit Wesley Snipes, Sylvester Stallone und Sandra Bullock. Regie: Marco Brambilla

Demolition Man – Ein eiskalter Bulle ist ein ironischer Science-fiction-Action-Film, der auf der Romanvorlage *The Demolished Man* von Alfred Bester basiert und zusätzlich von Huxleys *Schöne neue Welt* inspiriert ist.

Die Haupthandlung spielt im Jahre 2032, während die Rückblende Anfang 1996 spielt. In Los Angeles herrschen 1996 schwere Unruhen, während derer der Gangster Simon Phoenix die Insassen eines Busses in seine Gewalt bringt und sich in einem Fabrikgebäude verschanzt. Der abgebrühte Polizist John Spartan versucht Phoenix im Alleingang dingfest zu machen. Dies gelingt ihm, doch dabei sterben alle Geiseln. Spartan wird vom Dienst suspendiert, wegen fahrlässiger Tötung verurteilt und kommt, wie auch Phoenix, in ein ›kryogenisches‹ Gefängnis, wo er seine Haftstrafe eingefroren im Kälteschlaf verbringt.

Im Jahr 2032 wird Phoenix, vorgeblich zu möglicher Resozialisierung, aufgetaut. Die Welt hat sich inzwischen verändert und gleicht einem Garten Eden, ohne Umweltverschmutzung, Kriminalität und Arbeitslosigkeit – und ohne fleischliche Nahrung, ohne Schimpfworte, ohne körperliche Nähe, Küsse oder gar Sex. Der Film lebt von der Gegenüberstellung von Polizeiarbeit 1996 und 2032. Er karikiert die entwaffnete und auf die Rolle von Sozialarbeitern reduzierte Polizei – und ist damit angesichts aktueller Slogans der Black-Lives-Matter-Bewegung wie »Defund the Police!« erstaunlich aktuell.

Der Staatsfeind Nr. 1 (USA 1998) mit Will Smith und Gene Hackmann. Regie: Tony Scott

Hier wird die Abhängigkeit der Bürger vom Funktionieren so einfacher Dinge wie Bank- oder Kreditkarte gezeigt und wie steuerbar oder bestrafbar sie dadurch werden. Der Film zeigt außerdem das enorme Potential staatlicher Überwachungsmöglichkeiten, die laut Aussage zweier ehemaliger NSA-Mitarbeiter auf der DVD mit Bonusmaterial sämtlich real sind.

James Bond 007 – Diamantenfieber (Vereinigtes Königreich 1971) mit Sean Connery, Jill St. John und Bernard Lee. Regie: Guy Hamilton

Völlig unvermittelt gelangt James Bond auf einer der vielen für die Filmreihe typischen Verfolgungsjagden auf einem geheimen Firmengelände zur Herstellung von Satelliten in ein Studio, in dem die Szenerie der Mondlandung aufgebaut ist – ob als Trainingsstation oder zur Herstellung von Filmaufnahmen, die anstelle der tatsächlichen Mission gezeigt werden, bleibt offen.

Die Atlas-Trilogie – Wer ist John Galt? (USA 2011) mit Taylor Schilling und Grant Bowler. Regie: Paul Johansson

Erster Teil der dreiteiligen Verfilmung von Ayn Rands Roman *Der Streik* (Original: *Atlas Shrugged*). Gezeigt wird eine dystopische Vision der USA, nachdem eine immer sozialistischer werdende Politik das Land heruntergewirtschaftet hat. In dieser Situation ergreifen die bedeutendsten Unternehmer einer nach dem anderen die Flucht in ein freieres Land, wodurch sich die Lage weiter verschlechtert. Dies veranlaßt staatliche Planwirtschaftler zu noch mehr Eingriffen in den Markt – mit noch schlimmeren Folgen.

Teil 2 und 3 der Filmserie (mit jeweils vollkommen anderen Darstellern und einem anderen Setting) sind nur auf englisch erhältlich.

Brazil (Großbritannien 1985) mit Jonathan Pryce und Robert De Niro. Regie: Terry Gilliam

In der für die Monty-Python-Mitglieder typischen, extrem überdrehten Manier zeigt Regisseur Terry Gilliam, wie ein Unschuldiger als wehrloses Opfer einer übermächtigen staatlichen Verfolgungsbehörde zu Tode gefoltert wird. Die Hauptperson des Films, Sam Lowry, ein kleiner Beamter, wird bei der Aufarbeitung des Falls schließlich auch zu einem Gegner des Systems.

The International (USA, UK, Deutschland, Frankreich 2009) mit Clive Owen, Naomi Watts und Armin Mueller-Stahl. Regie: Tom Tykwer

Ein spannender Thriller im Milieu von Interpol, Hochfinanz, Geldwäsche und Terrorismus. In einer der Schlüsselszenen erläutert ein Bankier den wahren Zweck von Kriegen und internationalem Waffenhandel: »Es geht nicht um Gewinne aus Waffengeschäften. Es geht um die Kontrolle der Schulden, die durch Konflikte verursacht werden.«

The Big Short (USA 2016) mit Christian Bale, Ryan Gosling, Brad Pitt und Steve Carell. Regie: Adam McKay

Auf unterhaltsame Weise werden die Ursachen und Hintergründe der US-Subprime-Krise gezeigt, die zur Pleite der Bank Lehman Brothers und der Finanzkrise im Jahr 2007 geführt hat.

Der Campus (Deutschland 1998) mit Heiner Lauterbach, Sandra Speichert und Axel Milberg. Regie: Sönke Wortmann

Der Film nach dem gleichnamigen Roman von Dietrich Schwanitz zeigt die Machenschaften von ›politisch korrekten‹ Politikern, Universitätsgremien und Presseorganen bei der Vernichtung einer bürgerlichen Existenz – der des Professors Hackmann. Denn nach einer Affäre mit einer Studentin kommt das Gerücht auf, daß er sie vergewaltigt habe. Eine willkommene

Gelegenheit für sensationshungrige Journalisten und konkurrierende Professoren, denen es weder um das vermeintliche Opfer noch um die Aufdeckung der Wahrheit geht. Was hier parodiert wird, ist inzwischen in wiederholten Fällen bedrückende Realität geworden.

Hüter der Erinnerung (USA 2014) mit Jeff Bridges und Meryl Streep. Regie: Phillip Noyce

Der elfjährige Jonas wächst in einer Welt ohne Gefühle, ohne Musik, sogar ohne Farben auf. Aber abgesehen davon scheint alles perfekt zu sein – sauber, ordentlich, friedlich, jedermann ist versorgt mit Wohnung, Nahrung und Arbeit. Eine idealisierte Darstellung des Sozialismus. Aber doch fehlt etwas: die Menschlichkeit. Diese und noch mehr bewahrt der Hüter der Erinnerung.

Idiocracy (2006) mit Luke Wilson, Maya Rudolph und Dax Shepard. Regie: Mike Judge

Eine Science-fiction-Komödie, die die Welt des Jahres 2505 als Dystopie zeigt, in der eine geistig degenerierte Gesellschaft vor ihrem Ende steht.

Jugend ohne Gott (Deutschland 2017) mit Jannis Niewöhner. Regie: Alain Gsponer

Jugend ohne Gott ist ein deutsches Filmdrama, das an den gleichnamigen Roman von Ödön von Horváth angelehnt, dessen Handlung aber in die Zukunft verlegt ist.

In der Gesellschaft der nahen Zukunft ist alles auf Leistung und Effizienz ausgerichtet, Werte wie Liebe und Moral spielen keine Rolle mehr. In dieser Welt bricht Zach zu einem »Assessment-Camp« auf, in dem die Schüler seiner Abschlußklasse für eine private Elite-Universität einer internationalen »Foundation« vorbereitet werden sollen. Alle Schüler erhalten einen Chip unter die Haut, so daß sie jederzeit geortet werden können. Geschildert wird eine streng zwischen Arm und Superreich getrennte Gesellschaft – die Bürger dürfen den ihnen zugewiesenen Bewegungsradius nicht verlassen. Einige wenige Outlaws, die sich dem nicht unterwerfen und denen man nachsagt, daß sie Krankheiten verbreiten, leben illegal in den Wäldern und halten sich mit Diebstählen über Wasser.

Die Vorlage des Romans spielt in der NS-Zeit. Die Macher des Filmdramas von 2017 haben sich jedoch bewußt für eine sehr freie Adaption nach Art einer Dystopie entschieden – offensichtlich in der aus unserer Sicht richtigen Erkenntnis, daß sich nicht Geschichte wiederholt, sondern daß vielmehr bestimmte Mechanismen sich in der Geschichte stets aufs neue, aber unter stets neuen ideologischen Vorzeichen zu ereignen drohen.

Wag the Dog (USA 1997) mit Dustin Hoffman und Robert De Niro. Regie: Barry Levinson

Kurz vor den Wahlen sehen die Umfragewerte für den amerikanischen Präsidenten schlecht aus. Es steht der Vorwurf der sexuellen Belästigung im Raum. Aber sein Wahlkampfteam sorgt für Abhilfe. Es engagiert einen Filmproduzenten, mit dessen Hilfe sie die Aufmerksamkeit der amerikanischen Bevölkerung auf einen fiktiven Krieg in Albanien richten. Dieser wird filmisch absolut realistisch produziert. Radio, Fernsehen und Zeitungen berichten. Die Aufmerksamkeit ist auf das entschiedene Handeln des Präsidenten gerichtet, sein kleiner Skandal vergessen, die Rechnung geht auf.

Gegen Ende des Films entschließt sich der erfolgreiche Filmproduzent – mehr aus gekränkter Eitelkeit denn aus Gewissensgründen –, die Sache auffliegen zu lassen. Wenig später berichten die Nachrichten von seinem plötzlichen Tod durch Herzinfarkt.

Rollerball (USA 1975) mit James Caan, John Houseman und Maud Adams. Regie: Norman Jewison

Rollerball ist ein auf einer Kurzgeschichte von William Harrison beruhender Science-fiction-Film, dessen Drehbuch ebenfalls Harrison schrieb.

Im Jahre 2018 sind die Nationen durch ein Konglomerat globaler Konzerne ersetzt worden. Jeder Konzern ist auf ein einzelnes »Produkt« spezialisiert: Lebensmittel, Energie, Transport usw. Jede Stadt wird von jeweils einem Konzern kontrolliert. Ein zentrales Mittel zur Ruhigstellung der Massen ist die brutale Sportart Rollerball, eine Mischung aus Football, Hockey, Roller Derby und Motorradrennen, die nicht nur alle anderen Sportarten, sondern sogar Kriege ersetzt. Gleichzeitig lassen die Konzerne zu, daß Teile des zentral gespeicherten Wissens der Menschheit in Vergessenheit geraten; die Vergangenheit geht verloren, womit zugleich jeder kritischen Nachfrage die Grundlage entzogen ist.

Artikel

Felix Feistel: Diktatur zum Selbermachen. Eine Anleitung in 10 Schritten, um einen autoritären Staat aufzubauen –

zum Beispiel eine Gesundheitsdiktatur, Rubikon.News, 8.9.2020.

Michael Klonovsky: Was geschah vor und beim deutschen Angriff auf Polen vor 80 Jahren?, Klonovsky.de,

Roger Schelske: Gestern an der Tanke: Danke, liebe Doofe, danke!, AchGut.com, 2.1.2021.

Zitate

Die EU finanziert als Teil ihrer umfangreichen Aktivitäten gegen abweichende Meinungen und Informationen eine EU-Beobachtungsstelle gegen Desinformation. Ihr Kurzname ›SOMA‹ ist pikanterweise der Name der Droge mit der im dystopischen Roman *Schöne neue Welt* die Bevölkerung ruhiggestellt wird [...], wenn es zu abweichendem Verhalten einer Menge kommt. Das ist so ironisch, daß man einfach darauf hinweisen muß.

Norbert Häring, Journalist, auf seinem gleichnamigen Blog am 17. Dezember 2020[163]

Schauen Sie sich uns nur an. Alles ist umgekehrt. Alles ist auf den Kopf gestellt. Ärzte zerstören die Gesundheit, Anwälte zerstören die Gerechtigkeit, Universitäten zerstören Wissen, Regierungen zerstören Freiheit, die Massenmedien zerstören Information, und Religionen zerstören Spiritualität.

Michael Ellner, amerikanischer Psychotherapeut und Autor

163 Norbert Häring: Das Faktencheckerprogramm der EU heißt Soma, wie die Volksbefriedungsdroge in »Schöne neue Welt«, NorbertHaering.de, 17.12.2020.

ISBN 978-3-948075-43-9
www.manuscriptum.de